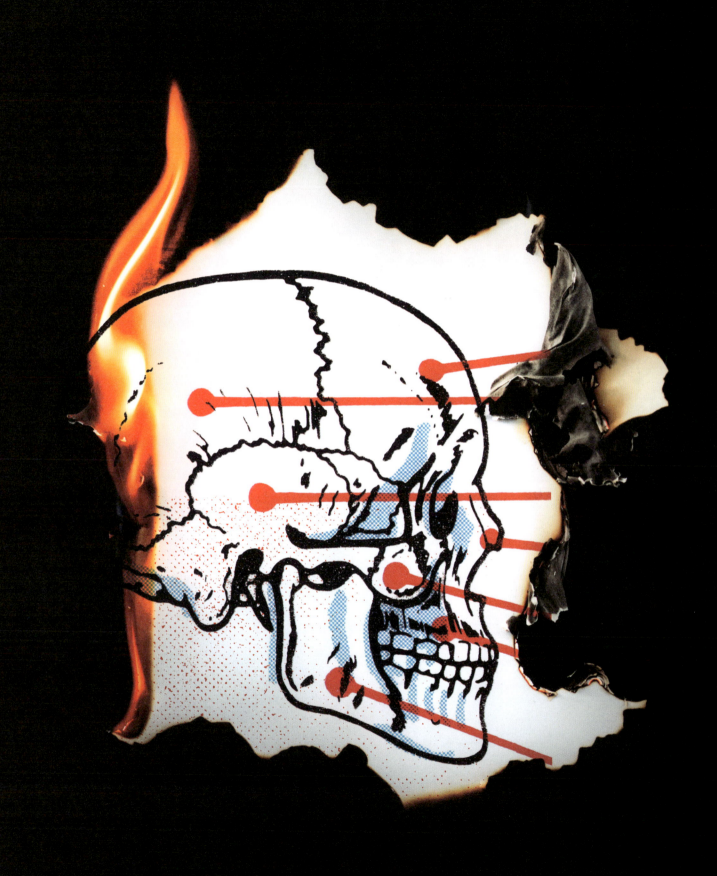

DADOS INTERNACIONAIS DE
CATALOGAÇÃO NA PUBLICAÇÃO (CIP)
Jéssica de Oliveira Molinari CRB-8/7057

Savini, Tom
Tom Savini : vida monstruosa / Tom Savini,
Michael Aloisi ; tradução de Paulo Cecconi.
— Rio de Janeiro : DarkSide Books, 2022.
304 p. : il., color.

ISBN 978-65-5598-227-5
Título original: Savini: The Biography

1. Savini, Tom. 1946- Biografia
2. Maquiagem cinematográfica
I. Título II. Aloisi, Michael III. Cecconi, Paulo

22-5083   CDD 920.9

Índices para catálogo sistemático:
1. Savini, Tom. 1946- Biografia

SAVINI: THE OFFICIAL BIOGRAPHY
Copyright © 2019 by Tom Savini
Conteúdo adicional © Michael Aloisi
Todos os direitos reservados

Tradução para a língua portuguesa
© Paulo Cecconi, 2022

Todas as ilustrações e fotos são da biblioteca pessoal de Tom Savini. Todas as ilustrações e fotos que não são propriedade de Tom Savini têm seus direitos assegurados pelos respectivos proprietários e aparecem apenas para fins acadêmicos e históricos. Material de pesquisa adicional faz parte do acervo da Macabra/DarkSide.

Fazenda Macabra
Reverendo Menezes
Pastora Moritz
Coveiro Assis
Caseiro Moraes

Leitura Sagrada
Aline TK Miguel
Jessica Reinaldo
Talita Grass
Tinhoso & Ventura

Direção de Arte
Macabra

Ilustração de capa
Vitor Willemann e Retina78

Coord. de Diagramação
Sergio Chaves

Colaborador
Irmão J. Cortinove

MACABRA™ DARKSIDE

Todos os direitos desta edição reservados à
DarkSide® Entretenimento Ltda. • darksidebooks.com
Macabra™ Filmes Ltda. • macabra.tv

© 2022 MACABRA/ DARKSIDE

Tom Savini & Michael Aloisi

VIDA MONSTRUOSA

Tom Savini

Tradução
Paulo Cecconi

Estou com setenta e tantos anos e, como pretendo viver pelo menos até os 110 anos — já passei da metade do caminho —, é hora de registrar o que vivi até agora. Muitos milagres caíram no meu colo e mudaram quem sou, me guiaram e me criaram. Quase morri pelo menos cinco vezes, até onde lembro, e isso me faz pensar que meu destino é estar aqui por mais algum tempo. Acredito plenamente, como muitos de vocês, que antes de chegar a minha hora alguém vai descobrir a eternidade e não precisarei partir.

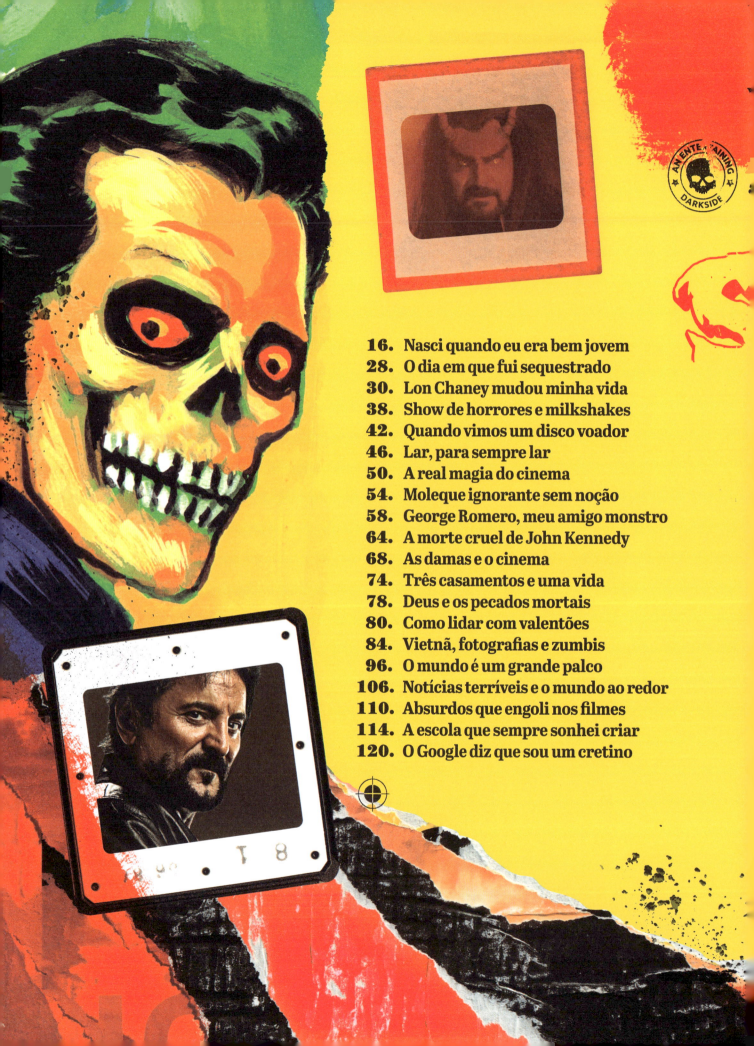

- **16.** Nasci quando eu era bem jovem
- **28.** O dia em que fui sequestrado
- **30.** Lon Chaney mudou minha vida
- **38.** Show de horrores e milkshakes
- **42.** Quando vimos um disco voador
- **46.** Lar, para sempre lar
- **50.** A real magia do cinema
- **54.** Moleque ignorante sem noção
- **58.** George Romero, meu amigo monstro
- **64.** A morte cruel de John Kennedy
- **68.** As damas e o cinema
- **74.** Três casamentos e uma vida
- **78.** Deus e os pecados mortais
- **80.** Como lidar com valentões
- **84.** Vietnã, fotografias e zumbis
- **96.** O mundo é um grande palco
- **106.** Notícias terríveis e o mundo ao redor
- **110.** Absurdos que engoli nos filmes
- **114.** A escola que sempre sonhei criar
- **120.** O Google diz que sou um cretino

Sumário

124. A morte sempre esteve por perto
130. Bang! Bang! Controle de armas
134. Fumei um com Timothy Leary
136. Amor, sonhos, restos e fumaça
140. Um breve encontro sobrenatural
144. Meus sonhos diabólicos

VERSÃO SEM CORTES
149. Os filmes de Tom Savini
204. Os diários de Tom Savini
289. Álbum de memórias
300. Filmografia
303. Sobre o Autor

TOM SAVINI : VIDA MONSTRUOSA

Nasci quando eu era bem jovem

Apesar de estar ciente do fato de que não é interessante só porque aconteceu comigo, eis o que aconteceu comigo...

Nasci quando eu era bem jovem. Sei que parece piada, *mas*... se nascemos quando nossa consciência desperta no corpo, quando nos tornamos conscientes, e, no meu caso, quando percebi a vida ao redor... então, aconteceu quando eu tinha quase 1 ano de idade. Eu meio que brotei na existência. Minha primeira lembrança: eu andava pela cozinha de casa e estava cercado por várias caixas cheias de coisas dos meus pais, porque eles tinham acabado de se mudar. Eu estava plenamente consciente e já era muito inteligente, sentia como se soubesse muito sobre tudo, e tive a impressão de estar em algum outro lugar, um lugar diferente de onde estava momentos antes, como se tivesse acordado de um sonho e esquecido o que tinha sonhado.

Então, o que era esse corpinho minúsculo, esse espécime sem alma e sem mente que caminhava pela cozinha, antes de eu invadi-lo? Não importa, porque toda essa consciência que eu experimentava, toda essa inteligência, a percepção que absorvia tudo o que eu via ao redor, desapareceu no segundo em que meu pai passou a me perseguir pela casa e a gritar comigo do alto da escada do porão, depois de eu fugir lá para baixo... porque eu tinha cagado nas calças. De repente, eu não era mais essa criatura brilhante que havia entrado no mundo, mas uma criança com as calças borradas, cuja voz do pai reduzia-o ao pirralho que era. É por isso que acredito em reencarnação, e é por isso que digo que nasci quando eu era bem jovem.

A piscina da vizinhança

Brincando na minha rua durante o inverno

Primeira comunhão, aos 7 anos de idade

Não vou pegar leve nem mentir para vocês, então espero que aguentem o tranco. Falarei de tópicos que descrevem certas partes da minha vida, que incluem:

- O dia em que fui sequestrado;
- Show de horrores e milkshakes;
- Como lidar com valentões;
- Quando vimos um disco voador;
- Como Lon Chaney mudou a minha vida para sempre;
- Como é ser o padrinho do *gore*;
- Como um casinho da internet afanou meus filmes;
- Um breve encontro sobrenatural;
- Como foi trabalhar com Quentin Tarantino;
- A alegria de ver Salma Hayek por três dias;
- A maior escola de maquiagem de efeitos especiais do mundo;
- Como conheci e trabalhei com George Romero;
- Sou o Sex Machine em *Um Drink no Inferno*;
- Como começou minha carreira no cinema;

Tem também...
- As cinco vezes que quase morri;
- Quando fumei um com Timothy Leary;
- Por que o Google diz que eu sou um "cretino"

...e muito, muito mais.

Estou com setenta e tantos anos e, como pretendo viver pelo menos até os 110 anos — já passei da metade do caminho —, é hora de registrar o que vivi até agora. Muitos milagres caíram no meu colo e mudaram quem sou, me guiaram e me criaram. Quase morri pelo menos cinco vezes, até onde lembro, e isso me faz pensar que meu destino é estar aqui por mais algum tempo. Acredito plenamente, como muitos de vocês, que antes de chegar a minha hora alguém vai descobrir a eternidade e não precisarei partir.

Sou o caçula da família e tenho quatro irmãos e uma irmã, que é a mais jovem do clã dos mais velhos. Nós dois temos treze anos de diferença. Eu dormia no sótão da nossa casa, o que considero uma espécie de iniciação. Todos os meus irmãos e, com certeza, minha irmã mais velha tiveram que dormir lá.

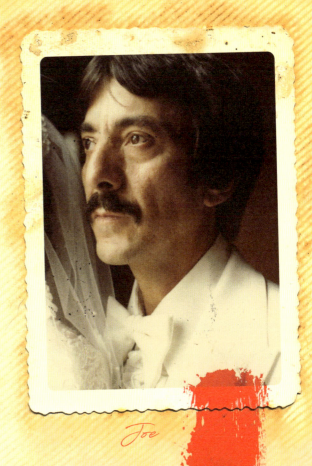

Joe

Sullivan

Henry

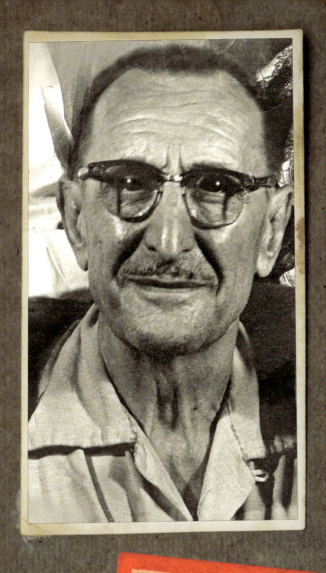

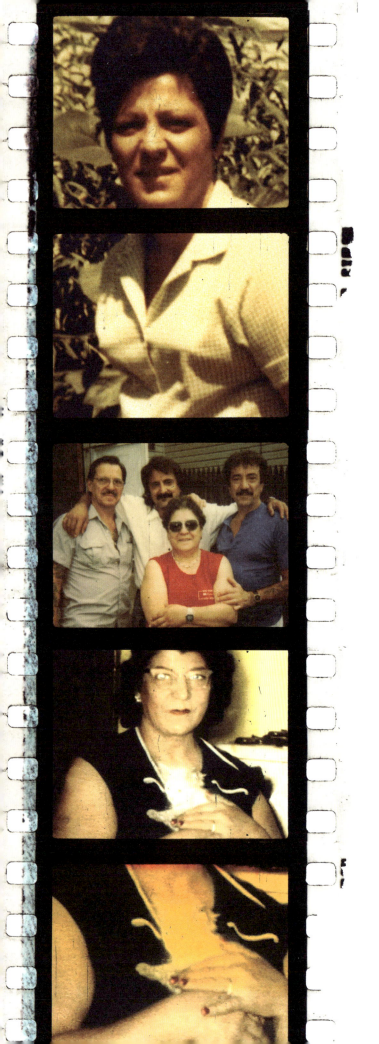

A calefação da casa não chegava ao sótão. Tinha uma porta para uma despensa, fechada com pregos tortos que faziam o vento sibilar ao entrar, logo, era óbvio, eu achava que havia monstros horrendos do outro lado, e que eles queriam me pegar. Fazia tanto frio lá em cima que eu me cobria com o próprio colchão para me aquecer e ficar fora da vista dos monstros.

Eu tinha um receptor de rádio em forma de foguete. Ele tinha um grampo de crocodilo na ponta de um arame que me permitia conectá-lo ao ralo de metal no chão e captar as estações locais no meu fone de ouvido. Eu dormia todas as noites debaixo do colchão quentinho ouvindo os radialistas noturnos e música pop.

Eu tinha cinco pais: meu pai de verdade e meus quatro irmãos; e duas mães: minha mãe de verdade e minha irmã. Quando nasci, meu pai tinha 50 anos, e minha mãe, 42. Fui o bebê que "mudou a vida de todos". Minha mãe tinha cento e tantos quilos, e uma boca muito suja. Sempre tinha um xingamento para soltar, mas era um anjo, uma verdadeira santa. Minha irmã, Rose, tinha que cuidar de mim o tempo todo, coitada. Aos domingos, eu sentava ao lado dela e a observava copiar as tirinhas do jornal com seus lápis coloridos. Quando ela terminava, colocava as originais e as cópias lado a lado... não dava para distinguir qual era qual. Para mim, ela fazia o impossível. Um milagre. Como diabos ela conseguia? Aquilo foi meu primeiro vislumbre do mundo dos artistas talentosos.

Meu segundo vislumbre foi com meu irmão Henry, que faleceu aos 92 anos. Ele estudava para virar agente funerário, e eu ficava observando-o transformar argila em fabulosos bustos egípcios ou algo do gênero, para praticar suas habilidades em restauração. Eu o observava por horas, pegava uns pedacinhos de argila e tentava fazer alguma coisa.

Passei os primeiros anos da minha infância copiando meus irmãos e minha irmã, tentando ser como eles. Henry era o esperto. Fumava cachimbo, esculpia, lia livros, tatuava pessoas e ouvia música clássica. Sullivan curtia exercícios físicos. Era o tipo fortão, musculoso, e o mais parecido com a minha mãe. Joe tinha um senso de humor incrível e sempre me fazia rir. Tony — eu tinha 13 anos quando ele morreu — era enfermeiro e tinha pacientes especiais, como o comissário do condado. Fazia o tipo caladão e curtia música e gravadores de fita cassete. Rose era minha irmã/babá, que passava o tempo com as amigas da vizinhança, me levava ao cinema e copiava as tirinhas do jornal. Eu sou uma mistura de todos eles.

Meu pai era a cola que nos unia. Ele podia fazer qualquer coisa. Cresci vendo esse homem ser bom em várias coisas e pensava que era normal ser bom em tudo o que se faz. Pensava que todo mundo deveria ser bom em várias coisas.

Ele era carpinteiro, pedreiro, eletricista, encanador e até sapateiro. Tinha todas as ferramentas, até o suporte de madeira para consertar sapatos. Ele também construía brinquedos para nós no Natal, como bonecos dançarinos de madeira, todos articulados. Nos últimos anos de vida, suas mãos tremiam e ele se sentia frustrado por não conseguir mais construir coisas. Eu o seguia sem que ele percebesse e gravava imagens. Tenho horas e horas de vídeo em que ele fuma o cachimbo com tranquilidade, mexe no jardim, aplaina madeira para fazer armários; ou também, pela janela da cozinha, eu o gravava fazendo ravióli caseiro. Eu sempre o gravava pela janela da cozinha ou pela janela do meu quarto. Ele nunca descobriu, e, hoje em dia, quando sinto vontade de vê-lo... só preciso colocar o filme.

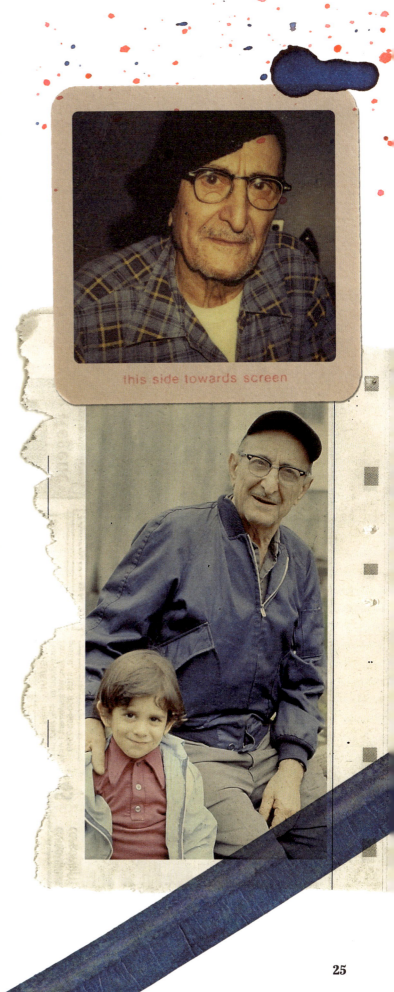

25

TOM SAVINI : VIDA MONSTRUOSA

O dia em que fui seques- trado

Entrei no carro e fomos até um matagal isolado. Perguntei aonde íamos e ele disse que conhecia um lugar melhor para comprar sorvete.

Certo, sem enrolação, lá vai.

Fui sequestrado quando eu tinha uns 7 anos, a caminho de uma sorveteria. Um cara parou com o carro na minha frente e perguntou: "Aonde você tá indo?". Eu disse que ia comprar sorvete. Ele disse: "Quer carona?". Eu sei... caso clássico. Entrei no carro e fomos até um matagal isolado. Perguntei aonde íamos e ele disse que conhecia um lugar melhor para comprar sorvete. Bom... ele colocou as mãos em mim e me obrigou a colocar as minhas nele. Sem penetração, e eu aprendi umas palavras novas... e chorei porque eu sabia que ele ia me matar, como acontece com muitas crianças sequestradas. Eu não era burro. Lembro de mijar na boca dele... que diabos eu sabia sobre gozar?

Depois, ele me levou para casa, mas antes parou para comprar sorvete. Ele me deixou onde tinha me encontrado, e, a caminho de casa, joguei o sorvete o mais longe que pude. Lembro de ver o sorvete cair no chão, se espar- ramar, deslizar e deixar uma trilha por onde tinha escorrido. Estava escuro e meus pais estavam muito preocupados, e eu apenas disse que um cara tinha comprado sorvete para mim.

Deu para ver que eles sabiam o que aquilo significava, e minha mãe começou a vociferar coisas do tipo: "Andy... aquele filho da puta... espera só até eu o encontrar no boliche". Nunca voltaram a tocar no assunto. Nunca voltei a ver o homem, mas penso nele com alguma frequência. Apesar do que aconteceu, não internalizei nenhum sentimento negativo com gays, não mergulhei em nenhuma culpa e nem deixei o abuso sexual definir a minha vida. Entendi que esse tipo de coisa tão hedionda acontece. Aconteceu comigo.

E essa experiência terminou por ter um impacto na forma como me relaciono com mulheres. Nunca sou invasivo. Sou quase como um vampiro mítico, que precisa ser convidado de maneira formal a adentrar qualquer recinto. Preciso que uma mulher me convide a entrar. Nunca dou o primeiro passo. Não forço a situação. Apesar de não ser necessário passar por isso para ter esse tipo de respeito, me lembro bem de como é ser forçado a fazer alguma coisa, e não quero que ninguém, nunca, sinta isso em relação a mim.

TOM SAVINI : VIDA MONSTRUOSA

Lon Chaney mudou minha vida

Entrei na loja e, ali,
pela primeira vez, o
cheiro da maquiagem
invadiu minhas narinas
e a minha vida.

Eu frequentava a escola com uns caras chamados Rocco Massochetti, Tony Persichetti, Nino Orsini, Richard Porco, Beatrice Roberto e Ed Rainaldi. Pegou todas as vogais aí? Há pouco tempo, apelidaram o meu bairro de Little Italy — Pequena Itália —, coisa que sempre quis que fizessem. A gente andava pelo meu bairro, Bloomfield, e via italianos dançando e gesticulando as mãos e falando italiano em cada esquina. Quando eu e meu pai andávamos pela rua, sempre o via sacudir os braços no ar e conversar de igual para igual com eles. Eu entendia bastante do que diziam porque eu falava italiano quando era criança. Na verdade, tive que aprender inglês. Hoje não me lembro muito do idioma, mas, quando visito Roma, a coisa volta. Se eu me perder, abordo um policial e, para minha surpresa, começo a falar italiano de forma perfeita e pergunto o caminho. Está em algum lugar na minha cabeça, e pretendo usar todo esse potencial no curso Aprenda Italiano em Casa que comprei há alguns anos, ou no Rosetta Stone,[*] que adquiri há pouco tempo.

Bom, então eu ficava lá, vagabundeando em uma esquina do que hoje é Little Italy, via carros e garotas passeando, jogava conversa fora com qualquer um que não tivesse nada melhor para fazer, ia ao cinema aos sábados, assistia à tv e tinha medo de monstros, apanhava dos valentões, e em um desses sábados... assisti ao filme *O Homem das Mil Faces*.

Preciso enfatizar a importância disso. *O HOMEM DAS MIL FACES.* Nem assim ficou chamativo o suficiente para descrever o que

---

[*] Rosetta Stone é um software de ensino de idiomas. [Todas as notas são do tradutor.]

aconteceu comigo. Foi como se um hipnólogo me colocasse em transe pelo resto da vida. Aonde quer que eu fosse, refletia profunda e constantemente sobre esse filme, caminhava pra lá e pra cá como um sonâmbulo, pensando no filme.

Eu amava monstros até quando me borrava de medo deles. Eu acreditava que existiam. Por isso eram tão assustadores... eles eram reais. *Mas* com esse filme percebi que, é claro, alguém os criava. O filme, caso você não saiba, era sobre a vida de Lon Chaney. Dei o nome de Lon ao meu primeiro filho. Lon Chaney foi um ator do cinema mudo, dublê e, em especial, um maquiador ímpar, que criou o visual de personagens como Quasimodo, o Corcunda de Notre-Dame; Erik, o Fantasma da Ópera; e muitos, muitos mais. James Cagney interpreta Lon Chaney no filme, e essa foi a primeira vez que a ideia de que os monstros eram criados por pessoas invadiu a minha cabeça. Antes disso, eles eram reais. O cara do *Frankenstein* era aterrorizante, costurado com partes dos corpos de outras pessoas, e, quando ganhou vida, foi a coisa mais assustadora que meus olhos haviam testemunhado.

Minhas esculturas de monstros da Universal Studios.

Mas esse filme, *O Homem das Mil Faces,* me mostrou que os monstros não existem sozinhos; eles não são reais. São feitos de maquiagem e efeitos especiais, e são interpretados por atores e tudo mais... eu mal imaginava que aquilo seria o fim da magia peculiar de ver alguma coisa com olhos inocentes e acreditar que essa coisa existe de verdade.

O resultado? Eu passei a querer criá-los. Eu queria criar monstros. Queria saber como utilizar maquiagem para criar monstros e rostos assustadores. Eu queria criar todos eles. Queria passar maquiagem e, quem sabe, me transformar em pessoas diferentes.

Esse foi o começo do fim da magia que eu vivia, um tipo de magia que eu adoraria voltar a experimentar, de alguma maneira. Eu acreditava que aqueles seres eram reais, que existiam de verdade na tela, nos becos escuros de Bloomfield e atrás da porta frágil do meu sótão. Esta é a ironia experimentada pelas pessoas que desejam se envolver com filmes: a magia que você vê e sente, que faz com que você queira trabalhar com filmes, é destruída para sempre assim que você passa a atuar na área. Não completamente, claro, mas a forma mais pura dessa magia, a que faz você acreditar que o que está vendo de fato existe, é esse sentimento que desaparece. Eu gostaria de voltar a ver um filme com um olhar infantil, com os olhos inabalados de uma criança, para ser capaz de ver e sentir e acreditar de novo, no sentido mais genuíno disso tudo.

Eu costumava dizer que gostaria de ver um filme pelos olhos da minha filha Lia, mas ela é tão "contaminada" quanto eu, ou quase. Ela me obrigou a levá-la várias vezes para ver *Drácula de Bram Stoker,* do Coppola, porque gostou demais. Aposto que tinha gente na plateia dizendo: "O que aquele velho tá fazendo aqui com aquela criança?". Lia tinha cerca de 9 anos,

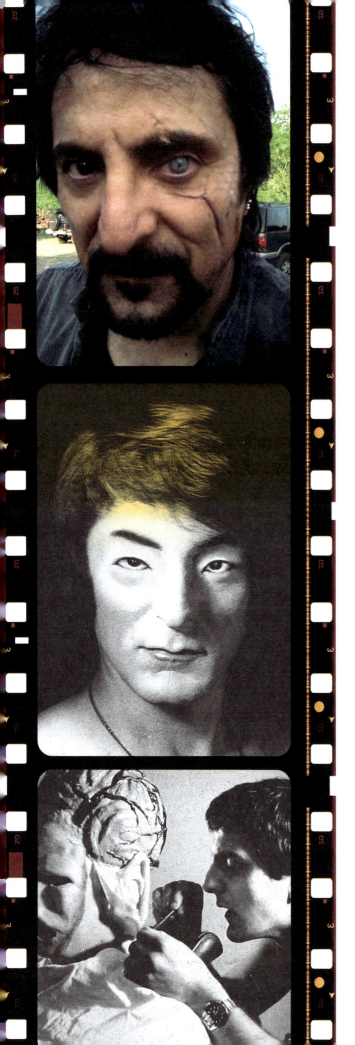

mas se você estivesse sentado do lado dela e prestasse atenção na conversa, teria ouvido a menina dizer coisas como: "Pai, isso é fundo azul ou é de verdade? Aquilo é espuma de látex ou gelatina? Aquilo é cabelo de verdade ou cabelo falso?". "Cala a boca!", eu sussurrava. Já é bem difícil para mim assistir a um filme e NÃO pensar em tudo isso.

Entende o que quero dizer? Até onde vai a nossa cabeça? Ficamos pensando em como foi criado, em vez de nos divertirmos com a criação de alguém que quer que a gente se divirta. Porém, no fim das contas, a magia volta. Se um filme for bom de verdade, se de fato captar a sua atenção, às vezes, a magia volta. Como alguns filmes do Spielberg, algumas produções realmente boas fazem você sentir e pensar e completar, na sua cabeça, os pensamentos e emoções ou as ações dos personagens. Isso acontece se eu assistir ao filme umas oito vezes, ou, mais fácil ainda, se eu fumar um baseado e assistir chapado. Concentrado.

Enfim, eu era um adolescente que queria aprender maquiagem. Onde? Eu não conhecia nenhuma escola naquela época. Na biblioteca, tinha um livro de maquiagem de teatro escrito por Richard Corson que virou a minha bíblia. Era sobre maquiagem de palco, ou seja, exagerada. Tinha que ser exagerada por causa da distância entre a plateia e os atores e por causa da iluminação. Mas o livro também mencionava látex, cola para cabelo, cabelo artificial, cera, pancake e outros truques do ramo. Aprendi o suficiente para saber o que comprar, caso eu encontrasse uma loja. Meu irmão Tony me falou de um lugar, no centro da cidade, que vendia maquiagem de teatro. Para mim, naquela época, era tão longe quanto a lua. No centro? Lá era a cidade grande, um lugar enorme, cheio de prédios e ruas gigantes e trânsito barulhento, um lugar onde um

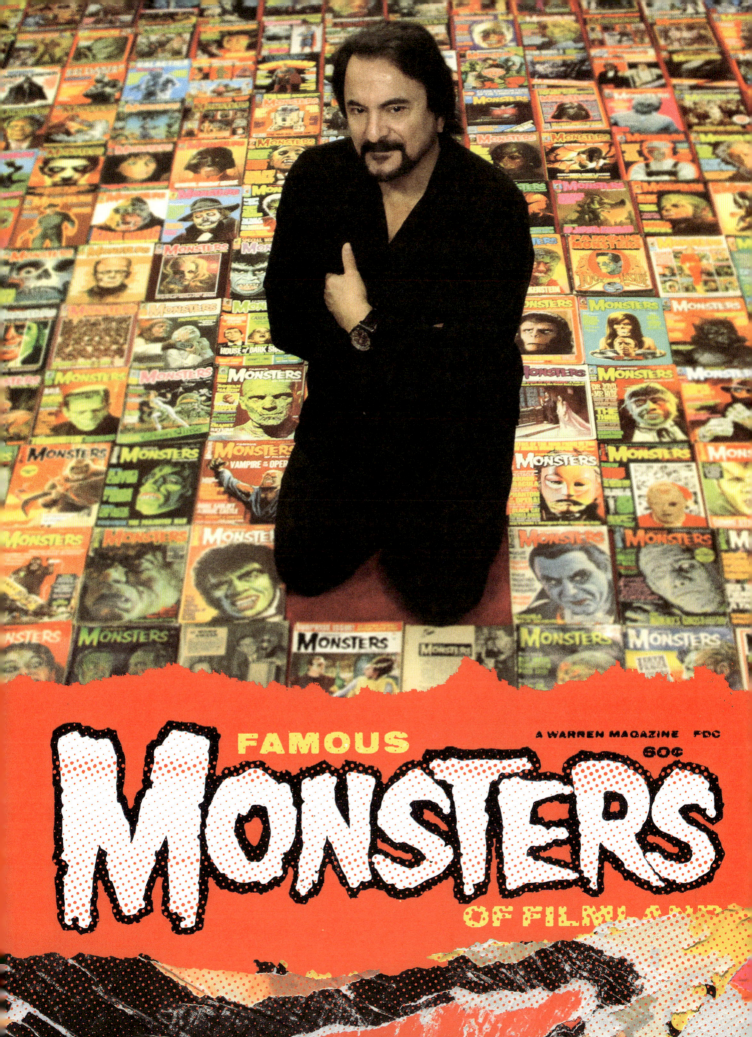

garoto como eu só podia ir quando o pai tinha grana para levá-lo de bonde... era como ir para outro país. Era uma aventura grande demais para o garoto que eu era, um garotinho pobre que só entrava em um carro quando algum irmão mais velho ou parente topavam dar uma volta por aí.

Além disso, era preciso ter dinheiro para comprar as coisas. Então, não tinha nem o que discutir: eu não tinha grana nenhuma. Dava para levar as garrafas de refrigerante de volta para a vendinha por dois centavos cada, ou cinco, se fosse um garrafão. Mas juntar muitas garrafas demoraria demais, e não dava para fazer muita grana com isso. Então, montei um kit de engraxate com o pouco dinheiro que reuni com as garrafas e fui engraxar sapatos pela vizinhança, e caramba, comecei a ganhar bastante grana. Não lembro quanto eu cobrava na época, mas comecei a fazer um pé-de-meia. Logo tinha o suficiente para pegar o bonde até a cidade — sozinho, pode acreditar — e procurar pela Essers Costumes, onde vendiam maquiagem.

Entrei na loja e, ali, pela primeira vez, o cheiro da maquiagem invadiu minhas narinas e a minha vida. Ainda sinto empolgação quando abro um dos meus kits de maquiagem e sinto o cheiro. Comprei cabelo falso, tintas, cola para cabelo, látex e um pouco de colódio, que é usado nos filmes para criar cicatrizes. Você aplica, aquilo gruda na pele, seca, começa a contrair e deixa umas estrias profundas e temporárias. Pense no Tom Berenger em *Platoon*, ou no Donald Pleasance como vilão em *Com 007 Só Se Vive Duas Vezes*.

Comecei a testar em mim mesmo. Um grande erro. Eu ia para a escola só com metade das sobrancelhas ou com massa moldável grudada no cabelo por uma semana. Então, comecei a testar nos meus amigos.

Eu "cortava" os pulsos deles com cera e sangue falso, fazia parecer que metade dos seus cabelos tinha pegado fogo ou que alguém tinha cortado suas gargantas. Eles iam para casa e, é claro, os pais, sem pensar que poderia ser maquiagem quando os filhos entravam em casa mutilados por mim, gritavam: "Quem diabos fez isso com você?"... e a resposta era: "O Savini", e eles eram proibidos de brincar comigo por uns tempos.

"Quem diabos fez isso com você?"

TOM SAVINI : VIDA MONSTRUOSA

Show de horrores e milk-shakes

Para mim, maquiagem e efeitos especiais são como truques de mágica.

E por falar em magia, lá pelos meus 13 ou 14 anos vi um anúncio no jornal: "Ao vivo, direto de Hollywood: Frankenstein, Lobisomem e Drácula, em um show de mágica e uma sessão dupla de filmes de terror"... tudo isso no Cinema Arsenal. QUÊ????!!! Frankenstein, Lobisomem *eeeee* Drácula? Tá brincando? É claro que apareci por lá antes mesmo de abrirem o cinema. O primeiro número foi o show de mágica, do Dr. Silkini, que era como o Pirata Roberts em *A Princesa Prometida*. Não era mais o artista original, mas uma sucessão de jovens ilusionistas que assumiam o personagem. Ele foi um mágico famoso na época. Fazia pombos aparecerem, criava coisas com flores e possuía aparatos mecânicos para elaborar seus truques de mágica.

Então, em certo momento, ele fazia um sinal para alguém dos bastidores, e as luzes diminuíam devagar. Um cara com máscara de Frankenstein aparecia de um dos lados e, do outro, um cara com máscara de Lobisomem... e então o Drácula, um garoto escolhido da plateia, levantava e ficava lá, apavorado, com medo do palco. Ele só ficava parado lá! Frank e o Lobisomem caminhavam até o centro do palco e parecia que iam começar a brigar, mas, no último segundo, olhavam para o público e desciam as escadas na nossa direção... e as luzes se apagavam de vez. Todos gritavam entusiasmados, e então começava a sessão dupla de filmes de terror, um dos quais era *Night of the Blood Beast*, ou alguma coisa assim. Bom, legal, tudo muito divertido, mas eles escolhiam um moleque da plateia para ser o Drácula? Eu tinha capa, dentes falsos e maquiagem, e eles escolheram aquele panaca que só ficava lá parado? Eu queria mudar isso. Jurei que voltaria no dia seguinte e que seria o escolhido.

39

Voltei no dia seguinte e devo ter acenado ou gritado na hora certa, porque me escolheram. Expliquei que tinha minhas próprias presas e capa e que já brincava com maquiagem, mas me levaram até uma farmácia e compraram um produto chamado Sudden Beauty, e o mágico, que se chamava Gabriel, tinha uma assistente linda chamada Dinah, que espalhou aquilo na minha cara e, quando secou, ficou tudo rachado, e eu parecia uma boneca de porcelana quebrada... ficou maravilhoso. Nunca tinha ouvido falar naquela coisa. Em seguida, fizeram uma maquiagem linda de vampiro em mim, com lábios pretos, olhos escuros e bochechas fundas, e senti como se um maquiador profissional de Hollywood tivesse feito aquilo comigo. Usei minhas próprias presas. Também descobri que o nome do Frankenstein era Chuck, e o do Lobisomem era Donald.

Enfim, o show começou. O Dr. Silkini apresentou seu número e, então, era hora dos monstros. Foi aí que descobri a função do elemento surpresa. Eu me escondi lá na frente, bem atrás das cortinas escuras em uma das saídas. Fiquei espiando por elas e vi que o público olhava para a direita, para o Frankenstein; daí o Lobisomem apareceu, e quando vi que as pessoas estavam concentradas nele, corri de forma sorrateira até a primeira fila, onde ficava a molecada. Eu estava oculto pela minha capa e, na minha deixa, saltei no ar, abri a capa e peguei todo mundo de surpresa, como se eu tivesse acabado de surgir na frente deles. Todos gritaram e se encolheram em seus assentos. Dei um puta cagaço neles. O Gabriel, o Chuck, o Donald e a Dinah *viram* como fiz a minha entrada.

Pararam de escolher garotos da plateia durante a turnê pelos cinemas locais: me levaram com eles. Eu me tornei parte

40

da trupe. Era divertido pra caramba passar o tempo com eles no hotel e nos restaurantes, e Gabriel me ensinou meu primeiro truque de mágica. Eles viajavam em um enorme carro fúnebre, e lembro que, um dia, não tinha nada no carro, exceto uma mesa preta bem fina. Não passava de 4 centímetros de espessura. E eu ouvia: "Cooooo... Coooo...", e perguntei: "O que é isso?". Gabe respondeu: "Ah, são só os pombos dentro da mesa". Eles mantinham os pombos assim para que, quando aparecessem no número, voassem e batessem bastante as asas. A entrada ficava mais triunfal desse jeito. Um dia, enquanto estava de bobeira com o Chuck, ele me disse que tinha espinhas na cara porque não fazia sexo havia algum tempo, por causa da turnê. Eu sentia falta de todos eles quando saíam da cidade. Meu salário era pago em moedas de um dólar e milk-shakes de chocolate.

Todas as coisas que me ensinaram foram seu legado. Aprendi muito, mas o mais importante foi o elemento surpresa que usei na minha entrada; esperar o público olhar para o outro lado antes de dar um cagaço neles. Foi uma descoberta importante que eu voltaria a usar repetidas vezes durante a minha carreira. Também aprendi o valor da mágica, repleta de elementos surpresa e instrumentos mecânicos. A mesma coisa acontece com os efeitos especiais. Fazemos as mesmas coisas que os mágicos: iludimos o público e usamos vários aparelhos mecânicos para fazer as pessoas pensarem que o que viram aconteceu de verdade. O elemento surpresa é muito importante quando você quer enganar ou assustar pessoas. Por isso, os meus dois livros sobre maquiagem de efeitos especiais foram batizados por mim de *Grande Illusions*. Para mim, maquiagem e efeitos especiais são como truques de mágica.

Muitos anos depois, tentei me tornar membro do Magic Castle, em Hollywood. É um clube particular de mágicos que existe desde 1963, localizado em uma linda mansão na Franklin Avenue, em Los Angeles, atrás do famoso Grauman's Chinese Theater. Para ser membro, é preciso ser mágico. Quando eu era criança, li na revista *Famous Monsters of Filmland* que até Boris Karloff já tinha pisado lá. Foi o Dr. Silkini, então encarnado por outra pessoa, que me colocou no Magic Castle. Na época, conversávamos sobre um roteiro com vampiros que eles estavam tentando produzir. Eu faria os efeitos. E o fato de eu ter escrito dois livros chamados *Grande Illusions* também ajudou. Então, graças ao Dr. Silkini, carrego um cartão de membro do Magic Castle até hoje.

Quando vimos um disco voador

Ficamos mudos; estávamos em estado de choque. O medo nos paralisou.

Eu ainda era criança nos anos 1950, que foi a década áurea dos filmes de ficção científica, como *O Monstro do Ártico, A Guerra dos Mundos, Os Monstros Invasores, A Invasão dos Discos Voadores, Guerra Entre Planetas, Planeta Proibido*. Visitantes de outros mundos eram um tema recorrente, e, na época, antes de eu perceber que alguém criava todas essas coisas, ELAS ERAM REAIS. EU ACREDITAVA QUE TUDO O QUE EU VIA NA TELA DO CINEMA ERA REAL. Quando você tem 9 ou 10 anos, essas coisas fazem parte da sua vida do mesmo jeito que o Papai Noel ou a Fada do Dente. Elas existem até algum rapaz mais velho metido a espertão dizer que é tudo mentira.

Uma noite, no meu bairro, a poucos quarteirões da minha casa, no Friendship Park (um lugar tranquilo que ocupava cerca de dois ou três quarteirões, incluindo toda a área do Colégio Imaculada Conceição, de padres e freiras, mais os enormes prédios que compunham o Hospital da Pensilvânia Ocidental e o abrigo das enfermeiras), alguns adolescentes jogavam futebol americano e outros se beijavam nos bancos do parque quando, de repente, *todos nós* vimos um disco voador. Deu o maior cagaço em todo mundo. Congelamos… aquilo aconteceu de verdade… mil pensamentos invadiram nossa cabeça de uma só vez, como: precisamos alertar o planeta, chamar o exército, correr e nos esconder, avisar nossos pais… conhecer os alienígenas. Ficamos mudos; estávamos em estado de choque. O medo nos paralisou. Quando enfim conseguimos nos mexer e falar, gritamos para que as pessoas olhassem para cima… OLHA… LÁ EM CIMA… OLHA!

43

prestes a nos destruir ou aterrissar, e então seus ocupantes exigiriam que nós os levássemos ao nosso líder. Não me mexi, só fiquei olhando, absorvendo tudo, aproveitando ao máximo cada segundo, antes que disparassem um raio e nos desintegrassem. Até que meus olhos de criança, plenos de imaginação, perceberam após alguns instantes que esse sonho, que por fim estava acontecendo comigo e com as pessoas que eu conhecia... era, na verdade, um avião que levava uma enorme placa na cauda.

Não dava para ver o avião por causa de uma luz que brilhava na parte de trás dele, para iluminar o cartaz, que sacudia ao vento na escuridão, criando a ilusão de rodopio. Então, tudo o que vimos foi essa... *coisa!*... que brilhava e rodopiava, voando pelo céu escuro e repleto de estrelas, bem na época em que o cinema local só passava os clássicos da ficção científica.

Estava passando sobre o hospital em linha reta, repleto de luzes, girando e voando baixo. O parque foi à loucura. As pessoas corriam para a frente e para trás, se esbarravam pelo gramado sem saber o que fazer, e pensavam nas coisas terríveis que aconteciam aos indefesos civis nos filmes quando os extraterrestres pousavam. Nós pensamos que eles fossem pousar lá mesmo, no Friendship Park, como o disco voador de *O Dia em que a Terra Parou*.

Para mim, era emocionante, coisa de outro mundo, e senti como se eu fizesse parte de algo importantíssimo, como nos filmes. Eu não estava mais isolado, sentado em uma sala de cinema assistindo a algo dramático... mas conectado à situação e vivendo aquele drama. Vários adolescentes, crianças e adultos corriam e gritavam pelo parque enquanto o disco voador colorido e brilhante rodopiava sobre eles,

Mas, por um momento, ao olharmos e acreditarmos naquilo, foi esplêndido, foi emocionante. Eu tive mesmo a sensação de que havia um disco voador pairando sobre mim e meus amigos. Ainda consigo sentir como foi. Isso é o mais importante... o sentimento... falso ou não... porque naqueles instantes eu senti e acreditei. Por alguns segundos, aquilo foi real.

Isso me lembra meu velho amigo, Rob Lucas, que conhece um cara que imita o Arnold Schwarzenegger de maneira perfeita. Ele faz um Arnold convincente durante uma conversa inteira, sem cair em estereótipos. Ele também imita o Robert De Niro e até já apareceu no *Tonight Show*. Enfim, estávamos em uma convenção e o Rob veio até mim, empolgado e com um sorrisão na cara, e disse que o Arnold estava ao telefone e queria falar comigo. Fiquei pasmo. O Arnold é o meu herói. Não tem um dia em que eu não veja *O Homem dos Músculos de Aço* na tv enquanto treino na academia que montei em casa: me sinto como se estivesse malhando com Arnold e seus amigos. E lá estava ele, ao telefone. Foi incrível. Falamos durante uns quinze minutos, e fiquei atônito por ele conhecer tanto sobre a minha carreira e admirar o que eu faço — o que é até normal para mim, já que sempre me surpreendo quando conheço celebridades e elas dizem que são fãs do meu trabalho. Então, lá estava eu, feliz em poder conversar com Arnold, que me dizia para continuar trabalhando cada vez mais com efeitos especiais e coisas do gênero, e, depois que desligamos, passei quase uma hora me vangloriando por ter falado com ele. Eu caminhava com um enorme sorriso no rosto, agradecendo muito a Rob por ter nos colocado em contato. Em certo momento, com medo de que eu ficasse puto da vida, Rob pediu mil desculpas e disse que era o amigo dele imitando o Arnold, e implorou para que eu, por favor, não ficasse bravo. Eu disse que não estava bravo... porque, durante aqueles quinze minutos, eu acreditei. O sentimento foi real. De fato pensei que estava falando com o Arnold. Para mim, aquilo aconteceu: assim como o disco voador. Anos depois, na competição de fisiculturismo Arnold Classic, nós nos conhecemos e ele sabia quem eu era!

"Nós vimos um disco voador."

Lar, para sempre lar

Saber que nunca precisei me mudar para tornar meus sonhos realidade me dá muita força.

É difícil de explicar, mas quando eu tinha uns 10 anos de idade, me lembro de sentar no chão do quarto do meu pai e conversar com a casa. Não de verdade, é claro, mas sentia que estávamos conectados. Olhava para as paredes e para a decoração que meu pai tinha feito, os armários de madeira escura que ele construiu... eu pensava que ficaria ali por muito tempo. E fiquei.

Quando eu morrer, meu fantasma com certeza também vai ficar por aqui. É a mesma coisa em relação à vizinhança. Tenho tantos amigos que se mudaram e fixaram um lar em outros lugares, mas, diferentemente deles, se tem uma coisa que posso dizer sobre mim é que aqui nunca deixou de ser meu lar.

Ainda moro na casa onde nasci e cresci, ainda na mesma vizinhança, inalterada, e conheço todos esses becos, todos os cantos e recantos. Os italianos ainda estão espalhados pelas esquinas, gesticulando suas mãos. Estão muito mais velhos, e seus filhos são adultos que eu, às vezes, reconheço; até alguns restaurantes ainda estão aqui.

Saber que nunca precisei me mudar para tornar meus sonhos realidade me dá muita força. Todo o trabalho, todas as conquistas, toda a minha fama: obtive tudo isso enquanto ainda morava na minha cidade natal, no meu lar.

TOM SAVINI : VIDA MONSTRUOSA

A real magia do cinema

Esses lugares tinham um propósito... e qual era o propósito de um cinema? Magia.

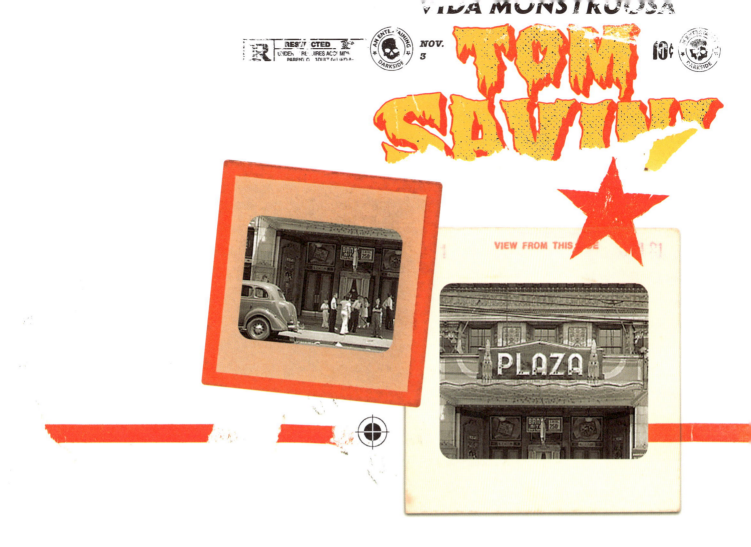

Ah, sim… o *cinema*! A motivação para tudo o que faço! O CINEMA. Que palavra estranha. Vem do termo grego "kinema", que significa "movimento", ainda que consista em várias imagens estáticas — fotografias — reproduzidas em alta velocidade. *Cinema… Filme… Sétima Arte.*

E, quer saber? *Devemos viver os bons e velhos tempos hoje.* Quando você olha para trás e diz se lembrar dos bons e velhos tempos, isso quer dizer que você também pensa: "Queria que tudo fosse como antigamente", ou "devia ter aproveitado mais". Bom, você está aqui agora, e em breve já não estará, então, para evitar sentir isso de novo… Viva os bons e velhos tempos *hoje… agora mesmo…* entendeu?

Mas, voltando um pouco no tempo, os anos 1950 foram a parte favorita dessa fantasia que chamo de minha vida. Não vivo no passado, mas repasso as memórias na tela da minha cabeça como se fossem minhas músicas favoritas. Eu era bem novo durante a década de 1950, e sábado era o meu dia favorito. Eu levantava às 7h, descia correndo as escadas, pegava uma caixa de cereais e sentava na frente da nossa gigantesca tv em preto e branco para assistir a *Tom Terrific, Sky King, Super Mouse, Winky Dink, Howdy Doody, Jet Jackson, Buster Brown Theater* e *Jim das Selvas,* tudo isso antes do meio-dia; depois, um filme do Tarzan e *Davy Crockett,* da Disney.

Mas, em certos sábados especiais, era no Cinema Plaza do bairro, lá pelas 9h, que a garotada da mesma idade se reunia, aos gritos, para ver dezessete desenhos. Estou falando de *Merrie Melodies* e *Looney Tunes* (ainda consigo cantarolar as músicas de ambos, que eram apenas levemente diferentes), e do *Popeye*, e dos desenhos da Warner Brothers e do Max

51

Fleischer: Pernalonga, Patolino, Gaguinho e Frangolino. E, depois da gritaria e dos aplausos que tomavam o lugar sempre que um desenho novo começava, era hora de assistir a um seriado, como *Capitão Marvel*, ou *Commando Cody*, ou *The Ape and the Robot*. Então, depois de alguns trailers, assistíamos a dois — sim, dois — LONGAS-METRAGENS, como *Museu de Cera* ou *Abbott e Costello Encontram Frankenstein*, e tudo isso por 25 centavos. VINTE E CINCO CENTAVOS!

Saíamos do cinema por volta das 17h, e a luz do sol machucava nossos olhos enquanto voltávamos para casa, porque tínhamos passado o dia inteiro sentados no escuro; ao chegarmos em casa, a tv virava um objeto quase insignificante, nada além de uma coisa brilhante iluminando a sala. No inverno, já estava escuro quando saíamos do cinema, e nós víamos os discos voadores e os alienígenas e os monstros de *The Teenage Frankenstein* em cada esquina sombria no caminho. Digo "nós" porque em geral íamos eu e minha irmã, que durante toda a caminhada repetia que os monstros iam me pegar.

Assim eram os finais de semana da minha infância. Os dias de semana se resumiam a ir para a escola, ser aterrorizado pelas freiras, enfrentar os valentões, ler histórias em quadrinhos, como as do Super-Homem, do Batman e da Luluzinha, comer cachorros-quentes e nadar na piscina local nos dias de verão. Eu fingia que morava em uma mansão e atravessava o MEU terreno até a MINHA piscina particular — na verdade, só descia a rua de casa até a piscina comunitária. Quando chegava lá, me perguntava por que havia tantas pessoas na minha piscina. Ah... eram os convidados.

O Dia das Bruxas era o dia mais importante do ano... ainda é. Guardo um jornal de 1969 na minha coleção. Na seção de entretenimento tem uma lista com mais de cinquenta cinemas drive-in localizados em Pittsburgh. Cinquenta!!! Isso é mágico. Sem dúvida, nos meus preciosos anos 1950, havia ainda mais. Meus pais nunca tiveram carro, mas, às vezes, um dos meus irmãos mais velhos saía com a namorada ou com a esposa e colocava a molecada no banco de trás. "Aonde a gente vai?", nós perguntávamos. "Ao drive-in", eles respondiam. Aaaaahhh... uma alegria silenciosa invadia o banco traseiro. Tá brincando?! Estacionávamos o carro e comíamos pipoca... *E pegávamos um cineminha!!!*

É assim que falamos hoje em dia: assistir a um filme. Mas, naquela época, "filme" era sinônimo de "cinema", e cinemas eram mágicos. Eu não os percebia como construções de madeira e concreto. Eram lugares, no meio da rua, nos quais você podia entrar, e não era para mandar lavar sua roupa, não era nem um supermercado nem uma loja de ferramentas. Esses lugares tinham um propósito... e qual era o propósito de um cinema? Magia. Lá, você era transportado para outras épocas e dimensões, encontrava vampiros, lobisomens, alienígenas e terríveis monstros espaciais; lá, você se tornava o herói, salvava o mundo, e tudo era incrivelmente real. Era como uma igreja, onde você adorava o que ficava lá na frente e no alto, no lugar do altar: a magia. MAGIA. Um lugar diferente dos livros ou do rádio, onde a criação acontece na sua mente... Lá, tudo estava disposto diante de você.

Até hoje fico chateado quando um cinema fecha. Foi no Plaza, o cinema do meu bairro, onde vivi a maior parte da magia do cinema durante a minha infância. Foi inaugurado em 1917 e fechou há uns anos, para virar... um Starbucks. Você sabe que eu odeio o Starbucks. Tinha outro cinema, que ficava a uma distância considerável da minha casa,

chamado The Arsenal. Digo considerável porque era preciso subir uma ladeira e depois descer cinco ou seis quarteirões gigantes, para chegar em um bairro chamado Lawrenceville. Quando o filme terminava, tínhamos que subir esses quarteirões de volta para casa. Em geral, eu era o garoto do bairro que, aos 12 anos, empolgava a molecada de cerca de 9 ou 10 anos para fazer a peregrinação até o Arsenal. Quando o lugar fechou, para mim foi como se uma casa mágica tivesse deixado de existir. Eu não entendo. Como as pessoas permitem que algo assim desapareça? Não querem manter a magia em suas vidas?

Ainda penso em cinemas como casas mágicas, locais para venerar a magia, mas, hoje em dia, é difícil ir ao cinema. Raramente vou, e não porque criei meu cinema particular em casa, com uma tela de três metros e um projetor 3D de alta definição. Não, é por causa da ansiedade que enfrento sempre que penso na quantidade de pessoas que vou ter que mandar calar a boca ou desligar o celular durante o filme. Mas tento ser educado: "Sem querer ofender, mas você precisa ficar em silêncio", ou: "Sem querer ofender, mas precisa desligar o celular aqui dentro". Quando tenho sorte, as pessoas se lembram um pouco de ter visto o aviso quase ineficaz que aparece antes do filme, aquele que diz para não falar e desligar os aparelhos. Tem que existir alguma convenção de proprietários de cinema em algum lugar, onde você pode fazer um escândalo e pedir por iniciativas mais efetivas para que as pessoas fechem a merda da boca e desliguem o telefone. É uma casa mágica, cacete! Por isso amo a rede Alamo Drafthouse Cinema. Eles avisam e ameaçam umas cinquenta vezes antes do filme, e se você tentar usar o telefone ou conversar, é capaz de ser preso ou, no mínimo, expulso da sala. Um viva para eles!

TOM SAVINI : VIDA MONSTRUOSA

Moleque ignorante sem noção

Ela apontou para um jardim escuro, no beco. Pensei que alguém poderia nos ver se passasse de carro ou pela rua.

No auge dos meus 13 anos, eu queria muito transar. Depois de meses tentando pegar a C▇, algo enfim aconteceu. Não foi bem como eu tinha planejado, mas depois deu certo.

"Se alguém perguntar na escola amanhã, diga que trepou ontem à noite", o Tony me disse. Tony foi meu agente por uma noite. Ele era meu colega de classe, um italiano também de 13 anos que fez *tudo acontecer* comigo, o garoto recluso e esquisito, diferente do resto dos meus amigos.

Mas voltemos à C▇.

C▇ era uma garota da vizinhança que, por causa do meu primo Vince, deixou que a levássemos para debaixo de uma ponte, dentro de umas passagens de cavernas, para ficarmos pelados e transar. Eu e meu primo revezamos. Eu estava muito excitado quando chegou a minha vez, duro e prontíssimo, mas não encontrei nenhuma abertura nela. Ela me guiou e me segurou no lugar, mas não senti que a penetrei. Pelas fotos que eu tinha visto na *Playboy*, achava que se entrava em uma garota pela parte de cima da vulva, não fazia ideia que tinha que entrar por baixo, bem no meio das pernas e abaixo da saliência do púbis. Então, fiquei tentando várias vezes entrar por cima, e acho que ela meio que deixou rolar, vendo que eu era um moleque ignorante, idiota e incompetente. Mas, na vez do Vince, vi que eles não tiveram nenhum tipo de dificuldade.

Daí, certa noite, Tony e eu caminhávamos pelo Friendship Park, o mesmo do disco voador, e ele viu uma outra garota da vizinhança, a O▇. Ele disse que ela era jogo fácil. Ele me mandou esperar, caminhou até ela e disse algumas coisas, com as mãos balançando no ar (até aí, nada estranho, porque éramos jovens italianos que não abriam a boca sem que nossos braços balançassem, como se conduzíssemos uma sinfonia, emulando nossos pais). Então, ele voltou até onde eu estava e disse: "Vamos nessa". O ▮ guiou o caminho, e fomos para os becos escuros perto da escola, o Colégio Imaculada Conceição. Juro por Deus que esse era o nome da escola, e repito: Imaculada Conceição. "Ei, qual o nome da sua escola?", os amigos perguntavam. A resposta mais simples e resolutiva era: "Ima".

Ela apontou para um jardim escuro, no beco. Pensei que alguém poderia nos ver se passasse de carro ou pela rua, mas Tony disse pra eu não esquentar com isso, e seguimos em frente.

Foi um tesão. Eu a vi tirar a saia e deitar atrás de uns arbustos. Tony foi com ela e fiquei ouvindo os dois; então, quando chegou a minha vez, eu estava pra lá de pronto. Tony saiu para ficar de guarda, e fui até ela, que estava deitada e seminua. Os pelos pubianos dela me faziam cócegas. Ela me conduziu e, pela primeira vez na vida, senti como era estar *dentro* de uma mulher, e era quente e fazia cócegas demais, e era muito excitante. Na hora do orgasmo, eu estava atento e fui esperto, e, sem qualquer intenção de engravidá-la, tirei.

Eu não era mais virgem. Naquela época, virgindade era o mesmo que andar com uma letra escarlate estampada na testa, um símbolo de vergonha. Mas agora eu era um homem e fiz questão de deixar isso bem claro na escola no dia seguinte; não perdi sequer uma oportunidade de dizer para todo mundo: "Transei ontem à noite".

Bastidores de
O Massacre da
Serra Elétrica 2

VIEW FROM THIS SIDE

Chop Top (Bill Moseley) cortando o Gino

TOM SAVINI : VIDA MONSTRUOSA

George Romero, meu amigo monstro

Foi uma feliz coincidência, porque, entre todos os alunos, ele me escolheu para fazer um teste de câmera no escritório dele.

No Ensino Médio, frequentei uma escola só de garotos. Éramos 1500 alunos educados pelos Christian Brothers.* Ex-policiais, ex-fuzileiros navais e alguns dos caras mais cascas-grossas do mundo.

Ao mesmo tempo, lá também havia alguns dos homens mais gentis do mundo. Comediantes, atores etc., o que propiciou uma experiência bem variada. Vestiam túnicas, como padres; a diferença era o colarinho: duas pequenas dobras de tecido branco que saltavam de debaixo de seus queixos.

Aquela era *a* escola. Nenhum dos meus irmãos estudou lá. Eles cursaram escolas técnicas, quando muito, mas meu pai insistiu que o filho mais novo, eu, frequentasse o colégio. Eu estava cercado por meninos ricos de famílias abastadas, e estudar lá era muito caro, mas meu pai deu um jeito.

O Irmão Leonard era o maior e mais casca-grossa. Se flagrasse alguém conversando durante a aula, ia até o garoto e amarrava o punho dele com um lenço. "De pé", exclamava, e quando o rapaz levantava, ele perguntava se o coitado preferia "quinze ou trinta centímetros". Não fazia diferença, mas a molecada em geral respondia "quinze". Daí, ele dizia: "Pois então… aperte bem os dentes para não quebrar a mandíbula". Nessa hora, você podia se borrar de medo, mas pode apostar que apertava os dentes. Bum… soco na cara. Não com muita força, mas o suficiente para fazer você cagar nas calças e ficar esperto, além de garantir que não voltasse a falar.

---

* Christian Brothers é uma congregação dentro da Igreja Católica que se voluntaria para auxiliar na educação da comunidade, sobretudo em áreas pobres.

O Irmão Patrick ensinava latim e caminhava pela sala com um giz na mão. Vez ou outra, pegava o livro de alguém, de algum aluno que com certeza não estivesse prestando atenção, e escrevia nele aquilo que estava explicando. Todos achávamos hilário.

O Irmão Benedict colocava para tocar uma gravação de *Macbeth* e, cobrindo a cabeça com sua túnica preta, encenava a cena das bruxas para a gente. Nós o chamávamos de Black Benny.

O outro irmão Benedict, que era grisalho, era o White Benny, e ele nos ensinou a datilografar. Aconteceram três coisas monumentais que mudaram a minha vida enquanto eu estava no Colégio Católico: conheci George Romero, aprendi a datilografar, e John F. Kennedy foi assassinado.

Eu era bastante ativo na escola: fazia parte da equipe de atletismo, da banda, da equipe de luta e, em especial, do teatro. Tínhamos um teatro profissional maravilhoso onde só encenávamos musicais, como *Garotos e Garotas*, *Once Upon A Mattress*, *Adeus, Amor*, que coreografei antes de me formar, e *Where's Charley*. Quase sempre, eu era o dançarino principal e, em algumas montagens, fazia a dança principal com uma garota e sempre me apaixonava. As garotas que atuavam nas nossas peças vinham das várias escolas só para garotas da região.

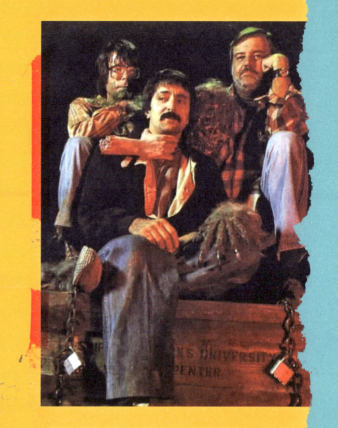

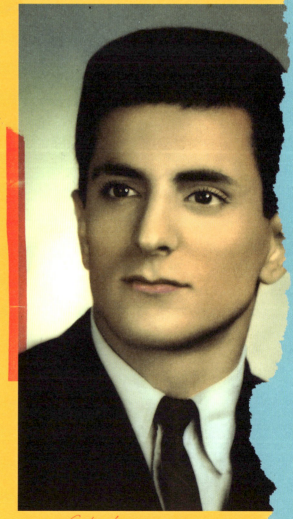

foto do meu anuário escolar no último ano

Os diretores, cenógrafos e coreógrafos eram alunos da Universidade Carnegie Mellon, que ficava do lado da escola. Na época, se chamava Carnegie Tech e era a *melhor* escola de teatro do país. Ainda é. Na verdade, hoje mesmo, no Facebook, vi que seis alunos de lá foram indicados para o Tony Awards.

Um dia, soubemos que George Romero, um cineasta local, apareceria no final da semana para escolher alguns alunos para um filme que ele estava prestes a realizar. Fiz de tudo para participar do teste, ao lado de uns 25 ou trinta

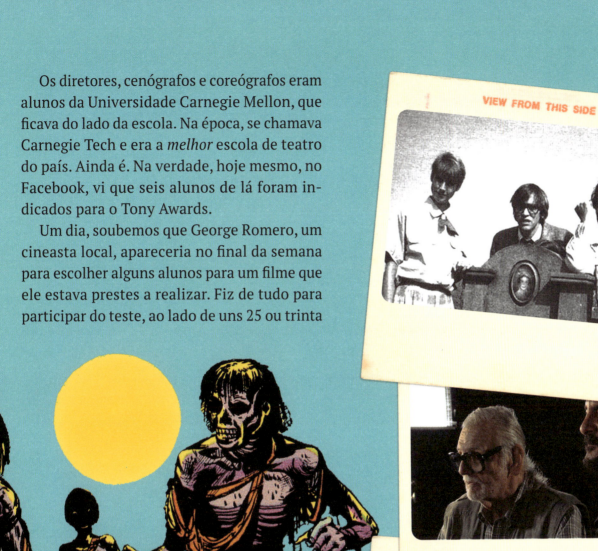

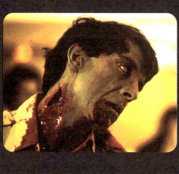

alunos. Eu não fazia ideia de quem era George Romero, mas ele era um cineasta, e todos queremos participar de um filme, não é? Então esperei a minha vez. Na época, como na maior parte da minha vida, até mesmo no exército, eu usava óculos. Mas não queria usá-los durante o teste, então não usei. Fui para o palco, me deram páginas de um roteiro e consegui ler a maior parte do texto, até que comecei a ver tudo embaralhado e tive que colocar os óculos. Isso fez George Romero gargalhar, além de toda a equipe que estava lá com ele. Por sorte, eu havia parado em uma parte do roteiro que continha muito xingamento e palavras chulas, então ficou parecendo que eu não acreditava que aquilo estava mesmo escrito ali e coloquei os óculos. Foi uma feliz coincidência, porque, entre todos os alunos, ele me escolheu para fazer um teste de câmera no escritório dele. Eu fui, fizemos o teste, mas o filme nunca aconteceu. Seria chamado *Whine of the Fawn*.

Anos depois, quando ele se preparava para fazer *A Noite dos Mortos-Vivos,* levei meu portifólio até seu escritório e ele se lembrou de mim. Eu disse que também trabalhava com maquiagem e construía objetos cênicos, e ele falou: "Acho que temos lugar para você neste projeto", e o resto da história você já conhece. Fiz nove filmes com George Romero aqui em Pittsburgh, e um em Toronto. Devo minha carreira inteira ao George. Se *Despertar dos Mortos* não tivesse acontecido, eu não teria feito *Sexta-Feira 13,* e foram esses dois filmes que lançaram a minha carreira.

Uma das coisas mais preciosas que aprendi no Colégio Católico foi datilografar. Tive três anos de aula. Hoje, minha filha e meus netos ficam impressionados com o fato de eu digitar em alta velocidade sem olhar para o teclado. Digo que foi algo precioso porque, como você sabe, tudo acontece nos teclados hoje em dia.

A morte cruel de John Kennedy

Quem não viveu essa época não faz ideia de como Kennedy era amado.

TOM SAVINI : VIDA MONSTRUOSA

Em 1963, eu estava no segundo ano do colégio e, um dia, na aula do Black Benny, ouvimos um anúncio no alto-falante que ficava no canto do teto. O presidente John F. Kennedy havia sido assassinado com um tiro. O Irmão Benedict baixou a cabeça entre as mãos e chorou. Assim como muitos de nós na sala. Quem não viveu essa época não faz ideia de como Kennedy era amado: amado pelos jovens da nossa sala. Eram tempos em que não sabíamos nada do que hoje se sabe sobre ele, e, naquela hora, me lembro de ter pensado: "Por que nosso governo faria uma coisa dessas?". Eu não estudava ciências políticas nem fazia ideia do que estava acontecendo naquela época, mas lembro que esse foi meu primeiro pensamento. Hoje, conheço quase todos os livros escritos a respeito do assassinato, todos os vídeos, e essa história ainda me magoa.

O que a maioria das pessoas não sabe é que a *Post*, uma revista parecida com a *Look* ou com a *Life*, trouxe uma capa que dizia "Três homens atiraram no Presidente", quase no mesmo instante após o assassinato. A revista *Ramparts*, na época, imprimiu uma pequena publicação à parte chamada "À Sombra de Dallas" e mostrou quantas testemunhas oculares morreram nos dias subsequentes ao assassinato. Um atuário calculou as chances de tamanho desastre acontecer, e, segundo ele, era uma em mais de um trilhão. Ah, e nem me fale da conspiração. Como se não fosse o suficiente, lançaram um filme com Burt Lancaster, Robert Ryan e Will Geer sobre os "Grandes Interesses" que decidiram que Kennedy deveria morrer, e mostrava como os assassinos eram contratados e treinados com alvos móveis no deserto antes de executarem o plano. Esse filme sumiu de circulação, mas hoje em dia é possível encontrar o DVD.

Assim como nos dias atuais, não fazíamos ideia do que acontecia atrás de portas fechadas, mas, quanto mais eu leio, mais me parece provável que, na época, tudo foi acobertado pelo bem maior do país e do povo. O evento poderia ter causado uma guerra gigantesca contra a Rússia e Cuba, então, aquilo precisava ser varrido para debaixo do tapete o mais rápido possível, e não havia nada que pudéssemos fazer. É um daqueles casos da história em que a verdade não está necessariamente nos livros, mas em certas mentes e corações.

The Assassination of John F. K[ennedy]

Who controls American elections? In the p[ast] years, assassins' bullets have had a more pro[found effect] on political direction than the American elect[orate.]

"Elections are rigged, candidates murdere[d," says] Cohen, researcher/reporter for the Assassi[nation Investi-]gation Bureau. "It's clear the American po[litical system] is not what is shown in history books."

Since John F. Kennedy was murdered in [Dallas on] November 22, 1963, political leaders inclu[ding Robert] Kennedy, Dr. Martin Luther King and Ge[orge Wallace] have been shot. In each case, a "lone" ass[assin driven] by hate and alienated from society, has b[een named] by law enforcement officials. But priva[te researchers] and independent reporters looking dee[per have found] holes in every case, unfollowed leads, [missing tes-]timony, missing or murdered witnesses [and contradictory evi-]dence.

These [res]earchers are trying to disc[over what truths] are being covered up.

"The Warren Commission report was [a cover up of] the truth about the Kennedy assassinatio[n just as Water-]gate was an extension of that government[al policy,"] says Cohen. "There's no question the Warr[en Commission] report is not accurate. The question you ha[ve to ask is] why?"

The recent evidentiary hearing to dete[rmine if] James Earl Ray, convicted for the assass[ination of King,] should be granted a new trial, has assassi[nation investi-]gators hoping the truth may finally come [out and that] links between the various assassinations [will lead to a] serious investigation of any one in[dividual or group] who is behind the others. Such a [public trial for Ray is a] first if granted, as other accused assass[ins have either] pleaded guilty or, as in the case of Lee H[arvey Oswald,] been silenced through murder.

Investigators do not all ag[ree on the mo]hind the slayings, but all vo[ice commu]"lone nut" theory pushed b[y the government.]

"Don't take these fine res[earchers to]they attack each other," warned Donald F[reed, assassination] investigator and co-author of the novel; Exe[cu-]tion. "But when they attack the government [they tend] to be right."

THE FIRST COVER UP

While political assassinations have no[t been uncommon in the] world, they were virtually unknown in the U[.S. prior to] 1963. And if theorists are right about links [between them,] the cover up of the Kennedy assassination [has con-]tinued through the others.

Cohen and others are working to reopen [the Warren] Commission report, hoping to show the Am[erican people] that the country is not democratically-contr[olled and that] the government institutions would have the[m think so.] Showing a behind-the-scenes force is control[ling the] country could radicalize many people.

"The assassinations of the 60's are to Mi[ddle Ameri-]cans what Vietnam was to the liberals," says [Donald] Freed. "They were important, visceral events [that affected] people to their very roots, and made them re[evaluate] their thinking. These shootings are metaphor[s for a] cade of official violence."

"The object of assassinations in other co[untries is] a shift in power," points out Mae Brussell, w[ho hosts a] weekly radio program called "Dialogue Assas[sination"] out of Carmel, California. "The object of Am[erican as-]sassinations has been to keep the power in t[he same] hands of those who controlled President E[isenhower and] his vice president, Richard Nixon, their sele[ctees."]

Theories vary, but most contain some ele[ments of a] combined Central Intelligence Agency, [Federal Bureau] of Investigation, military, organized crim[e, con-]servative para-military organizations and [ultra-con-]servative business people as the major pow[er behind the] assassinations, and ultimately, the country.

THE WARREN COMMISSION'S F[INDINGS]

The official story of November 22 go[es that a] lone gunman, Lee Harvey Oswald, statione[d in the] sixth floor window of the Texas School Bo[ok Depository] Building. When the President's car came [into range, fired] three shots with a high-powered rifle, killi[ng Kennedy] and wounding Texas Governor Joh[n Connally. Of the] three shots, one hit Kennedy in the head, [one in] the neck, and a third passed through [the Presi-]on through Connally's back, a[nd lodged in the Governor's] wrist. This bullet was later recovered from [a stretcher at] Parkland Hospital in near perfect condition, [making] it possible to clearly link the bullets with Osw[ald's rifle.]

After firing the shots, Oswald fled the build[ing, shot] Dallas Police officer Tippit, and ducked into a [movie theatre.]

227

228

229

[Wh]y did this man raise an umbrella on a sunny day, and [on]ly lower it the instant he saw the killing shot blow [JF]K's forehead apart? See part 2 in the Dec. 6 SUN.

Assassination of JFK

continued from page 11

year, it would have been quite diffi[cult to live] on his limited income. His income t[ax] record for that year is classified.

* In 1963, in an attempt to go to [the Soviet Union or] Cuba, Oswald again applied for a pa[ss-]port. Normal waiting time is about [six] weeks. Despite the fact that it woul[d] normally be difficult for someone w[ho] has given American radar secrets to [Rus-]sia, as Oswald claimed to have done[, to get] another passport, his was proces[sed in] 24 hours.

* After the assassination, Oswald[']s wife received $57,000 from myster[ious] sources. The commission never que[s-]tioned where the money came from[.]

Not only was Oswald silenced be[fore] he ever explained his side of the sto[ry,] but eighteen material witnesses soug[ht by] Jim Garrison died mysteriously befo[re] [a]ny further investigation could begi[n.] [W]as the CIA silencing people who k[new] [t]oo much? And how does the CIA [tie] [in with the other assassinatio]ns?

TOM SAVINI : VIDA MONSTRUOSA

As damas e o cinema

Eu disse que queria deixar o ambiente mais confortável. Isso provocou um impacto nela.

Eu não era apenas um garoto tímido. Era patologicamente tímido, patologicamente introvertido. Mal abria a boca. Se alguma garota falasse comigo, eu paralisava de medo, não dizia nada e fugia apavorado. Não sabia quais músicas estavam tocando no rádio, então as conversas sobre esse tema eram descartadas. Não entendia nem me interessava por carros, ainda que os meus amigos, ao verem faróis à noite, fossem capazes de dizer que carro se aproximava e de que ano era. Eu só queria saber de monstros e maquiagem, e parecia ser o único que gostava disso. Eu fingia me interessar por outras coisas, mas depois de assistir a *O Homem das Mil Faces,* fiquei obcecado por maquiagem e pela criação de monstros.

O Homem das Mil Faces não foi o único filme que teve um efeito profundo a ponto de mudar a minha vida. Acho que os amigos maneiros do meu primo Vince só me deixaram andar com eles porque meu primo pediu. Você conhece os tipos, a galera que fumava e tinha confiança para abordar garotas. Eles me viam como alguém especial porque eu conseguia mudar a minha cara com maquiagem e me deixar desfigurado. Eu não era maneiro como eles, mas lembro que, anos depois da minha epifania com *O Homem das Mil Faces,* na fase de transição de garoto obcecado à adolescente, assisti a *Amor, Sublime Amor.* Caramba: aquilo teve um grande efeito em mim. Passei a usar camisas roxas e pulseiras, igual ao Bernardo. Anos depois, meu apelido na escola era Bernardo, mas eu tinha medo de falar com o pessoal maneiro da minha vizinhança sobre o meu interesse por musicais, de revelar o quanto me impressionavam.

69

Da esquerda para a direita: Adrienne Barbeau, Zoe Bell, Electra e Elise Avellan, Caroline Munro, Julie Newmar e Eiza Gonzalez.

Contudo, uma noite, levei a trilha sonora para uma festa com os "caras maneiros" e contei a eles um pouco sobre a trama do filme que eu tanto amava, que falava de gangues em Nova York: era como *Romeu e Julieta*. Coloquei o disco na picape e, antes que eu percebesse, depois do estalar de dedos da primeira faixa, todo mundo começou a estalar os dedos também, pulamos das cadeiras para o sofá e nos tornamos os Jets e os Sharks; me senti muito responsável por apresentar *Amor, Sublime Amor* para o pessoal, e mostrar que um musical pode ser maravilhoso.

Outro filme que teve um efeito peculiar em mim foi *O Professor Aloprado*, com Jerry Lewis. Naquele filme, vi um cara tímido, introvertido, desastrado, que "ficava paralisado sempre que uma garota falava com ele" e que, depois de beber uma poção, virava um mulherengo bonachão, confiante, de fala mansa, chamado Buddy Love. Depois que vi esse filme, coloquei meu terno — acho que eu tinha uns 14 anos — e peguei um bonde até Oakland, a cidade universitária; fui até um restaurante e me transformei em Buddy Love. Paquerei a garçonete que ficava atrás do balcão e conversei com pessoas que passavam por mim — agi o tempo todo como se tivesse uma personalidade confiante e descolada, cheio de lábia: meu Buddy Love. Então, qual a diferença? Ainda era eu mesmo, o rapaz patologicamente introvertido e zoado que, depois de assistir a um filme, se transformou em uma espécie de Mr. Hyde com a forma de Buddy Love. Para mim, isso mostra que temos todo esse potencial dentro de nós: em *O Professor Aloprado,* tudo o que ele precisava era de uma poção, e eu só precisava ter visto o filme para perceber que todos temos um Mr. Hyde dentro de nós, e podemos libertá-lo quando quisermos.

Como você já sabe, frequentei uma escola só para garotos. Usávamos paletó e gravata todos os dias, e nossos professores eram dos Christian Brothers. Nunca namorei na época de colégio por vários motivos. Não tinha carro, era pobre, tinha um grande complexo de inferioridade e achava que não era muito bonito. Ah, eu tentei... mas não ter carro era uma grande desvantagem. Se eu me interessava por uma garota, logo descobria que ela dava

para todo mundo, menos para mim. Então, participei de vários clubes, pratiquei esportes e me envolvi em peças de teatro.

As garotas que participavam das nossas peças eram de escolas só para garotas localizadas na região, como a Sagrado Coração ou a Academia Ursuline. E tinha essa garota, a J▇▇▇, que era a mais popular e sempre conseguia o papel principal nas peças e musicais que fazíamos, e que nunca saía com o mesmo cara duas vezes. Eram as regras dela. J▇▇▇ era uma estrela e deixava todos os caras babando. Ela era A Estrela e merecia a alcunha. Uma garota linda e uma grande atriz. Aliás, ela administra um teatro hoje em dia, onde também dirige e atua. Na época, ela era fora de série... e eu me borrava de medo dela. A garota era um anjo, uma entidade intocável tão distante de mim, tão superior, tão talentosa, que eu só pensava nela como... como... bem, como uma estrela de cinema.

Um dia, ela falou comigo. Àquela altura, eu fazia a maquiagem para algumas peças da escola. Ela perguntou se eu podia bolar uma maquiagem de Pinóquio, e talvez ensiná-la a fazer, para um projeto em que estava envolvida, e me convidou para ir até sua casa. Eu fiquei nas nuvens: nuvens de puro medo e insegurança. Mas aceitei e fui até lá, até a casa fabulosa em que ela morava. Na época, a maioria dos meus colegas de classe vinha de famílias abastadas, cujas casas incríveis faziam com que eu me sentisse ainda mais inferior, porque a minha casa era pobre e sem muita decoração, só uma casa geminada de quatro quartos. E a casa dela era como as mansões que eu via nos filmes.

Ela me convidou até a enorme sala de jogos, que era quase do tamanho da minha casa inteira, com mesa de pingue-pongue e de sinuca, um sofá enorme e televisão; conversamos sobre a maquiagem de Pinóquio. Depois de um tempo, levantei e desliguei algumas luzes da sala. Estava claro demais. Ela perguntou o que eu estava fazendo. Eu disse que queria deixar o ambiente mais confortável. Isso provocou um impacto nela. Com os olhos arregalados, disse que nem imaginava que eu pudesse fazer algo assim... e isso a surpreendeu.

1. Margot Kidder • 2. Caroline Williams • 3. Julie Benz • 4. Asia Argento • 5. Brinke Stevens • 6. Patti Tallman • 7. Jennifer Rubin • 8. Jodii Christianson • 9. Ashley Laurence.

Não entendi nada, mas adorei: provoquei uma sensação nessa criatura de pura beleza… uma beleza tão cobiçada.

Começamos a namorar. Fui o único cara com quem ela saiu mais de uma vez. Éramos um casal. Perdi todos os meus melhores amigos do colégio, que não conseguiam entender por que diabos ela estava comigo. Parei de falar até com meu melhor amigo, Eddie, que morava do outro lado da rua, porque ele tinha sido uma das "paqueras únicas" dela… e eu me tornei Buddy Love de novo. Ela o trouxe à tona. Ou melhor, foi por ela que libertei meu Buddy, e eu amava aquilo que estava se revelando em mim, inclusive o humor que eu não fazia ideia de que possuía. Íamos ao cinema, saíamos para dançar, assistíamos a peças e shows no colégio; além disso, foi essa mulher que escolheu a faculdade que eu frequentaria e também que me formaria em jornalismo, porque ela não demoraria a se formar e iria para a faculdade, e, na opinião dela, eu deveria fazer o mesmo.

Cerca de um ano depois, quando ela foi para a faculdade, consegui um Plymouth detonado, uma mistura de preto, rosa, laranja, prata e azul, e o famoso rabo de peixe, e fui de carro visitá-la. Lembro que estacionei perto do dormitório, e ela e as amigas olharam pela janela e acenaram para mim, e percebi que comentavam sobre o namorado que tinha vindo visitar. Lembro que demos uns amassos no carro e que saímos para assistir a *Camelot,* com Richard Harris e Franco Nero, e que me senti mal de ver como o Franco Nero era bonitão… mas, ei… a J▇▇ era minha.

Pouco depois que cheguei em casa, ela me telefonou e disse que tinha conhecido um jogador de futebol, um cara que a pegou da arquibancada e a ergueu no ar, e então, é óbvio, ela se apaixonou por ele.

TOM SAVINI: VIDA MONSTRUOSA

Três casamentos e uma vida

A culpa foi toda minha. Me arrependo de maneira profunda pela falta de amor que eu demonstrava em relação a ela.

Aposto que, assim que você descobre que alguém se casou três vezes, você pensa "o que diabos essa pessoa tem de errado?", mas eu tenho uma boa desculpa para cada um dos términos.

Meu primeiro casamento, bom… morreu assassinado pelo Vietnã. Voltei para casa como um zumbi sem sentimentos. Isso aconteceu com muitos que voltaram dessa experiência.

Minha segunda esposa era melhor amiga da minha primeira esposa. Ficamos juntos por quatro anos. Antes de nos casarmos, tudo era ótimo, mas então, como ela mesma admitiu repetidas vezes, ela jogou todo o ódio e rancor acumulado que sentia pelo pai… em mim. O casamento durou seis meses.

Meu terceiro casamento, bom, eu não estava apaixonado quando nos casamos. Ela tomava conta do meu pai, que estava morrendo, enquanto eu estava fora, em um trabalho. Quando voltei, meu pai disse: "Você devia casar com ela". Ela estava grávida, então foi a coisa certa a se fazer, mas, como ela disse cinco anos depois, ao nos divorciarmos: "Não posso morar em uma casa onde não tenha amor".

Não a culpo. A culpa foi toda minha. Me arrependo de maneira profunda pela falta de amor que eu demonstrava em relação a ela. Mas foi desse casamento que veio minha incrível filha, Lia.

75

Minha melhor amiga
e alma gêmea, Jodii.

MY DAD

Lia e Lizzy

Deus e os pecados mortais

Será que acredito em Deus? Depende da sua definição de Deus.

TOM SAVINI : VIDA MONSTRUOSA

Fui criado católico, ia à igreja todos os domingos e todos os dias antes da aula no primário, e temia os pecados mortais. Padres e freiras mandavam nas nossas vidas, eu rezava rosários, conhecia a história de Adão e Eva e a serpente/Satanás na árvore, e tudo mais que hoje em dia encaro como conto de fadas. Não sou religioso. Tenho a impressão de que, quando uma pessoa delira, chamam de insanidade, mas quando um bando de pessoas delira, chamam de religião. Não consigo entender essa cegueira que move as pessoas rumo aos mundos ilógicos e de fantasia que as religiões fazem de tudo para lhes enfiar na mente. Admito que sinto falta do conforto e da segurança que a religião me propiciou um período. A segurança do Paraíso e da felicidade eterna. Hoje tenho um buraco em mim, bem onde ficava a segurança. O que substituiu esse sentimento? Será que acredito em Deus? Depende da sua definição de Deus.

Se existe um Deus que, suponho, está no controle de tudo, então não gosto dele, por causa de todos os horrores que ele permite que aconteçam. Se Deus não existe, então tudo acontece ao acaso, e não há nada que possamos fazer a respeito. Prefiro acreditar que o que chamamos de Deus é apenas uma força, e, a partir dessa força inteligente, tudo vem a existir; ainda que haja vários indivíduos, há apenas uma mente, da qual todos fazemos parte, e é por isso que Deus somos nós e nós somos Deus. Não podemos escolher o que acontece conosco, mas sem dúvida podemos escolher como reagimos. A escolha é nossa, e muita gente não percebe.

Então, até onde posso, decidi permitir apenas coisas boas na minha vida: filmes bons, pessoas boas, comidas boas, leituras boas, posts de Facebook bons. Sério. Mudou minha vida.

TOM SAVINI : VIDA MONSTRUOSA

Como lidar com valen- tões

Olhei para a equipe e estavam todos em choque, como se imaginassem que, logo em seguida, eu levaria um murro do Ted.

Aprendi a lidar com os valentões ainda jovem, lá pelos 9 ou 10 anos de idade, e aprendi a colocar a teoria na prática durante as filmagens de *Sexta-Feira 13 – Parte 4: O Capítulo Final*.

Quando eu tinha sei lá... uns 16 anos, e não sei por que fiz isso, mas, um dia, eu conversava com Marshal G▮▮▮▮, depois de vê-lo surrando alguém no centro de recreação e se gabando de como conseguia rachar um tijolo ao meio com um soco e, de fato, fazendo isso na frente de todo mundo, bem, assim que ele fez outro comentário arrogante do gênero, eu disse: "Você só fala merda". Ele me olhou de um jeito sério, então sorriu, como se dissesse: "Você não merece nem a minha atenção". Ele era enorme, quase duas vezes o meu tamanho, e eu admirava o físico dele, assim como admirava qualquer porte físico depois de ver o Steve Reeves em *As Façanhas de Hércules* umas dezesseis vezes. Então, depois de outro comentário cretino, eu disse: "Ah, vai para casa puxar ferro, vai...". Não sei se eu tinha algum desejo de morrer, sei lá por que eu disse isso, mas me pareceu a atitude certa. Na verdade, eu sei por que disse aquilo. Todo mundo tinha medo dele e concordava com tudo o que ele dizia, e eu queria ser diferente, coisa que fiz durante minha juventude inteira. A reação dele foi uma mistura de "O que foi que você falou?" e "Como ousa dizer isso para mim?", mas ele me considerou corajoso por dizer na lata e respondeu algo como: "Ei... você tem colhão, hein, moleque". Nós nos tornamos, ou melhor, ele começou a me tratar como se fôssemos melhores amigos. Naquela hora, percebi que tudo

81

o que você precisa fazer para se defender de um valentão é se impor, e, caso sobreviva, ganhará um amigo.

Para as filmagens de *Sexta-Feira 13,* fui contratado como chefe do setor de maquiagem de efeitos especiais em substituição de alguém que havia sido demitido, e já tinham começado a filmar. Ted White, o dublê de Jason, gostava muito do maquiador anterior. Ele tinha 62 anos na época e era enorme, um caubói de cara enrugada que tinha sido dublê do John Wayne e do Charlton Heston, que mascava tabaco e odiava interpretar Jason, personagem que ele chamava de aberração. Era um cara bruto, que emitia suas opiniões em voz alta e não tinha paciência com pessoas que considerava idiotas, e que não queria de jeito nenhum ser uma aberração feito Jason. Um dia, expliquei para ele na frente da minha equipe como segurar a cabeça falsa do boneco vítima que tínhamos criado, para conseguir girá-la depois que a faca abrisse a garganta do boneco. (Pois é… é o meu trabalho.) Ted ficou puto da vida, levantou e disse: "Quer saber? Você cuida da maquiagem e eu cuido da atuação", e saiu da sala.

Olhei para a minha equipe e só consegui pensar em um conselho de um livro de autoajuda que eu estava lendo, sobre confrontar alguém que o tenha ofendido informando a essa pessoa que você ficou ofendido. Levantei e fui atrás do Ted, seguido pelo pessoal. Confrontei-o no corredor. Disse algo como: "Ei, Ted, fiquei ofendido quando você disse para eu não me preocupar com a atuação, porque eu também sou dublê". Só tive coragem de dizer aquilo porque eu tinha trabalhado como dublê em *Despertar dos Mortos* e em *Martin*, e tinha encenado as lutas em *Heartstopper*, entre outros filmes. Ted respondeu: "Sim, ouvi dizer".

Ele disse isso apontando o dedão na minha cara, e meu reflexo foi agarrar aquele dedo e segurá-lo com força enquanto ele cutucava a minha cara com aquilo.

Olhei para a equipe e estavam todos em choque, como se imaginassem que, logo em seguida, eu levaria um murro do Ted. Bom, ele começou a sorrir, e todo mundo riu do que estava acontecendo. Daquele momento em diante, Ted me chamava de canto ou caminhava ao meu lado para explicar como eram feitas as cenas arriscadas nos filmes, como capotagem de carros e quedas altas, e como ele tinha feito várias cenas de cavalo na pele de John Wayne; é claro que eu adorava essas histórias. Ele até me ensinou a usar o laço: ficávamos laçando os retrovisores dos carros estacionados. A primeira vez que aplicamos a maquiagem nele, no estúdio, apenas para um teste, ele sugeriu um outro jeito de colocar a touca de pele careca, e eu gritei: "Ei, Ted, você se preocupa com a atuação, eu cuido da maquiagem". Ele riu e disse que merecia aquilo, mas que eu também não precisava ser um babaca.

Nós nos tornamos amigos em um instante, e nossa amizade se mantém até hoje. É sério, até hoje. Atualmente, costumo ver o Ted em convenções. Ele tem 92 anos e ainda daria conta de surrar quatro ou cinco caras. Tenho 70 e sempre digo que quero ser como ele quando eu crescer.

TOM SAVINI : VIDA MONSTRUOSA

Vietnã, fotografias e zumbis

Eu era pobre e a única maneira de colocar pão na mesa era entrar para o exército.

Quando eu tinha 19 anos, me alistei no exército. Sim, bem no meio da Guerra do Vietnã. Eu me alistei pensando que seria dispensado da guerra, e porque precisava sustentar minha namorada, que estava grávida e prestes a se tornar minha primeira esposa. Eu era pobre e a única maneira de colocar pão na mesa era entrar para o exército.

No alistamento, você podia escolher sua instrução militar. Ao ser convocado, o cara sem dúvida iria direto para a infantaria e para as linhas de frente. Eu já era fotógrafo e tinha minha própria câmara escura no porão de casa, então pensei: "Pra que diabos precisariam de um fotógrafo no Vietnã?". Por isso escolhi a escola militar de fotografia, onde passaria treze semanas depois do treinamento básico. Eu me alistei no programa de espera, o que significa que eu seria convocado dentro de 140 dias. Isso aconteceu enquanto George Romero se preparava para fazer *A Noite dos Mortos-Vivos*. Eu o seguia pelo escritório enquanto ele folheava o meu portifólio, andando de um lugar para outro. Ele era um homem muito ocupado e disse: "Temos lugar para você neste projeto".

Os pais da minha namorada mandaram-na a um lar de mães solteiras em Baltimore, para o nascimento do bebê. Quando voltou para casa, me evitou por vários dias e tive que ir atrás dela. Liguei para alguns de seus amigos, perguntei onde ela estava e descobri que iria a um show. Eu a vi saindo desse show com um cara e, então, ela disse que tinha colocado o bebê para adoção, por pressão dos pais, e eu *perdi a cabeça*. Tive um ataque no meio de todo mundo: *me alistei no exército por nossa causa*! Foi como a cena em *Espantalho*, com Gene Hackman e Al Pacino, quando a

85

namorada abandona o bebê. Ele perde as estribeiras em público e acaba sentado em uma fonte no meio da cidade. Vi esse filme muitos anos depois e me identifiquei, apesar de não ter me sentado em uma fonte. Sentei no chão mesmo, chorando. Ela e o amigo me acalmaram e concordaram em conversar comigo no dia seguinte. Nós nos encontramos e eu disse que precisávamos nos casar. Eu era um católico italiano que tinha acabado de engravidá-la e sentia que aquilo era a coisa certa a fazer. Os pais dela não aprovavam, e eu só tinha 20 anos, então voamos para Chicago e nos casamos diante de uma juíza que vestia uma túnica preta e enormes brincos rosados.

Depois do treinamento básico, fui para a escola de fotografia militar, que ficava em Nova Jersey, o que me permitia voltar para casa em vários finais de semana, e era o que eu fazia. Na formatura, fomos todos até um hangar receber as ordens. Um amigo dizia: "Ei... olha... eu vou pra Itália". Enquanto outro dizia: "Eu vou pra Alemanha", ou: "Ei, eu vou pra Turquia". E eu disse: "Ei, o que significa RVN?". "RVN! RVN! Ah, cara... você vai pro Vietnã." Eu disse: "Tá, legal, muito engraçado". "Não, cara, isso é Vietnã", foi a resposta coletiva dos meus amigos. Em choque e negação, fui até o sargento, sentado atrás de uma mesa. "Por favor... o que significa RVN?" Ele disse: "República do Vietnã... PRÓXIMO". Saí de lá e comecei a planejar minha morte.

Minha esposa se mudou para Nova Jersey para ficar comigo durante os meus quinze dias de aviso prévio antes de voar para o Vietnã. Depois que parti, ela passou a morar no meu quarto, na casa da minha família. A viagem para o Vietnã pareceu uma cena de *O Franco-Atirador*: personagens dirigindo por ruas americanas, se divertindo, bebendo, indo a um casamento, curtindo com os amigos, e, na

cena seguinte, *bum!* — estão no Vietnã. Não sei se foram os momentos de negação antes da viagem e, do nada, a percepção de que eu já estava lá, mas foi tudo igualzinho à cena do filme. Bom... eu estava lá.

Uma coisa estranha aconteceu quando pousamos com o gigantesco avião da Pan Am. Pensei que teríamos que correr e buscar abrigo quando um PE (policial do exército) entrou no avião e nos cumprimentou — ele usava um capacete de aço cromado e levava duas automáticas .45, uma em cada coldre. Mas saímos do avião na maior calma, sentindo de imediato toda aquela umidade como se fosse um cobertor quente e molhado grudado no corpo, uma sensação que durou o ano inteiro. Lá era lindo: sol e palmeiras por toda parte. Era como um cenário tropical, e todos estávamos de férias. Havia um grupo enorme de soldados na pista de pouso, aguardando para ir para casa no avião em que viemos; eram grosseiros pra cacete, gritavam várias coisas para nós: "Bando de cagões... vieram pegar o meu lugar", e: "Vocês vão morrer aqui, cambada de viados!". Bem desnecessário. Eles tinham passado o ano inteiro lá e enfim estavam voltando para casa. Pensei que eu jamais faria algo parecido.

Então, eu passaria o ano seguinte no Vietnã. Na época, esse era o período de serviço: um ano. Vamos resumir o Vietnã: quente, grudento, úmido, verde, lindo, primitivo, melhor comida asiática e melhor maconha que já experimentei, voos de reconhecimento, voos de helicóptero, andar armado, recarregar armas, solução fotográfica, vans com ar-condicionado para revelação de fotos, ação de tropas de inteligência militar, cadeiras de praia, ver filmes ao som de artilharia pesada, água fria para os alistados, quente para oficiais, prostitutas angelicais, remédio para gonorreia, fotos de cadáveres de vietcongues, equipamento militar americano, pequenas vilas — em algumas havia fábricas de engarrafamento de Pepsi, e também algum vendedor americano de terno branco em uma loja militar no meio do nada, vendendo carros para soldados, pelos quais eles pagariam mensalmente e receberiam ao voltarem aos EUA... SE voltassem. (Vou interromper esse resumo para recordar quando os Grunts apareceram no campo de batalha. Os Grunts. Era assim que chamavam os soldados da infantaria durante a Guerra do Vietnã. Eles eram soldados de verdade, que lutavam e combatiam e atiravam e morriam. Eles eram *Platoon* e *O Franco-Atirador* e *Nascido Para Matar*. Nós, da inteligência militar, na unidade 244 MI, ficávamos em um acampamento no quartel-general. Cafeteria, banhos, barracões. Os Grunts apareceram, e sou obrigado a dizer que nunca vi seres humanos como aqueles. A porção humana deles, na verdade, não existia. Eram como animais que caminhavam livremente. Olhávamos para os olhos deles, e eram vazios. O que fez com que aqueles homens se transformassem? O que foi que eles viram? O que tiveram que fazer para se manter vivos? Sempre penso neles quando ouço falar em transtorno do estresse pós-traumático.) Oficiais, shows do USO,[*] Jimmy Stewart visitando os homens feridos na nossa clínica, George E. Jessel cantando o hino nacional, companheiros de beliche, cápsulas de projéteis caindo sobre as tendas, amigos, esportes, camisetas feitas sob medida, calças boca de sino, e os períodos de D e R.

Essa era a sigla para Descanso e Recuperação. Podíamos ir para o Havaí, Austrália, Taiwan ou Japão com todas as despesas pagas, para passar uma semana de descanso e recuperação, depois de seis meses de serviço. Esperei

até o décimo mês, porque eu não queria voltar e ainda ter que aguentar mais seis meses para ir embora. Esperei com paciência pelo décimo mês, e então eu e minha esposa nos encontramos no Havaí para viver sete dias no paraíso.

Voltei para o Vietnã quando restavam só dois meses para a dispensa. Dois meses durante os quais pensei que, se em algum momento eu fosse morrer, sem dúvida seria agora, nesses últimos meses. Fui designado para a pior tarefa possível (tirando ser um Grunt no campo de batalha, onde qualquer um que não o conheça quer matá-lo): a missão de trinta dias de guarda. Isso significa que você fica no perímetro do acampamento, em uma casamata minúscula onde cabem quatro homens, com a selva bem à sua frente. E, caso o inimigo — os vietcongues — ataque... a primeira pessoa/ soldado que ele encontrará vai ser você.

Havia sete casamatas de frente para a fileira de árvores. As casamatas eram uma espécie de caixa de madeira cercada por sacos de areia. Tinham dois andares: um dentro da caixa e o outro no topo dela, onde havia uma plataforma cercada por sacos de areia com espaço para dois homens. Os dois no andar de baixo permaneciam acordados, e os no andar de cima dormiam. Os turnos eram revezados.

Cada casamata servia também de arsenal. Tínhamos uma metralhadora M60 enorme apontada para a selva, lançadores de granada, rifles M16 e minas Claymore: um plástico retangular com bolas de aço colocadas contra um bloco de explosivo plástico. Uma mina dessas era capaz de arrancar árvores pela raiz ou parti-las ao meio, dentro de um raio de 45 metros. Os inimigos que apareciam e encontravam a mina tratavam de virá-la na nossa direção; então se faziam visíveis, e, se você

---

[*] USO, ou United Service Organizations, é uma organização sem fins lucrativos que promove entretenimento para as Forças Armadas americanas.

apertasse o detonador, quem explodiria seria VOCÊ. Por isso, pintávamos a parte de trás com tinta luminosa, para que quando víssemos aquele negócio brilhando, soubéssemos que a mina estava apontada na direção correta.

O mais importante eram os *tripflares,* fios armados ao redor das casamatas. Se alguém tropeçasse, uma luz brilhante seria disparada e veríamos quem estava lá. Eram acionados por mola, então, mesmo se fossem cortados, os clarões ainda seriam disparados.

Outro detalhe relevante era que, caso você visse centenas de vietcongues saindo da floresta e avançando na sua direção, *não era permitido abrir fogo*. Era preciso contatar a casamata de comando — a primeira casamata da fila — e alertar o oficial que estivesse lá: ele iria até a sua casamata com um binóculo de visão noturna e, caso enxergasse o inimigo, deveria relatar ao batalhão para receber permissão para, então, abrir fogo.

Todas as armas na zona de combate eram carregadas com balas rastreadoras. A cada terceiro projétil. Então, caso atirasse à noite, era possível ver o disparo, um projétil brilhante e vermelho voando na direção do alvo. Quando o helicóptero Chinook sobrevoava e disparava contra uma zona na floresta, havia tantos tiros — acho que uns seiscentos por minuto, ou talvez seis mil — que víamos uma única coluna de luz vermelha saindo do cano da metralhadora do helicóptero e se espalhando por uma área imensa. Quando o helicóptero passava às 3h, sabíamos que não havia mais nada lá fora que pudesse nos ferir. Então, dormíamos melhor, ou acendíamos um baseado e relaxávamos.

Era meu sétimo dia de guarda, e o Chinook tinha acabado de passar e espalhar uma muralha vermelha bem na nossa frente. Eu e Morales estávamos lá embaixo, olhando para a lua cheia. De repente, houve um solavanco na paz noturna; foi como uma foto com flash combinada ao estouro do escapamento de um carro, ou, pior ainda, foi como se alguém estivesse atirando contra nós. Tivemos um choque repentino quando as luzes foram disparadas dos fios na frente da nossa casamata, iluminando a escuridão, e eu vi algo se mover de maneira rápida cerca de quinze metros adiante. Logo agarrei o cabo e o gatilho da enorme metralhadora M16 e comecei a atirar. Os dois caras que dormiam no andar de cima acordaram e começaram a atirar e a lançar granadas, e alguém disparou uma Claymore que abriu uma grande clareira no meio do mato. Não demorou para que todas as casamatas, cada uma das sete, disparassem contra qualquer coisa na frente da nossa. Pode esquecer o Dia da Independência ou qualquer que tenha sido o melhor show de fogos de artifício que você já viu: AQUELA foi a exibição mais estridente, brilhante, colorida, chocante e assustadora que já aconteceu. Quando tudo aquilo, enfim, cessou... o pato que no início havia acionado o disparo dos *tripflares* estava ileso e desapareceu na escuridão da noite.

Vimos uma caravana de faróis de jipes deixando o quartel-general do batalhão e se aproximando... na *minha* direção. Os sons de trilhões de disparos e explosões ainda ecoavam na escuridão. O jipe da frente parou e, saindo das sombras, alguém se aproximou de mim. Senti muito medo. Observei a silhueta de um homem enorme se aproximar e, como um soldado treinado, meu olhar se concentrou nas lapelas da camisa dele. Se fosse alguém de um posto superior, eu precisaria bater continência. Assim que a luz incidiu sobre a lapela, vi os emblemas pretos. Era um general. Fiquei em uma posição de continência desastrada e fixei toda a minha concentração na patente dele, sem olhar para o seu rosto. Ele perguntou: "Por que abriram fogo?". Naquele exato momento, perdi a capacidade da fala. Acho que soei como o Patolino tendo uma convulsão, com meias-palavras, gaguejando enquanto puxava o ar. O general disse: "Acalme-se... acalme-se... o que aconteceu?".

Por fim, consegui dizer as palavras: "Algo acionou meus *tripflares*". O general respondeu com tranquilidade: "Hmmmmm... acho que eu teria atirado também. E o que era?". "Um pato, senhor", respondi quase sem forças. O general perguntou: "Acertou?". Olha, sei que atingimos cada milímetro do que estava diante da minha casamata com balas e granadas ou estilhaços da Claymore, mas tive que dizer para o general: "Não, senhor". E ele devolveu: "Bem, da próxima vez, desafie o animal". Tudo em que consegui pensar naquele momento foi um diálogo no qual eu diria: "Alto! Quem vem lá?", e o pato me responderia: "Quaaack... quaaaaack".

O general foi embora com a caravana de jipes, e fui removido da guarda. Pelo resto dos meus dias no Vietnã, meus amigos e até os soldados que eu nem conhecia me chamavam de "Mata-patos".

Na noite seguinte, fomos atacados por "Esquadrões Sapper", que eram soldados vietcongues usando apenas bermudas e bandoleiras com granadas. Eles removiam os pinos das granadas depois de envolver as alavancas em fita isolante. Eles se infiltravam nos postos militares e colocavam as granadas em todos os tanques de combustível que encontravam. A gasolina corroía a fita e a granada soltava a alavanca. Então, a qualquer momento, um jipe, caminhão ou helicóptero poderia explodir. Era meu trabalho fotografar quando isso acontecesse.

Quando os vietcongues apareceram, houve uma espécie de combate diferente na fileira de casamatas onde eu estivera na noite passada, e homens morreram. Eu não estava lá. Acho que o pato salvou a minha vida. Por causa disso, nunca comi pato.

Talvez isso devesse fazer parte do capítulo "As cinco vezes que quase morri ou fui assassinado". Logo depois fomos embora do Vietnã. Estávamos na pista de pouso, esperando a chegada dos novos soldados para que pudéssemos voltar para casa. Assim que desceram do avião, fizemos a mesma coisa que fizeram com a gente quando chegamos. Não sei por que razão, não consigo explicar, mas fomos terrivelmente grosseiros com eles, nós os ofendemos e... acho que me senti superior porque havia passado por coisas que eles não tinham experimentado... ainda. Enfim, subimos no avião, aquela coisa enorme da Pan Am que podia levar uns duzentos soldados. Nós nos preparamos para a partida, e foi a primeira vez em um ano que sentei de maneira confortável em algum lugar.

Coloquei os fones de ouvido, pluguei-os nos braços do assento, e, nunca vou esquecer, estava tocando "Classical Gas". Por fim, estávamos a caminho de casa, e eu não ouvia uma música assim havia um ano. Chorei. Fiquei envergonhado, mas olhei ao redor e todos estavam chorando. De repente, a aeromoça apareceu correndo e gritando que a porta traseira estava aberta. Quê? Havíamos sobrevivido durante um ano no Vietnã, estávamos a caminho de casa, e a *porra da porta traseira do avião estava aberta*? Foi um grande susto, mas fecharam a porta e todos relaxamos. Paramos em São Francisco antes de seguirmos para os vários destinos, e lá mesmo comprei roupas comuns, tirei meu uniforme e o joguei no lixo.

Não teve nenhuma festa quando voltei do Vietnã, nada de boas-vindas ao herói que retorna do inferno. Dê uma pesquisada sobre o Massacre de My Lai. Fiquei surpreso ao ver alguns membros da minha família no aeroporto, esperando para me abraçar: meus irmãos Joe, Henry e Sullivan, e minha irmã. Chorei muito. Não estava pronto para aquilo. Para eles, eu havia sobrevivido, o que era motivo de celebração. Eu havia passado por algo cujo desfecho poderia ter sido muito mais trágico.

A próxima base à qual fui convocado foi Fort Bragg, na Carolina do Norte, e, ali, minha vida mudaria para melhor. No começo, eu era só um soldado, vivendo às custas da base e participando de reuniões pela manhã, o que aconteceu por uma semana inteira, até que um sargento se aposentou de uma loja artesanal.

Essa "loja artesanal" específica era onde os soldados aprendiam a revelar e imprimir fotos. Havia uma câmara escura enorme com cabines cheias de ampliadores e bandejas com químicos. Fiquei com o cargo dele e não precisava mais usar uniforme ou cortar o cabelo no estilo militar. Eu era quase um civil e só vestia o uniforme de vez em quando, para ir às festas das "esposas" dos oficiais ou a alguma cerimônia de premiação para fotografar.

A loja era também o lugar onde os soldados, a maioria oficiais, construíam aeromodelos de controle remoto que, vez ou outra, tentavam pilotar. Eu os observava passar meses construindo um avião lindo, de mecanismo muito complexo, para depois levá-lo ao campo e vê-lo cair e se espatifar no chão. Na maior parte do tempo, eu ficava atrás do balcão, vendendo peças e equipamentos de aeromodelos. Eu também ia para as câmaras escuras, onde separava e embalava dez lâminas de papel fotográfico em caixas pequenas, que eram vendidas no balcão. Então, o que acontecia era

o seguinte (quase sempre com um oficial): papel fotográfico é leve e sensível e, por isso, precisa ser revelado em uma câmara escura. Um cliente colocava o papel em uma chapa debaixo do ampliador e projetava o negativo sobre ela. Em seguida, banhava o papel em três químicos para produzir a foto a partir do negativo. Espero que não seja tarde demais para explicar o que é um filme fotográfico. Um oficial aparecia para revelar fotos e comprar uma caixa com dez papéis fotográficos, e, enquanto eu me virava para colocar o dinheiro na registradora, ele abria a caixa… *em plena luz…* e contava os papéis. "Senhor… sabe por que uma fotografia dá certo?" Eu me segurava para não rir quando a ficha caía, quando o sujeito percebia que a fotografia dá certo por causa da luz, e que ele tinha destruído as dez folhas que acabara de comprar.

Um dos melhores casos, um dos mais gratificantes, aconteceu na época em que eu ia de prédio em prédio, reunindo e assinando vários formulários durante o meu processo de desligamento do serviço militar. Na época, eu participava de uma peça de teatro; eu interpretava Renfield, em *Drácula,* a mesma peça em que Bela Lugosi atuou tantas vezes em sua carreira. Eu havia falado com o oficial em comando da base, mostrando-lhe a foto no jornal, uma foto minha com o elenco da peça, e havia pedido para deixar o cabelo crescer, pelo personagem. Ele adorava teatro e escreveu um bilhete que dizia: "este soldado tem permissão para se apresentar com a aparência que desejar", e o meu cabelo já estava bem comprido.

Carregava o bilhete no bolso do uniforme durante o processo de desligamento, quando um enorme sargento quartel-mestre gritou: "VENHA ATÉ AQUI, RAPAZ!". Eu me aproximei, e ele meio que falou/gritou, como todos fazem, para que eu fosse *imediatamente* até o barbeiro cortar o cabelo, e que eu era uma desonra para todos os soldados lá. Com um sorriso silencioso, coloquei a mão no bolso e mostrei para ele o bilhete assinado pelo meu comandante — que era também comandante dele. Assim foi a expressão no rosto do sujeito: impagável.

TOM SAVINI : VIDA MONSTRUOSA

O mundo é um grande palco

Não existe fórmula
para o sucesso, mas
estar sempre preparado
com certeza ajuda.

O período mais feliz da minha vida foi quando morei em Fayetteville, na Carolina do Norte. Por quê? Eu não estava mais no exército. Também não tinha emprego; havia conseguido um bico em uma agência de publicidade durante um tempo, mas agora estava desempregado e pobre pra cacete. Não tinha nada, fora o meu apartamentinho... e minha câmara escura. Essa câmara escura e as minhas câmeras foram o que me salvou. Virei fotógrafo freelancer. Meu lema era "De x-saladas a políticos", e era isso que eu fotografava para a agência de publicidade onde eu tinha trabalhado, e para outras onde eu trabalhava de maneira esporádica, além do jornal local. Fotografava casamentos e, bem, de x-saladas a políticos. Mas essa foi a época mais feliz da minha vida por causa do... teatro.

O Pequeno Teatro de Fayetteville, que se tornou o Teatro Regional Cabo do Medo, e, lá na base do exército, Casa de Shows Fort Bragg.

Pelos oito anos seguintes eu estava em cartaz quase todas as noites. Eu podia ser pobre pra diabo, mas, à noite, eu era o Rei Arthur, ou Benjamin Franklin, ou Henry David Thoreau, ou Charlie Brown, ou uma das irmãs feias em *Cinderela*, ou um viciado em *Cárceres sem Grades*, ou dançava e cantava como Bernardo em *Amor, Sublime Amor*, ou lutava esgrima como o capitão em *Cyrano de Bergerac*, ou era Macduff em *Macbeth*, ou o Príncipe Philip em *O Leão no Inverno*, e muitos mais. Eu também fazia a maquiagem nessas peças. Chegava cedo, aplicava a maquiagem em todo mundo e, no caso de *Um Violinista no Telhado*, precisava aplicar barba em todos, fazer a minha própria maquiagem e participar das danças e acrobacias da peça; isso era uma noite normal.

Eu interpretava Littlechap em *Stop The World I Want To Get Off* e cantava aquelas letras impossíveis: "Mumbo Jumbo, rhubarb, rhubarb,

97

Tickety bubarb, yak yak yak"; já como Rei Arthur, em *Camelot,* eu cantava "How to Handle a Woman". Não sou cantor, mas, até aí, Richard Burton também não era quando interpretou a música. Eu me virava bem no vocal. Mas a melhor parte era trabalhar com a maquiagem, e eu trabalhava para o espelho, nao necessariamente para o palco. Muita coisa passa despercebida no palco por causa das luzes e da distância entre a plateia e os atores. Na maquiagem de palco, você pode — e deve — exagerar. Mas... eu fazia a maquiagem para o espelho. As emendas precisavam ser invisíveis, as cores precisavam ser reais... e, portanto, tudo deveria parecer real no palco. Isso foi ótimo para praticar, porque mais tarde, em minha carreira de maquiador no cinema, precisei maquiar rostos que seriam vistos em uma tela de doze metros de altura e dezoito metros de largura. Fotografei tudo o que fiz e criei um portifólio que me garantiu meu primeiro trabalho no cinema e, mais tarde, uma bolsa integral na Universidade Carnegie Mellon.

Sempre falo isso para os meus alunos. Jamais saia de casa sem seu portifólio. Não vá sequer até uma loja de conveniência sem levá-lo consigo. Por quê? Porque você nunca sabe onde pode encontrar a pessoa que vai te contratar.

Eu estava entregando uns cartazes que havia ilustrado para um bar, quando conheci um cara que parecia o Indiana Jones: seu nome era Forest Carpenter. Vestia uma jaqueta de couro e usava um fedora, e começamos a conversar. Ele disse que tinha sido diretor de arte em um filme realizado na Flórida, chamado *Children Shouldn't Play With Dead Things.* É o nome de um dos primeiros filmes do Bob Clark (que também dirigiu *Porky's: A Casa do Amor e do Riso* e suas sequências, *Noite do Terror, Assassinato por Decreto, Uma História de Natal* e muitos outros). Eu disse que trabalhava no teatro local e que também fazia maquiagem. Meu portifólio estava no carro; busquei-o e mostrei para ele o meu trabalho com maquiagem de palco, e ele disse que estava em meio aos preparativos para começar um novo filme e que eu deveria fazer parte: ele me daria uma força. Recebi a ligação. Um mês depois, eu estava na Flórida, trabalhando no meu primeiro filme, *Deathdream*, como assistente de Alan Ormsby no departamento de maquiagem de efeitos especiais. Tudo isso porque eu estava no lugar certo e na hora certa — o bar onde conheci Forest Carpenter —, e eu estava preparado. Estava com meu portifólio e pude mostrá-lo.

Isso levou ao meu segundo filme com a mesma equipe, Bob Clark e Alan Ormsby, chamado *Confissões de um Necrófilo*. Anos se passaram, nada de outros filmes, muitas peças de teatro, e percebi que se eu quisesse usufruir da lei de reintegração social para os veteranos de guerra, a qual me contemplava, precisava agir logo, pois havia uma validade de sete anos.

Decidi fazer um teste para o programa de formação teatral da Universidade da Carolina do Norte, em Chapel Hill, mas nunca tive retorno. Meu pai disse que eu deveria tentar alguma coisa em Pittsburgh, voltar para casa e morar com ele, então pensei no Carnegie Tech. Esse era o nome da Universidade Carnegie Mellon na minha época de escola, e ficava no prédio ao lado. A Carnegie Mellon é uma das melhores escolas de teatro do país. Quando eu fazia peças na escola, tudo vinha da Carnegie Tech: os diretores, os coreógrafos, os cenários etc. Para mim, na época, frequentar essa escola era um sonho impossível, já que era muito cara; mas eu queria muito estudar lá por ter conhecido pessoas incríveis que eram alunos da escola e participavam das nossas peças. Então, com a ajuda da lei de reintegração, talvez eu tivesse uma chance, e decidi voltar para casa e comparecer à audição.

Apresentei uma cena que eu já conhecia de cor, de quando interpretei o Chefe Bromden, de *Um Estranho no Ninho*. Eu sei... eu sei... o Chefe

TEK

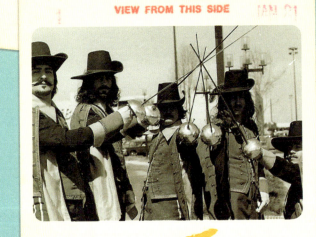

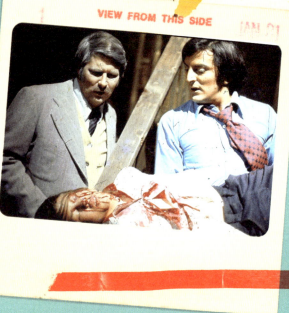

é um cara enorme, como o Will Sampson no filme... mas, no teatro da Carolina do Norte, interpretei o personagem quando criança... até quando ele despiroca e destrói o lugar. Eu me dou bem fazendo cenas de fúria. Enfim, fiz o teste e mostrei meu portifólio de maquiagem. Um mês depois, enquanto trabalhava em uma peça na Carolina do Norte, recebi um telegrama da Universidade Carnegie Mellon que dizia que eu havia sido aceito no programa de Atuação/Direção, e que eu ensinaria maquiagem às terças e quintas-feiras.

Graças ao meu portifólio, me forneceram bolsa integral, em geral concedida apenas aos alunos graduados. Fui o primeiro aluno que não possuía diploma universitário a receber uma bolsa da Universidade Carnegie Mellon... por causa do meu portifólio. DE NOVO, eu estava no lugar certo e na hora certa, e estava preparado. É POR ISSO que digo aos meus alunos para nunca saírem de casa sem o portifólio. Não existe fórmula para o sucesso, mas estar sempre preparado com certeza ajuda.

Resumo da minha educação na Carnegie Mellon: aprendi muito mais nos sete anos de teatro na Carolina do Norte. Claro que tive aulas ótimas, mas eu já tinha vivido na prática tudo o que estavam tentando nos ensinar. Já havia estado em uma guerra, já tinha feito sete anos de teatro e era mais velho do que todos os meus colegas. Eu também estava trabalhando em um filme com George Romero, chamado Martin. Soube que ele ia fazer um filme de vampiro e fiz teste para o papel principal, mas ele já havia contratado John Amplas, então eu disse que poderia fazer a maquiagem nesse filme (já que acabei não trabalhando em A Noite dos Mortos-Vivos). Consegui o emprego, além de fazer uma ponta no filme e atuar como dublê. Foi divertidíssimo.

101

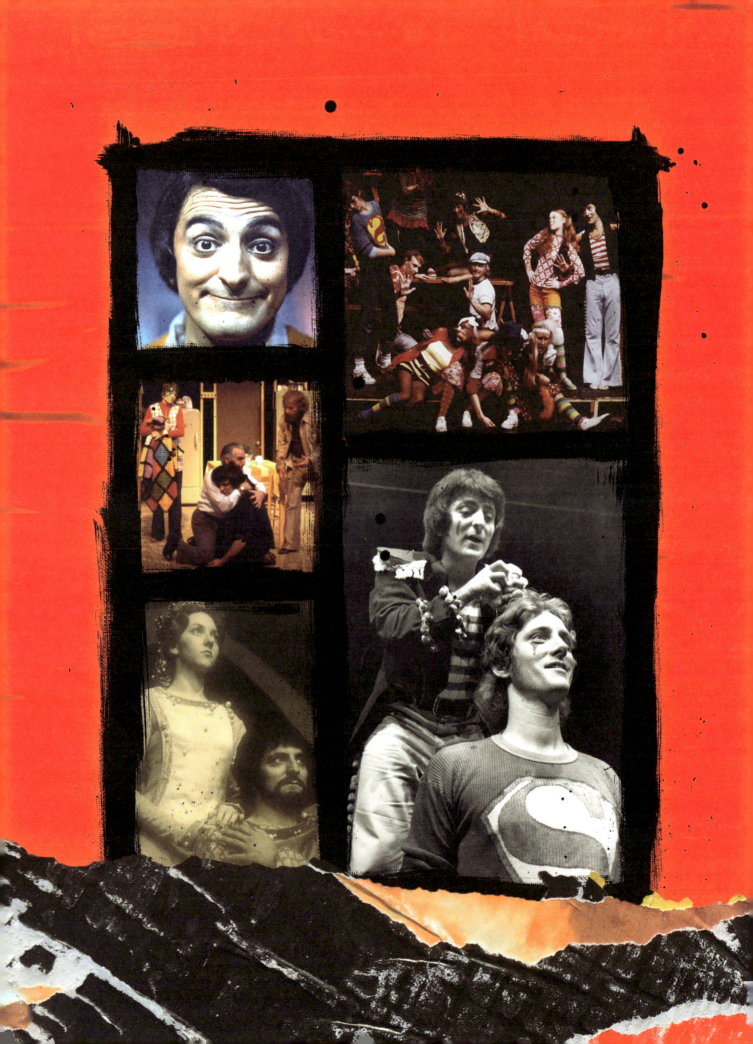

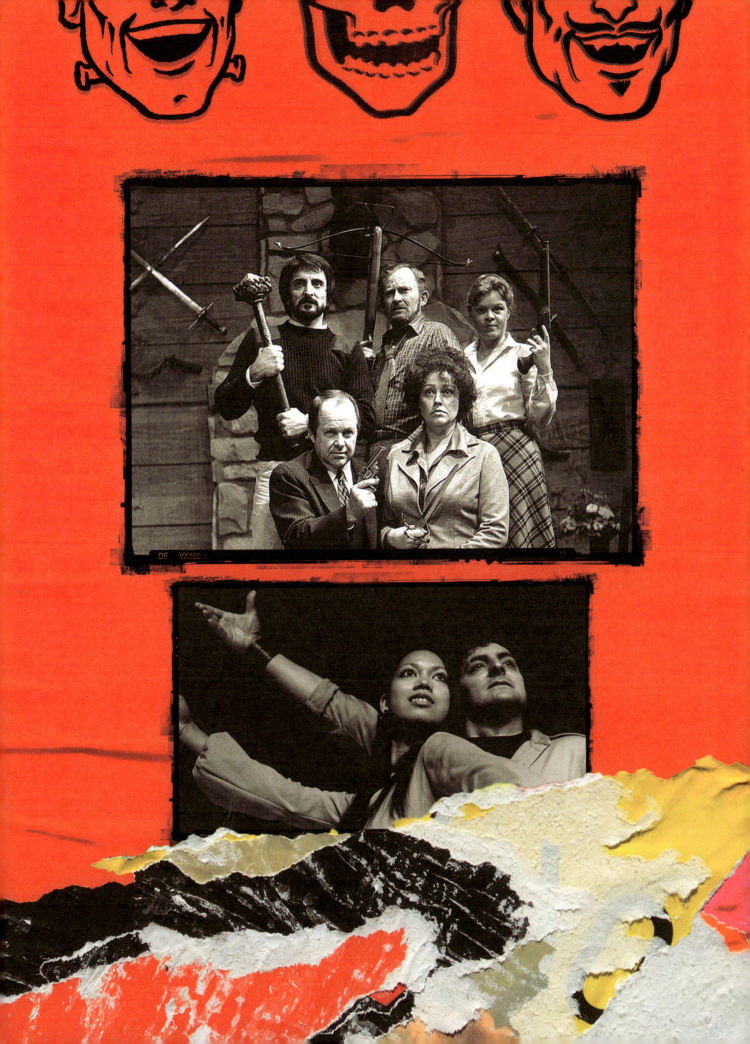

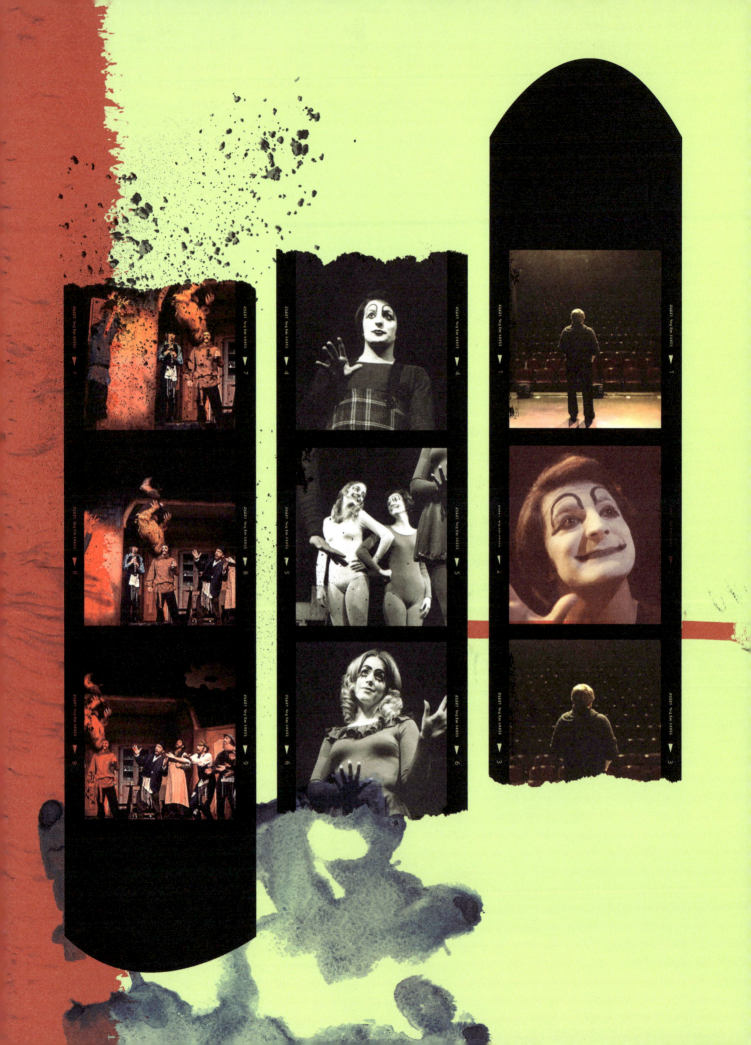

Jantar anual com os amigos do teatro, que acontece até hoje

TOM SAVINI : VIDA MONSTRUOSA

Notícias terríveis e o mundo ao redor

Parei de assistir ao noticiário há um ano, e quer saber? Minha atitude em relação à vida melhorou.

Então, cá estou, tentando viver uma vida feliz, às vezes até gosto das pessoas, exceto das massas, quando a mentalidade de rebanho cria idiotas, e todos os dias, no mundo inteiro, repetidas vezes, os *jornais* insistem em mostrar como este mundo pode ser maligno e todas as coisas terríveis que acontecem diariamente. Somos lembrados sempre de que coisas ruins acontecem o dia inteiro, todos os dias. Temos pseudojornalistas bem-vestidos que sorriem ao falar quantas mulheres foram violentadas e quantas crianças foram assassinadas ou abusadas, e essas pessoas sorriem com o ego inflado por elas e seus canais serem os primeiros a reportar tais tragédias e desastres.

E o pior é que o recorte tendencioso dos jornais faz a gente entrar em qualquer pilha. Se você fica ouvindo o tempo todo no jornal que a população negra é a escória do país e a responsável por toda a criminalidade, começa a acreditar no absurdo. Parei de assistir ao noticiário há um ano, e quer saber? Minha atitude em relação à vida melhorou. Minha relação com as pessoas melhorou. Sem espaço para tantos pensamentos fabricados.

O noticiário hipnotiza socialmente as pessoas para que pertençam ao clube que ele próprio tenta criar. Querem que você seja um membro, mas você não precisa fazer parte disso. Não precisa deixar que essas mensagens de miséria invadam sua vida. Os noticiários conduzem uma história com vilões reais e torcem para que você não tire o olho da tela para descobrir o que acontece com

NO SIGNAL

esse monstro, essa pessoa que comete atos malignos no mundo, e, se for algo que acontece perto de você, melhor ainda.

Ou pior, tentam transformar alguém em um assunto interessante ao revelar, repetidas vezes, ocorrências particulares da vida dessa pessoa. Que caralhos importa o que a Paris Hilton fez hoje? Que caralhos importa o que a Jennifer Aniston, o Tom Cruise ou a Jessica Simpson fizeram hoje ou ontem? Mas é impossível olhar para o lado sem que alguém, alguma revista ou algum programa de tv esfregue essas coisas na sua cara. E daí? Jessica Simpson visitou uma cafeteria e tomou um café... Oh, *céus*!... daí saiu, entrou no carro e foi embora. *OH, CÉUS!* Que tipo de café? Colocou leite? O que ela vestia? Que carro dirigia?

Tinha começado a cursar jornalismo quando fui para a faculdade pela primeira vez. Aprendi os mecanismos e a filosofia do jornalismo, e levei comigo só o básico, como, por exemplo, o significado da comunicação: emitir uma mensagem e garantir que seja compreendida. Isso me ajudou de várias maneiras: na minha vida como palestrante e escritor, e como pessoa, na tentativa de ser alguém interessante. Sabia me comunicar muito bem e me tornei presidente do Clube de Escrita Criativa. Outra coisa importante que aprendi, em especial no clube, foi o significado da palavra "prosaico". O que mais lembro a respeito é a importância do modo como as palavras se conectam, os sons que criam, a atmosfera gerada por um grupo de palavras unidas em um trabalho, uma história, um relatório. Tudo com a intenção de tornar a coisa interessante. Parte disso consiste em, uma vez terminado o trabalho, analisar o conteúdo e eliminar todas as palavras desnecessárias, mantendo o significado do texto. O jornalismo teve inúmeras funções importantes nas mãos de pensadores como Edward R. Murrow, Cronkite e muitos outros. É triste ver a degeneração dessa ciência no mundo atual, e fico muito puto por ser obrigado a ignorar boa parte do que nos é transmitido.

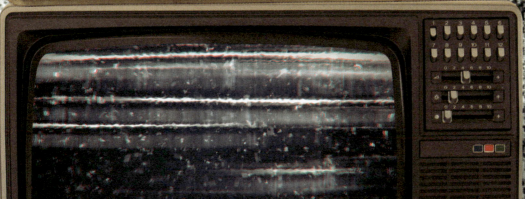

TOM SAVINI : VIDA MONSTRUOSA

Absurdos que engoli nos filmes

Na minha opinião, ninguém nunca morre de forma realista em um filme.

Vamos começar com esta: nosso herói está em um tiroteio, o vilão está atirando nele, e, de repente, nosso herói fica sem balas... e joga a arma fora? O quê? A arma. É a arma *dele*! Já vi John Wayne fazer isso e, há pouco tempo, James Bond — Daniel Craig faz isso em *Operação Skyfall,* no trem, quando fica sem munição. É a Walther PPK dele, e ele a joga fora. Não entendo como Daniel não fez um escândalo quando viu isso no roteiro ou quando o diretor mandou que fizesse isso. Uma coisa dessas jamais aconteceria. É a sua arma... repito... é a *sua arma*! Você a colocaria no bolso ou no coldre até conseguir mais balas.

Outra: pessoas estão reunidas em uma sala, sabe, estão lá sentadas, e, por algum motivo, uma pedra amarrada a um bilhete atravessa a janela... e todos se juntam ao redor da pedra para ler o bilhete. Tá brincando? É óbvio que você correria até a janela para ver quem diabos jogou aquilo. Mas *não*, ler o bilhete é mais importante.

E mais: em uma cena, pessoas conversam do lado de fora, no campo ou na cidade, não importa, e começa a chover... digo, cair o céu mesmo... e elas ficam lá, paradas, conversando, como se não tivesse chuva, e ficam ensopadas até os ossos. Você e eu sabemos que, assim que sentimos as primeiras gotas de chuva, começamos a correr. Já vi gente na praia, que acabou de sair do mar, ou em um parque, onde se molhar faz parte da brincadeira, *correr* assim que começa a sentir a chuva. Sempre grito para esse pessoal: "Isso aí... se tá na praia, é melhor não se molhar!".

111

Na minha opinião, ninguém nunca morre de forma realista em um filme. Talvez até aconteça, porém, não é algo que pessoas comuns percebem. Bom, deveriam. Porque faz sentido. Quando alguém morre, todos os músculos do corpo perdem a tensão. Os braços e pernas e cabeça amolecem e caem sem vida. Isso também acontece com os músculos da mandíbula. Fui fotógrafo de guerra no Vietnã e vi muitos cadáveres, e sempre... *sempre* a boca fica aberta, porque os músculos não estão mais vivos para mantê-la fechada. *Ainda assim...* salvo raras exceções, como quando Danny Trejo e Peter Coyote "morrem"... quando há uma morte nos filmes, o morto permanece de boca fechada para ficar bonito na câmera. Não é real... e, mais uma vez... não faz nenhum sentido.

Você já levou uma porrada na cara? Dói bastante, né? Se você tiver sorte, só acontece uma vez, de tanto que dói. Já viu no YouTube alguém levar um soco e apagar no ato? É isso o que acontece, e, em casos mais graves, o sujeito sofre traumatismo craniano, o que pode levar a dano cerebral. Caramba, existem casos de boxeadores que morreram no ringue depois de levar uma porrada... por causa do traumatismo craniano. Mas aceitamos sem problema que um personagem em algum filme leve uma pancada na cabeça, com uma arma ou um porrete, e fique apenas desmaiado por uns instantes, para logo se levantar, sacudir a poeira e tudo bem. Ou então acontece uma briga com o John Wayne no meio, ou algum outro gigante humano, e um cara enche o outro de porrada, ou leva uma surra dele... durante vários minutos... sem qualquer sinal de traumatismo craniano?

E por que sempre que acontece uma cena de perseguição de carros tem uma banca de frutas por perto para ser destruída? E por que, quando pessoas compram comida nos filmes, sempre tem uma baguete enorme e umas folhas de alface aparecendo para fora da sacola? E por que a sacola é sempre de papel *marrom*?

Por que, ao entrarem em um apartamento onde alguém foi assassinado ou violentado, os policiais investigam o lugar com lanternas? Por que não acendem as luzes? Nós acabamos engolindo tudo isso.

"Fui fotógrafo de guerra no Vietnã e vi muitos cadáveres, e sempre... sempre a boca fica aberta."

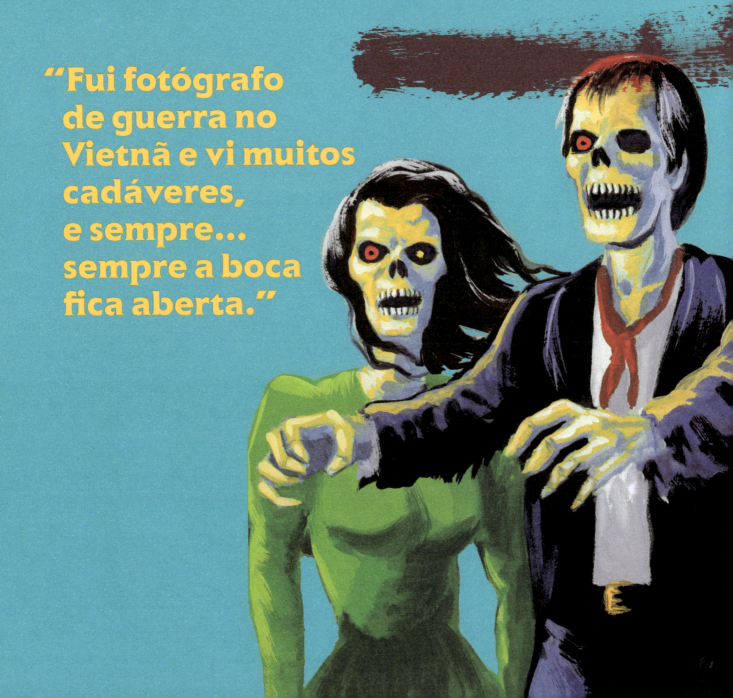

TOM SAVINI: VIDA MONSTRUOSA

A escola que sempre sonhei criar

A maior escola de maquiagem de efeitos especiais do mundo foi criada com muito sangue e suor para revelar talentos.

Eu costumava realizar palestras e seminários em algumas escolas de maquiagem ou em instituições cuja grade curricular incluía maquiagem, como o Art Institute, que, certa vez, quis que o curso tivesse meu nome, mas, assim como outros, nunca me deu retorno nenhum sobre o assunto. Esses "outros" eram escolas na Califórnia e na Flórida, que me convidavam para fazer um seminário ou uma noite de perguntas e respostas, o que me rendia uma graninha, e, de novo, queriam colocar o meu nome no curso, me transferir para o estado em questão, pagar meus primeiros seis meses de aluguel, mas, como sempre, nunca mais entravam em contato. Parecia uma prática constante. Da mesma maneira, não era raro um advogado, dono de algum galpão ou escola proeminente, me abordar com a proposta de inaugurar uma escola, e a coisa acabar nunca sendo concretizada.

Então, quando recebi o telefonema de Jeff Imbrescia sobre "abrir uma escola", não me empolguei muito. Fui gentil e ouvi, mas não dei muita atenção. Reagendava reuniões ou ignorava as mensagens para discutirmos o assunto. Mas ele insistiu e até me enviou um prospecto de quanto eu ganharia se, digamos, cem alunos aparecessem. Aquilo não me impressionou, mas acabei aceitando o convite para um almoço. A primeira coisa que eu disse foi: "Então, recebi o seu prospecto sobre quanto posso ganhar, mas, Jeff, gasto mais do que isso só em cigarros". Ele respondeu algo como: "Tem certeza de que leu direito?", e corrigiu minha leitura equivocada da casa decimal. Assinei o contrato na hora.

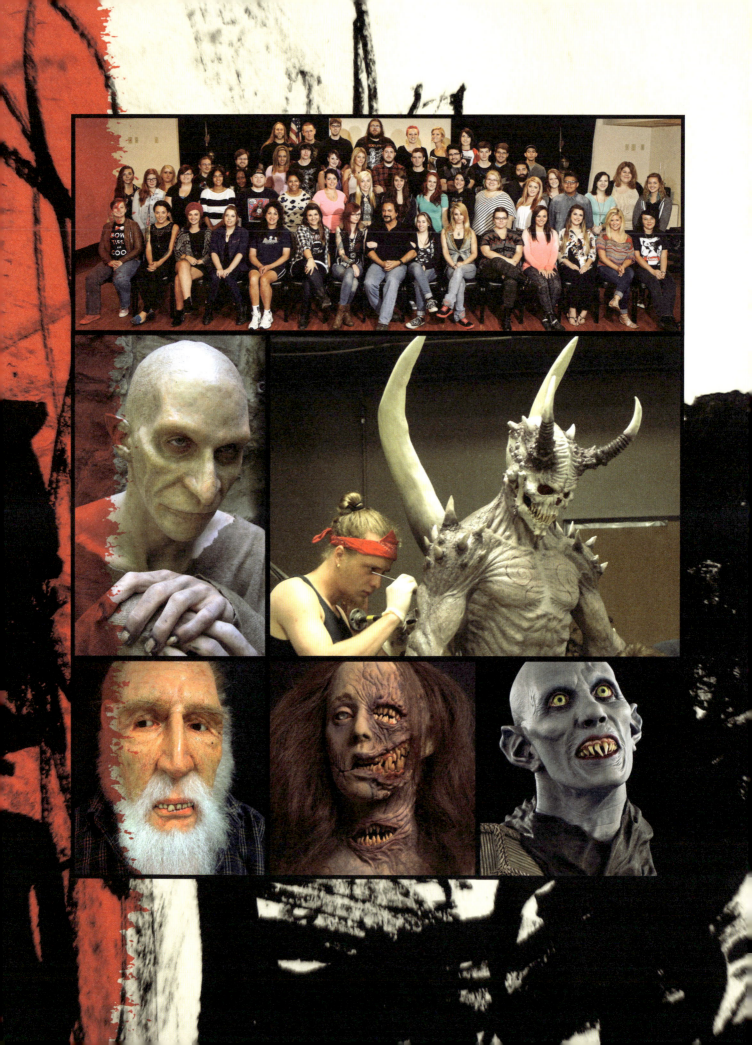

© Daran Holt © Ryan Pintar

Depois, ele comprou uma propriedade, montamos uma grade curricular e sentamos diante do Conselho de Educação, com a advogada particular do Jeff, Pat DeConcilis, para que a ideia fosse aprovada. Em resumo, ele apostou, conseguiu, *me ligou*, e criou mesmo o curso Tom Savini Special Makeup Effects, na Douglas School of Business. Mais tarde, quando criou os cursos de Cosmetologia e de Ilustração e Artes Gráficas, fizemos uma reunião para mudar o nome da escola, e sugeri Douglas Education Center. Ele adorou e topou no ato.

Neste momento, passados dezenove anos, somos um sucesso gigantesco e recebemos alunos do mundo inteiro. O curso tem duração de dezesseis meses, com semestres que começam em fevereiro, junho e outubro; é um programa de formação que oferece um diploma de curso superior de curta duração. O mais legal é a postura dos alunos, "Isso é uma escola?", já que se divertem pra valer enquanto tornam seus sonhos realidade. A maquiagem de efeitos especiais caiu nas graças da cultura pop com programas como o reality show *Face Off*, e também devido a seu

TOM SAVINI'S
Special Make-Up Effects Program
AT DOUGLAS EDUCATION CENTER

AVENGERS ENDGAME

Steven Adkins
Justin Davis
Kayla Jo Holland
Anthony J. Julio
Laura Palazzolo
Ryan Pintar
Alan Sanchez
Dan Driscoll
Jaimie Siska

Productions that our graduates have worked on include:

- Guardians of the Galaxy
- Shape of Water
- Walking Dead
- Darkest Hour
- Westworld
- Stranger Things
- Deadpool
- Z-Nation
- Mind Hunter
- The Avengers Infinity War
- Bright
- Fear the Walking Dead
- WWE Wrestlemania
- Lost in Space
- Star Trek Beyond
- The Conjuring 2
- Captain America Civil War
- X-Men Apocalypse

"I'M GLAD SAVINI FINALLY TOOK A SEASON OF FACEOFF!" - NORA HEWITT

GRADUATE - NORA HEWITT
FACE OFF WINNER

CIG NEUTRON
FACE OFF WINNER

© **Ryan Pintar**

© **Nora Hewitt**

potencial para operar magia no cinema, algo que os alunos podem ver em seus filmes favoritos. O meu portifólio de filmes, assim como o dos outros professores, é o motivo dos futuros estudantes escolherem a minha escola.

Até o momento, meus alunos trabalharam em filmes como: *Os Vingadores*, *O Predador*, *Capitã Marvel*, *Guardiões da Galáxia*, *Deadpool*, *Invocação do Mal*, *Annabelle*, *Lincoln* (do Spielberg), *Piratas do Caribe*, *O Lobisomem*, *Capitão América*, *Bastardos Inglórios*, *As Tartarugas Ninja*, *X-Men*, *O Homem de Aço* e *Star Trek: Sem Fronteiras*. E em séries de tv como: *American Horror Story*, *The Walking Dead*, *Westworld*, *Mindhunter*, *Stranger Things*, *The Orville*, *Fear the Walking Dead*, *Z Nation*, *Preacher* e *Um Drink no Inferno*. Sem mencionar outros lugares, como laboratórios de próteses, laboratórios oculares e dentários, atrações de terror, museus, teatros, empresas de fantasias e de brinquedos.

O Google diz que sou um cretino

Então, vou explicar o que acho que aconteceu, como virei um cretino.

TOM SAVINI : VIDA MONSTRUOSA

Se digitar o meu nome no Google, lá pelo quarto item da página de resultados vai aparecer "Tom Savini é um cretino" ou algo como "Tom Savini trata mal os fãs". Acho que sei como isso aconteceu, mas antes quero dizer que discordo por completo, e, com base nas reações de vários fãs que tiveram boas experiências comigo, a maior parte em convenções, eles também discordam.

Não é justo, e isso porque fui bastante influenciado pelo comportamento do George Clooney no set de *Um Drink no Inferno*. O cara é, de longe, a pessoa mais gentil que já conheci... com *todo mundo*! Fiquei muito impressionado ao notar como as pessoas se sentiam perto dele. Só de observá-lo percebi que não é necessário muito esforço para agir com gentileza. Ele foi uma grande influência na maneira como trato as pessoas quando me sento atrás de uma mesa nas convenções.

Compreenda: você está preso atrás de uma mesa, e qualquer um pode se aproximar e conversar com você, e, às vezes, isso vira uma entrevista que dura o dia inteiro. Contudo, para os fãs, é a oportunidade de compartilhar o que sentem por alguém que admiram, seja por causa de um filme a que assistiram ou, como é o meu caso, pelos efeitos especiais ou monstros que eles viram na tela. Minha experiência com teatro me fez perceber que toda noite é um público diferente, e, para eles, o espetáculo é inédito. Isso vale para todos que vêm à minha mesa... para essas pessoas, é um encontro inédito. É uma performance. Uma performance exaustiva. Talvez você pense... é tão difícil assim ficar sentado enquanto

121

BEHIND THE SCENES AT THE FIELD INSTITUTE

PITTSBURGH

OCTOBER 2003 / $3.95
www.wqed.org

Why is this cat so healthy? See page 40

a good hard look at the pittsburgh film biz

pessoas te dão dinheiro o dia inteiro? Rá! Não é tão difícil, não. Eu sorrio para todo mundo, olho direto nos olhos e respondo pergunta atrás de pergunta, conto histórias e anedotas sobre filmes que eles amam, e, se compram alguma coisa, assim que me passam o dinheiro estendo minha mão para cumprimentá-los. Isso os faz sorrir.

Faço o mesmo com cada uma das pessoas, e, em alguns casos, há centenas delas. Houve um evento em que recebi 750 fãs na minha mesa. Ao final do dia, a performance te deixa cansado, e apesar de não ser um esforço físico, é um esforço mental, e você se sente exaurido.

Então, vou explicar o que acho que aconteceu, como virei um cretino. Foi em uma convenção no Texas. Lá estava eu, sentado, autografando e vendendo fotos, feliz da vida. Na fila, uma garota muito encantadora se aproximou para escolher uma foto e pediu que eu a autografasse. Enquanto eu assinava, meu amigo Rob, parado atrás de mim, disse: "Ei... estou falando com o Matt", e eu disse: "Não quero falar com ninguém agora". Autografei a foto, ela me entregou o dinheiro, deu uns cinco passos e jogou a foto em mim com muita raiva, e depois foi embora bufando. Ficamos abismados. Por que diabos ela fez aquilo? Daí, entendemos. Do ponto de vista dela, eu autografei a foto enquanto dizia: "Não quero falar com ninguém agora".

Bom, fomos atrás dela para entregar umas fotos de brinde e explicar a confusão, mas não a encontramos. Depois, descobri que ela criou um blog e um podcast para falar de como sou um grande escroto.

TOM SAVINI: VIDA MONSTRUOSA

A morte sempre esteve por perto

Desmaiei mesmo. Parece ser algo recorrente quando vejo que alguma coisa muito tenebrosa está para acontecer comigo.

#1: VIETNÃ

Bom... é só ler o capítulo sobre o Vietnã. Está tudo lá.

#2: DORMI AO VOLANTE ENQUANTO DIRIGIA A CEM QUILÔMETROS POR HORA

Eu estava voltando para casa, da Flórida, onde tinha acabado de trabalhar no meu primeiro filme, *Deathdream*. Dirigia o meu Hillman Minx amarelo — um carro usado que comprei em Fayetteville, na Carolina do Norte, onde morava na época. Parecia um táxi amarelo e estava lotado com a minha bagagem e com os equipamentos e maquiagens do filme. Era tarde da noite, com certeza perto das três da manhã, na Geórgia, e eu estava cansado e, bem... peguei no sono.

Acordei momentos antes de bater contra um enorme poste de metal. Vi aquele treco se aproximando muito rápido e tive poucos segundos para virar o volante para a esquerda e tentar voltar para a estrada, mas a parte traseira do lado do passageiro esbarrou no poste e me fez girar na rodovia até a outra pista, e perdi o controle. As portas voaram e todas as minhas coisas explodiram para fora do carro, saíram voando e se espalharam pelas duas pistas. Hoje, não lembro ao certo como parei, mas aposto que apaguei por uns momentos. Desmaiei mesmo. Parece ser algo recorrente quando vejo que alguma coisa muito tenebrosa está para acontecer comigo. Mas me lembro de andar pela rodovia recolhendo as minhas coisas espalhadas na pista e no matagal ao redor, e de ter que colar de volta no carro, com fita adesiva, a porta que atingiu o poste. Tive sorte por não haver tráfego de nenhum dos lados. Fiquei acordadaço pelo resto da viagem até a Carolina do Norte, e nunca mais dormi ao volante.

#3: CAÍ DE UMA ALTURA DE TRINTA METROS

Por volta de 1967, fui presidente do Clube de Exploradores da Universidade Point Park. Um dia, saímos em excursão para escalar o Cooper's Rock, na Virgínia Ocidental. O Cooper's Rock é um rochedo de trinta metros com um platô no topo, o qual escalaríamos para, depois, descer em rapel de volta até o chão. Mas antes, claro, precisávamos escalar.

Quando você escala com amigos, todos estão conectados pela mesma corda, que fica presa à cadeirinha de rapel (o cinto) de cada um. Ao escalar, usa-se um pequeno martelo para fixar os pitões na rocha. É preciso ouvir o som do pitão sendo fixado na rocha. A cada batida, o som tem que ficar mais agudo, caso contrário, não está firme. Os pitões são espigões de metal com alças na ponta, e é ali que você coloca o mosquetão com trava de segurança. Você já viu um desses: é um anel de metal que lembra a letra D, com uma dobradiça que você pressiona para prender coisas nele. Assim que você fecha esse lado, rosqueia a trava para ficar bem trancado. Isso serve para que, depois de fixar o pitão e prender o mosquetão, você passe a corda por ele. Daí, é só continuar a escalada. Se você cair, em teoria, cai só até a altura do mosquetão preso à rocha abaixo de você. Quando o escalador abaixo de

você chega até o seu mosquetão, ele só precisa retirar a corda que está presa ali, ultrapassar o mosquetão e conectá-lo à corda atrás dele. Sacou? A corda de escalada de nylon é feita para suportar o peso de um caminhão, desde que não esteja danificada ou suja.

Eu era o escalador à frente do grupo e estava quase no topo quando encontrei uma saliência, uma parte que não é plana como uma parede, mas se projeta para fora, quase criando um teto em cima de você. Comecei a passar por ela como uma mosca em um telhado, mas não encontrava lugar para agarrar; como não tinha mais jeito de segurar na rocha, avisei o cara de baixo que eu ia pular. Ele se apoiou contra a rocha na altura do mosquetão, cerca de dez metros abaixo de mim, e disse: "Não pula! Tenta continuar até não ter mais como se segurar". Foi o que eu fiz, e é por isso que eu sei que o meu corpo e a minha mente cuidam de mim em situações traumáticas e me fazem desmaiar.

Continuei até sentir as mãos se afrouxarem. Estava trinta metros acima do solo da floresta, acima das árvores e rochas pontiagudas pelas quais passei na escalada. Eu não estava olhando para baixo e, se me soltasse, cairia no desconhecido. Vi minhas mãos se desprenderem de tudo o que me segurava naquela rocha. Só sei que voltei à consciência por causa do impacto da corda interrompendo a queda. Caí mais ou menos uns vinte metros: os dez metros que me separavam do mosquetão e outros dez depois dele. Fui parar dez metros abaixo do escalador que, antes, estava abaixo de mim; fiquei pendendo no ar, preso por uma corda anexada à minha cadeirinha.

Eu não vivenciei a queda. Minha mente me fez desmaiar para me proteger do trauma. Se eu tivesse atingido algo enquanto caía, teria sido uma experiência diferente.

Há algum tempo, cerca de um mês, na verdade, bati contra a traseira de um carro estacionado. Não houve nada que eu pudesse fazer: é por isso que se chama acidente, e por isso acidentes são tão assustadores. Na hora, não dá para você fazer nada. Eu estava atrás de um caminhão e decidi ultrapassá-lo, mas, quando fui para a outra pista, dei de cara com uma fila parada. Pisei no freio com os dois pés, mas não consegui parar, e avancei com força no carro da frente. Não acreditei no que estava prestes a acontecer, e, de novo, foi um mergulho no desconhecido. Eu devo ter desmaiado. A colisão me acordou. Meus óculos escuros estavam quebrados, e havia uma rachadura enorme nas lentes. As calças estavam rasgadas na altura do meu joelho direito, que estava todo arranhado. Não sei como. Não registrei nada. Acho que meu corpo amoleceu, o que me salvou de ferimentos mais graves. Ficar molenga, mas de propósito, também me salvou do meu próximo encontro com a morte.

#4: TIVE UM ACIDENTE COM O TRAMPOLIM

O acidente com o trampolim... você precisava ter visto para crer. Se você visse aquilo, diria: "Bom, esse cara morreu ou vai para cadeira de rodas... ou talvez tenha sido decapitado". Enviei para o America's Funniest Videos, e entraram em contato. Disseram que era terrível demais e nada engraçado.

Basta dizer que eu estava praticando meus saltos mortais e, ah, sim: não era um trampolim de cinco metros de largura com uma imensa superfície elástica. Era um "minitrampolim", do tipo que ginastas e dublês usam. Tem cerca de noventa centímetros quadrados, e a superfície elástica de uns 45 centímetros

quadrados fica situada no meio de uma moldura de metal, inclinada na sua direção. Você vai correndo até lá, pula na superfície e, ou aquilo te joga para frente — ideal para pôr na beira da piscina para dar um mergulho, entrar na água com um salto ou pular no ar e cair no chão — ou te joga para trás, e você dá um mortal invertido e aterrissa no chão, ou no piso da academia, o que seria preferível.

Era inverno e armei meu minitrampolim no chão duro e frio do quintal da minha casa. Em geral, coloco também uma câmera para verificar meus movimentos e a altura deles. Eu estava sozinho. Corri e pulei várias vezes no minitrampolim e executei vários mortais invertidos com sucesso. Conferi o vídeo e vi que conseguia pular bem alto, então decidi trabalhar mais nisso. Estava cada vez mais alto quando a porra do cachorro do vizinho latiu. Acabou com a minha concentração.

No vídeo, dá para ver que começo a ficar puto. Passei a fazer intervalos maiores entre os saltos, e no salto que antecedeu o acidente eu nem cheguei a fazer o mortal: apenas pulei do minitrampolim de volta para o chão com as pernas rígidas, e aterrissei de pé. Daí, corri para o minitrampolim de novo, pulei na superfície e voei no ar. Meu corpo fez um pequeno arco, e caí para trás — de cabeça.

Sabe... acontece uma coisa bem engraçada quando você pensa que vai morrer. A vida em câmera lenta. Já vivi iss atravessei a vitrine de uma l uma moto em *Despertar dos Mortos*. O efeitos especiais espalhou uma mistura uma placa bem grande no chão do shopp quando secou, eles a levantaram e a transformaram na vitrine que eu atravessaria. Porém, ficou grossa demais. Quatro anos mais tarde, George Romero ergueu um pedaço enorme de vidro e disse: "Esta é a vitrine que os caras

fizeram". Ele batia aquilo na mesa, e o vidro não quebrava. Quando avancei na direção da vitrine com a moto, de repente, tudo ficou em câmera lenta. Eu nunca tinha feito nada igual e acho que senti aquilo porque… estava prestes a experimentar o desconhecido. É uma sensação estranha. No filme, tudo acontece bem rápido, mas, na minha cabeça, eu observava as pessoas olhando para mim enquanto eu me aproximava da vitrine. Os pneus não estavam girando muito rápido e, como em um sonho, eu ia de forma lenta em direção ao impacto e conseguia enxergar na minha mente o que estava para acontecer: vou atingir a vitrine, ela vai quebrar, e eu vou cair da moto, mas é melhor eu virar a moto para a esquerda assim que acertar o vidro para que, quando meu corpo voar da moto, vá para a esquerda e, com sorte, deslize pelo chão e alguém possa detê-la, em vez de ser atirado na direção da equipe.

Juro que tive tempo de pensar em tudo isso. O mesmo aconteceu quando meu corpo foi lançado pelo minitrampolim. No vídeo, tudo acontece muito rápido, mas, na minha cabeça, voei em câmera lenta. "Vejamos… acho que não adianta jogar a cabeça para trás e tentar fazer um reverso, porque ainda estou virado para a frente. Mas meu corpo está curvado para trás e o impulso está jogando meus pés na altura dos meus olhos. Epa… a minha cabeça está virando na direção do chão. Melhor não tensionar o corpo, porque isso pode me machucar quando eu atingir o solo, então é melhor relaxar e ver o que acontece." Acho que foi por isso que, no último segundo, apoiei o queixo no peito e caí feio com a nuca e a cabeça no chão.

Corri para dentro de casa. Bom sinal, né? Não quebrei o pescoço, não vou para a cadeira de rodas. Peguei um saco de gelo (não faço ideia de por que havia um saco cheio de gelo pronto naquela hora) e o coloquei no pescoço. Um ou dois dias depois, não conseguia mover a cabeça para a esquerda sem ficar tonto. No consultório do dr. Nicotero, depois de uma injeção de bário, pude ver no raio-x o fluxo da substância e do sangue passando pelas minhas artérias até a minha cabeça. Quando virei a cabeça para a esquerda, o fluxo parou. Arrá!

#5: EU ME AFOGUEI NA PISCINA DO BAIRRO

Eu tinha uns 5 anos de idade, e a coitada da minha irmã, forçada a bancar a minha babá de novo, me levou até a piscina do bairro, que estava lotada. Eu estava sentado na beira da parte que tinha um metro e vinte de profundidade, e acho que alguém se jogou na piscina por cima de mim e me derrubou. Eu não sabia nadar, fui direto para o fundo e fiquei de pé. Fiquei lá, sem saber o que fazer ou como sair da água, e eu media pouco mais de um metro na época. Tudo o que eu podia fazer era erguer o braço, acenar e torcer para que alguém visse a minha mão. Eu estava ficando sem ar, já que nem tive chance de tomar fôlego antes de cair na água. Devo ter desmaiado antes de alguém me agarrar, porque me lembro de ter sonhado. Eu via estrelas e me perguntava o que estava fazendo no espaço, no meio de todas aquelas estrelas, e se eu estava acordado ou sonhando. Despertei de repente, e tudo ficou brilhante e barulhento e molhado, e eu estava deitado no concreto, ao lado da piscina, cercado por pessoas que gritavam e pela minha irmã que chorava. Ela deve ter levado uma bronca feia em casa: ainda pior do que quando ela passou por cima da minha cabeça com a bicicleta.

Muitas outras coisas traumáticas aconteceram, como ser esfaqueado por um canivete no meio da performance de Zoo Story, ou minha irmã passar por cima da minha cabeça com uma bicicleta enorme quando eu tinha uns 2 anos (o que me causou uma concussão), ou minha ex-esposa furar a minha garganta quando praticávamos esgrima sem máscara, ou brigar com uma namorada enquanto ela segurava uma faca de cozinha serrilhada que quase decepou meu dedo, ou a granada de mão no treinamento básico. A GRANADA! TINHA ME ESQUECIDO DA GRANADA!

#BÔNUS: A GRANADA

Aprender a arremessar granadas faz parte do treinamento básico que você recebe no exército. Você é colocado em um labirinto de sacos de areia e ouve explosões bem altas dos soldados à sua frente, que arremessam granadas em campo aberto. Todo mundo está nervoso, e os treinadores gritam com você, e você vai atravessando o labirinto, bem devagar, até chegar no campo; quando foi a minha vez, havia um sargento marrento pra cacete, cheio de cicatrizes na cara, usando um capacete de aço.

Ele não falava, apenas gritava as instruções. "NUNCA JOGUE UMA GRANADA COMO AQUELA CAMBADA DE FRESCO FAZ NOS FILMES. NUNCA, REPITO, NUNCA DEIXE O BRAÇO DURO PARA ARREMESSAR POR CIMA DA CABEÇA. VOCÊ JOGA UMA GRANADA COMO JOGA UMA BOLA DE BEISEBOL: O MAIS FORTE E LONGE QUE PUDER. FAÇA COMO UM LANÇADOR E JOGUE COMO SE QUISESSE ACERTAR A CARA DO REBATEDOR. EU VOU SEGURAR A GRANADA COM VOCÊ, MINHA MÃO SOBRE A SUA, E VOU PUXAR O PINO COM VOCÊ. ENTÃO, QUERO QUE ARREMESSE O MAIS LONGE POSSÍVEL. ENTENDEU?" Eu sussurrei: "Sim, Sargento".

Ele puxou o pino e não sei o que aconteceu. Devo ter agido em um ato de reflexo, como nos filmes que vi ou sei lá, porque ali estava eu, segurando uma granada sem pino na mão e, como Audie Murphy ou John Wayne ou todos os soldados que já vi arremessando uma granada nos filmes, deixei o braço duro ao arremessar por cima da cabeça; a granada fez uma curvinha e apenas ultrapassou uma minúscula pilha de sacos de areia de sessenta centímetros de altura... que estava a uns dois metros de nós.

O sargento surtou comigo, e não o culpo. Ele me derrubou no chão assim que a granada explodiu, e voou areia e pedaços do tecido dos sacos na gente. Depois, ele tirou o capacete de aço e começou a me bater com ele, enquanto gritava: "QUER ME MATAR, MOLEQUE?! QUER MATAR TODO MUNDO?! CAI FORA DAQUI, SOLDADO!".

Bom, isso não entra exatamente na lista de como quase morri... mas chega perto.

Bang! Bang! Controle de armas

Tem um lado bom e um lado ruim.

TOM SAVINI: VIDA MONSTRUOSA

Tem um lado bom e um lado ruim. Não acredito que armas automáticas, em especial as metralhadoras — exceto nos filmes — devam ser acessíveis ao público. Posso pagar uma taxa e dispará-las em um clube de tiro, se quiser. A minha pistola? Olha, quando você estiver agachado atrás de mim em uma escola, um supermercado ou um cinema porque algum maníaco suicida pintou a parede com o cérebro de alguém, atirando que nem um louco e transformando várias pessoas em uma cascata de sangue em meio a gritos de desespero, choro e orações, e você perceber que só está perto de mim porque eu tenho uma arma, e o maluco vier correndo na sua direção, e então eu atirar na cabeça dele, eliminando-o no ato e impedindo que você se torne uma das vítimas ensanguentadas... bom, aí você vai *amar* a minha arma. Você sabe disso, eu sei disso.

O que acontece nas ruas todos os dias, quando algum maníaco ou pessoas más usam armas é uma tragédia asquerosa, desprezível, impensável, nojenta, repulsiva, e é o lado ruim do controle de armas. A situação que descrevi acima, que salva vidas: esse é o lado bom. É nessas condições que se encontram os Estados Unidos.

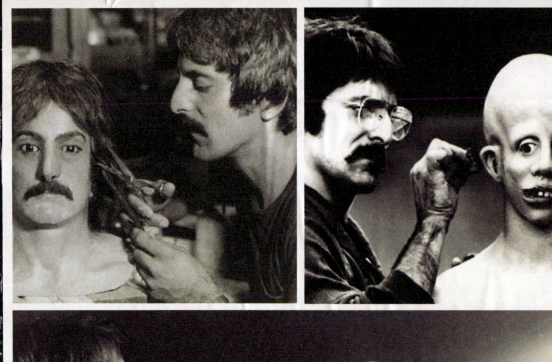

Fumei um com Timothy Leary

TOM SAVINI : VIDA MONSTRUOSA

Pulei sobre a mobília
e me estiquei naquele sofá
para alcançar o cara e dar
a próxima tragada [...]

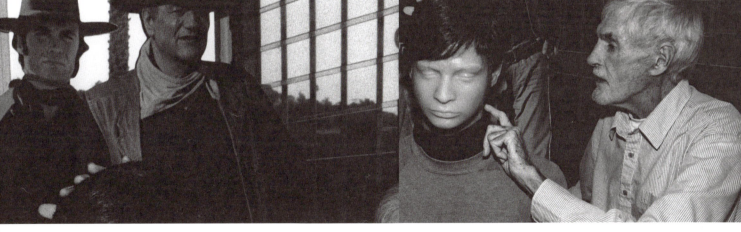

Eu estava em uma convenção em Nova York. Não lembro onde — minha memória dessa época é meio embaçada —, deve ter sido no Hotel Roosevelt, de frente para o Madison Square Garden. Lembro que o editor Forrest Ackerman estava lá, e, na época, ele aparecia bastante em convenções de terror. Eu estava relaxando no camarim, e Timothy Leary (se não entendeu a relevância da situação, pesquise esse nome) estava sentado no sofá, fumando um baseado. Ele deu uma bola bem forte e procurou alguém para passar. Pulei sobre a mobília e me estiquei naquele sofá para alcançar o cara e dar a próxima tragada, só para dizer que, você sabe... fumei um baseado com Timothy Leary.

TOM SAVINI: VIDA MONSTRUOSA

Amor, sonhos, restos e fumaça

Encarei a minha coleção de vídeos, em prateleiras que iam do chão até o teto, sobras do filme *Creepshow: Arrepio do Medo*, feliz da vida por tudo estar em ordem alfabética.

Certo dia, recebi um e-mail da A▇, uma garota que dizia ser uma grande fã minha e queria que eu tirasse a virgindade dela. Trocamos telefones e começamos a conversar. Era uma garota muito bonita, parecia ser bastante sensível. Eu tinha acabado de sair de um relacionamento ruim e, na época, estava aberto a propostas como aquela. Paguei uma passagem de avião para que ela viesse de Nova York e passamos alguns dias juntos; ela me ajudou a montar a minha academia em casa, organizamos minha coleção de vídeos em ordem alfabética, e ela me acompanhou na busca por locais para uma futura atração de terror chamada Terrormania. Enfim, aceitei a proposta dela, e foi muito bom.

Mas, em um final de tarde, recebi uma mensagem de um amigo que dizia: "Tom... TOM... o mundo vai acabar... liga a tv... ESTÁ TUDO UM INFERNO!". Liguei a tv e vi aviões colidirem contra o World Trade Center. Eu precisava mandar A▇ de volta a Nova York, mas todos os voos haviam sido cancelados. Consegui colocá-la em um ônibus e ela pôde ir para casa no meio daquela catástrofe abominável.

Alguns dias depois, quando eu, assim como muitas pessoas, saí do estado de choque e consegui funcionar um pouco melhor, decidi mergulhar em um filme ou dois. Encarei a minha coleção de vídeos, em prateleiras que iam do chão até o teto, sobras do filme *Creepshow: Arrepio do Medo*, feliz da vida por tudo estar em ordem alfabética. Percebi que todos os filmes nos quais trabalhei como ator ou fiz a maquiagem — incluindo umas raridades impossíveis de encontrar hoje — haviam sumido. As caixas estavam vazias.

137

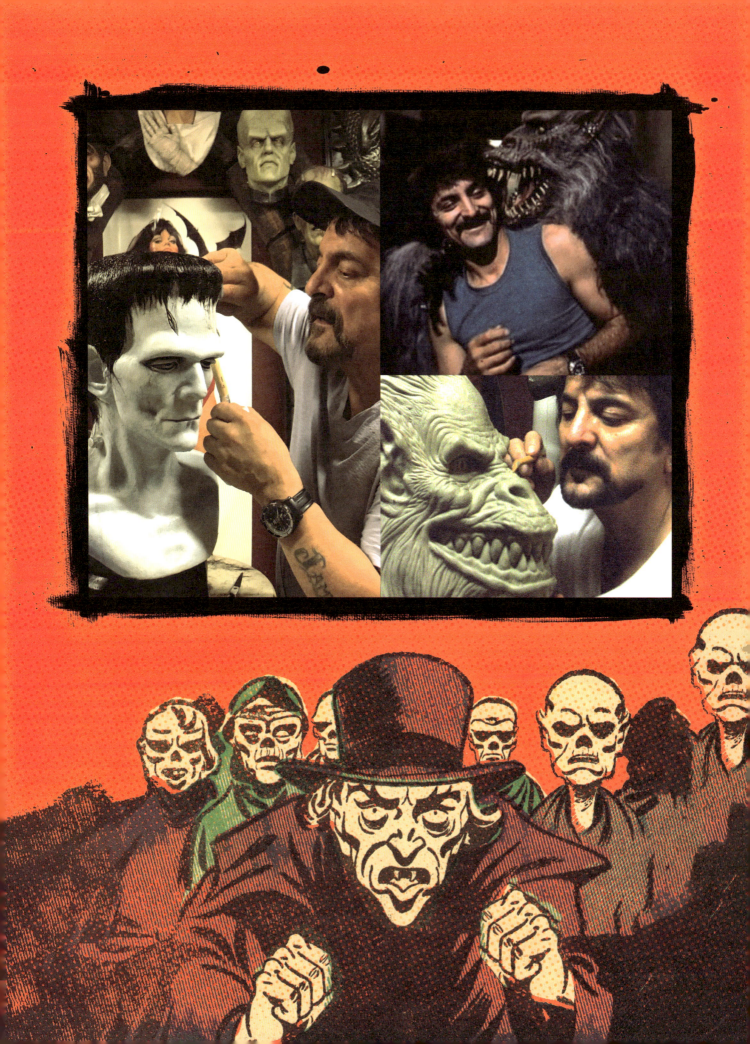

Um breve encontro sobrenatural

Não tenho outra explicação, exceto que coisas inexplicáveis podem mesmo existir neste mundo.

TOM SAVINI : VIDA MONSTRUOSA

Para começo de conversa, não acredito nessa baboseira e abomino os programas de tv sobre fenômenos paranormais, os quais se resumem a pessoas repetindo: "Que barulho foi esse?". Mostram isso em todos os comerciais e dá a impressão de que ESSE é o ápice do programa, alguém fica dizendo a mesma coisa e depois não tem mais nada. Mas o que vou contar aconteceu de verdade, e me deu o maior susto. Não tenho outra explicação, exceto que coisas inexplicáveis podem mesmo existir neste mundo.

Antes da criação da Tom Savini's Terrormania, uma atração de terror que funcionou por oito anos, criada por mim e financiada por Jeff Imbrescia, o presidente da minha escola, nós procuramos por possíveis locais para concretizar a ideia. Optamos por uma loja da K-Mart que estava abandonada, próxima da escola, e ficou espetacular: 27 cômodos, incluindo um cemitério, túneis, um pântano e cavernas... foi a melhor casa mal-assombrada que já existiu, mas isso é outra história.

Enquanto procurávamos por um lugar, Jeff me ligou e disse que a corretora de imóveis dele conhecia uma propriedade perto da escola que tinha bastante espaço para estacionamento, além de um antigo celeiro e uma casa grande, e os donos queriam vender. MAS... era possível que estivesse assombrada. Os donos queriam muito sair de lá e se mudar para a Flórida. Os proprietários anteriores aguentaram somente uma semana no local, e outros antes deles mal passaram da garagem e já resolveram colocar o local à venda. Os donos que conhecemos estavam lá havia dois meses. Antes de irmos até a propriedade, combinamos uma coisa: não diríamos nada sobre nossa intenção de construir uma casa mal-assombrada nem mencionaríamos o fato de a casa deles estar assombrada.

Então, o plano era ir lá e fingir que eu estava procurando uma casa para morar, e que Jeff e a corretora estavam me ajudando. Fomos Jeff, a corretora, eu e A▇▇, a garota que você conheceu no último capítulo. Quando chegamos, a corretora disse que a casa tinha mais de 100 anos e fazia parte da rede de rotas que os escravizados usavam para escapar do Sul. Os donos originais e a família foram enterrados em um cemitério que ficava no mesmo terreno, próximo a um celeiro que inclinava de leve para a esquerda e cujas portas e janelas decadentes davam à fachada o aspecto de um rosto enorme e triste. Havia uma piscina vazia, danificada em seu interior por causa de um veado que havia caído lá dentro e, sem conseguir sair, castigara o ladrilho com os chifres.

Entramos na casa para conhecer o casal de proprietários, e ambos tinham uma aparência bastante estressada, como se estivessem cansados e agitados. Eram as únicas pessoas na casa. Havia fotos da Flórida espalhadas pelas paredes da cozinha e em imãs de geladeira, e uma placa de carro da Flórida na mesa, em cima de mapas também da Flórida. Esse casal queria mesmo ir à Flórida. Eles nos levaram para conhecer o andar de cima da casa e nos mostraram, no chão de alguns dos armários, os alçapões que levavam a escadas, que faziam parte da rota subterrânea clandestina. Na metade do passeio, voltamos para a cozinha, e, por algum motivo, Jeff perguntou se havia alguma imagem aérea do terreno. Disseram que sim e nos mostraram as fotos. Enquanto as olhávamos, em algum lugar da casa surgiu o som de um piano tocando uma linda música clássica. Olhei para A▇▇, que me olhou de volta com uma cara de "hm… é, acho que isso é assustador". Acredito que nós dois pensamos ao mesmo tempo em como aquilo era tenebroso e apropriado: parecia a cena de um filme sobre pessoas que enganam os donos de uma casa para que lhes vendam e eles possam transformá-la em uma casa do terror.

Continuamos o passeio e entramos em uma sala enorme. Quando a porta foi aberta, vi um chão de azulejo, uma lareira em uma das paredes e parte de um piano de cauda. Conforme adentrava o cômodo, esperei encontrar alguém sentado ao piano, alguém que tivesse acabado de tocar aquela música linda que nós ouvimos. Mas não tinha ninguém ali, e o passeio continuou. Voltamos à cozinha e dissemos ao casal que a casa era bonita e que voltaríamos a conversar.

No carro, a caminho da imobiliária, falamos sobre várias características da casa, e eu comentei: "E aquela música linda no piano… não foi meio bizarro?", e Jeff e a corretora perguntaram: "Que música?… Não ouvimos nada". Pensei que estivessem brincando e respondi algo como: "Tá, sei", mas eles não tinham ouvido nada mesmo. Naquele momento, pareceu

que estávamos tentando pregar uma peça neles... como se quiséssemos convencê-los de que o lugar era assombrado porque ouvimos uma música que eles não ouviram. Começaram a caçoar de nós por tentarmos usar um truque tão imaturo e besta, como músicas vindas do além, e nós só dizíamos: "NÃO, NÃO... ouvimos mesmo um piano maravilhoso enquanto vocês olhavam as fotos aéreas". Jeff jura até hoje que não ouviu nada, o que me faz pensar que perdemos uma oportunidade de ouro. Eu me pergunto o que teria acontecido se tivéssemos dito na hora: "Ei... puxa... que música linda... quem está tocando?". Como o casal teria reagido? Talvez eles teriam feito uma cara de espanto e teriam dito: "Oh, meu Deus... vocês também estão ouvindo?". Pode ser que eles ouvissem aquela música o tempo todo e estivessem assustados a ponto de querer se mudar para a Flórida. O que será que Jeff e a corretora teriam dito *naquele* momento? Nunca saberemos. Foi uma oportunidade perdida. Mas nós ouvimos a música. Nunca saberemos quem estava tocando?

Meus sonhos diabó-licos

Os humanos vivem a experiência e reagem a ela como se estivessem despertos.

TOM SAVINI : VIDA MONSTRUOSA

Se eu fosse um observador casual da vida neste planeta, digamos, se pertencesse a uma raça alienígena de algum outro planeta e ficasse só observando, talvez alguém me ouvisse dizer que os humanos possuem uma cultura em que, à noite, quando sonham, criam vidas tão reais quanto aquela que vivem todos os dias, com objetos tão reais e sólidos quanto os que existem em estado de vigília. Só que, nos sonhos, os humanos fazem coisas fantásticas, como voar ou pular, se transportam para lugares diferentes, tornam-se pessoas diferentes, são perseguidos por monstros e enfrentam seus medos nos pesadelos. São capazes de fazer qualquer coisa ou ir a qualquer lugar aonde seus pensamentos os levem, porque esses pensamentos criam mundos reais. Ainda assim, as situações absurdas que ocorrem durante os sonhos não os afetam nem parecem estranhas ou irreais, por mais diferentes, tolas e ilógicas que elas sejam. Os humanos vivem a experiência e reagem a ela como se estivessem despertos.

Então, por que será que ninguém nunca parou para pensar que o pensamento ou a inteligência que cria suas vidas dia após dia (alguns chamam de Deus) funciona do mesmo modo como os pensamentos que criam seus sonhos? Nos sonhos, as pessoas não são apenas jogadas em uma situação, ou em um palco ou cenário de um filme: elas são jogadas em um ambiente que *elas mesmas* criam, um ambiente elaborado e pleno em detalhes... uma cidade, um laboratório insano, uma biblioteca, uma mansão cheia de mobília exótica... tudo o que encontram foi criado por

elas, elas imaginaram aquilo tudo. E o mero ato de pensar em todas essas coisas faz com que sejam criações tão sólidas e verdadeiras quanto a vida real. Então, de novo, por que ninguém acredita que tem a mesma capacidade de "Deus" ou da inteligência que cria todas as coisas? As pessoas já fazem isso, criam vida concreta e real, que pode ser registrada pelos sentidos, mas, mesmo assim, não percebem que nos sonhos elas veem sem usar os olhos: os olhos estão deitados na cama com elas, fechados, enquanto o corpo está inconsciente. As pessoas ouvem sons que não existem. Não esqueça que elas continuam deitadas em um cômodo, e ali elas ouvem coisas que não estão acontecendo, e tocam matéria sólida, e sentem cheiros, e provam comidas que *não* existem, exceto no mundo que *elas* estão criando, do mesmo jeito como experimentam todas essas coisas na vida real, a vida que foi criada por algo ou alguém. Será que isso tudo não deveria significar que há uma única mente e que todos fazem parte dela, assim como acontece nos sonhos? No entanto, isso é tratado com indiferença e não é visto como algo tão absurdamente extraordinário, mas apenas como uma ocorrência mundana, como um espirro ou uma soneca ou uma indigestão — algo "ordinário".

Isso deveria aborrecer e confundir e causar assombro no observador, já que algo tão fantástico e sobrenatural ocorre a esses seres, e eles nem sequer percebem a conexão entre si mesmos e o "Deus" que dizem comandar e criar tudo. Eles não veem a verdade: que "Deus" reside neles. Também é incrível não perceberem o fato de que, quando acordam, parecem programados para esquecer os sonhos que tiveram. Muitas culturas acreditam em reencarnação. Então, a relação entre acordar de um sonho e logo esquecê-lo pode significar que isso também ocorre quando você reencarna. Você é programado para esquecer o que aconteceu. É programado para esquecer de onde veio. Reme, reme, reme o barco: a vida não é nada mais que um sonho.

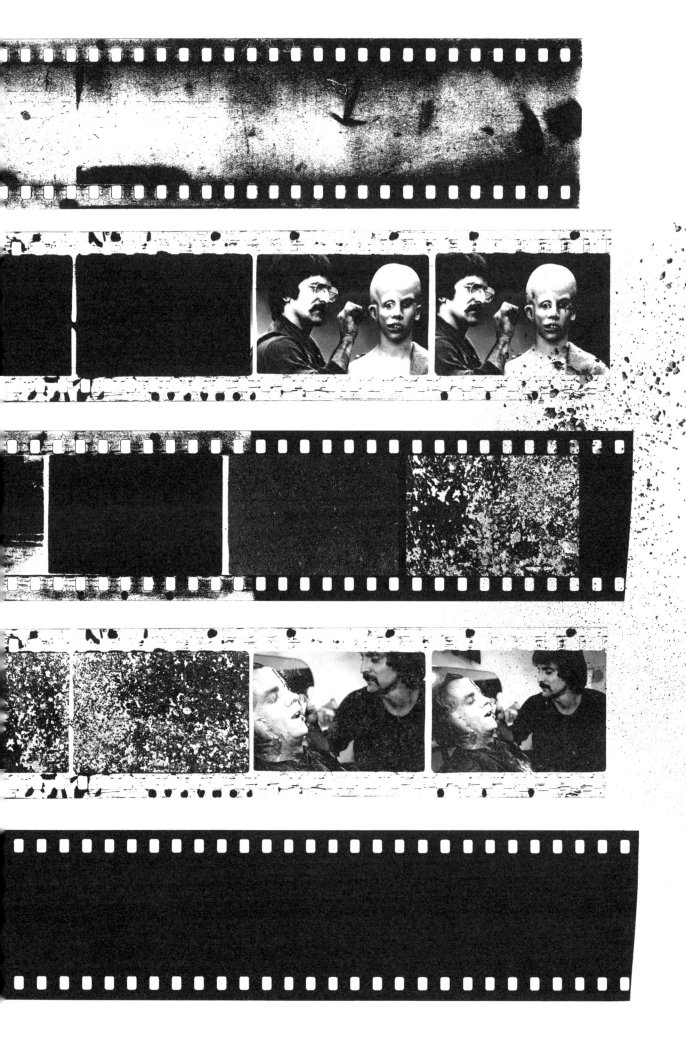

MEMÓRIAS
escritas *e* dirigidas *por*
TOM SAVINI
VERSÃO SEM CORTES

Tom Savini criou Jason Voorhees, e depois o matou. Aniquilou vampiros e se tornou um deles. Realizou cenas arriscadas, efeitos especiais e atuações. Sua carreira na indústria cinematográfica já dura mais de cinquenta anos, o que é uma proeza. Além da incrível trajetória, ele inspirou novos cineastas, assustou milhares de outros e agraciou a telona ao lado da realeza de Hollywood. Um garoto que cresceu fascinado pela sétima arte, que adorava filmes, idolatrava estrelas, mas nunca sonhou em trabalhar no cinema, e que, hoje, faz parte da história de Hollywood.

Enquanto a indústria conhecia seu nome e o requisitava, os fãs apenas viam seu incrível trabalho e não sabiam quem ele era, até que a revista *Fangoria* foi lançada, em 1979. A primeira edição continha um artigo sobre Tom e o trabalho de maquiagem em *Despertar dos Mortos,* e apresentou o homem por trás daqueles efeitos maravilhosos a um mundo de futuros fãs obstinados. Conforme a popularidade da revista foi crescendo, e Tom fazia cada vez mais filmes, os fãs passaram a ansiar pelos filmes que "Savini" tinha feito. Apesar de Tom estar relacionado a apenas um aspecto do filme, as pessoas passaram a ir ao cinema só por ele ter participado do projeto, já que sabiam que os efeitos os deixariam boquiabertos. Alguns filmes chegaram a colocar o nome dele nos pôsteres para atrair os fãs.

Tom começou a se transformar no rock star dos efeitos e da maquiagem, e não demorou até chamar a atenção da mídia nacional. Tom passou a dar entrevistas para promover o lançamento dos filmes, tarefa que antes era apenas dos atores principais. Ele até se tornou um entrevistado recorrente no *Late Night with David Letterman.* Esteve no programa cinco vezes em uma década, sempre provocando e surpreendendo David ao mostrar como criava os efeitos para o filme no qual estava trabalhando no momento. Aparecer no programa, atear fogo no entrevistador, atirar na cabeça dele e deixá-lo enojado, tudo isso fez com que Tom fosse reconhecido por um público que estava muito além do nicho do terror; ele passou a ser reconhecido pelo grande público.

Com tantos filmes no currículo, fica difícil documentar todos eles em detalhes. A seguir, veremos os destaques de sua carreira, com ênfase em histórias singulares de alguns de seus principais filmes.

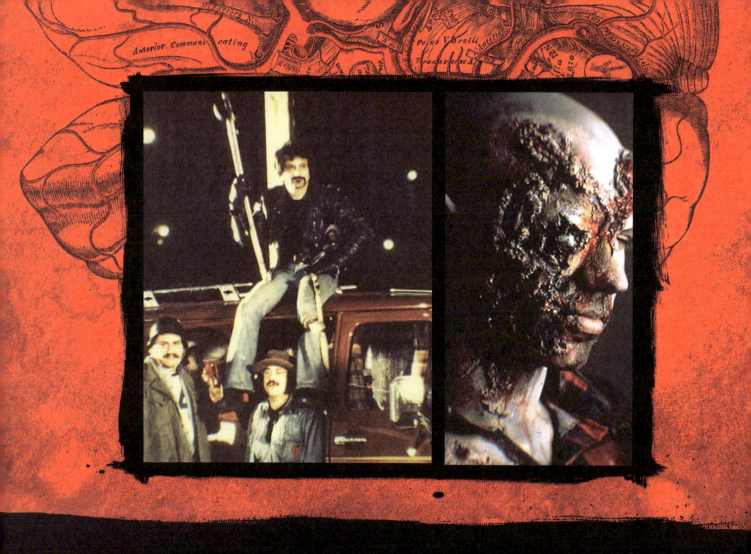

Despertar dos Mortos é reconhecido até hoje como um dos maiores, senão o maior, filmes de zumbis de todos os tempos. Das lendárias maquiagens de zumbis à criação de uma decapitação parcial pelas hélices de um helicóptero, passando pelas proezas do mestre dos efeitos nas cenas perigosas e na atuação, o filme transborda o talento e a paixão de Tom. Com os inumeráveis artigos, livros e até documentários a respeito do projeto, quase tudo que é possível saber a respeito do filme já foi publicado. Portanto, em vez de reciclar o que o público já conhece, eis algo a respeito de *Despertar dos Mortos* que nunca foi compartilhado: na época, Tom era *obcecado* por Darth Vader.

Star Wars havia sido lançado naquele ano, antes do início das filmagens de *Despertar*, e Tom se apaixonou pelo vilão de imediato. Ele simplesmente *teve* que ser Darth Vader naquele Dia das Bruxas. Observação: os produtos de *Star Wars* ainda não haviam se tornado o frenesi que viriam a ser. Tom tentou conseguir uma máscara de Darth Vader com Don Post,* mas descobriu que: "Sim, poderemos enviar o produto, mas em agosto do ano que vem". Não havia nada que Tom pudesse fazer, a não ser, é claro, construir seu próprio Darth Vader.

O traje não seria um grande problema, mas fazer o capacete com a máscara seria uma verdadeira batalha. Tom pegou o capacete de aço da

* Em 1938, Don Post fez história criando máscaras de látex, que depois ficaram mais leves e fáceis de usar. Assim nasceu o Don Post Studios, que se tornou pioneira nas máscaras licenciadas de filmes como *Planeta dos Macacos*, *Star Wars* e os Monstros Clássicos da Universal. Seguindo os passos de seu pai, Don Post Jr. continuou a inovação, engenhosidade e sucesso de Don Post

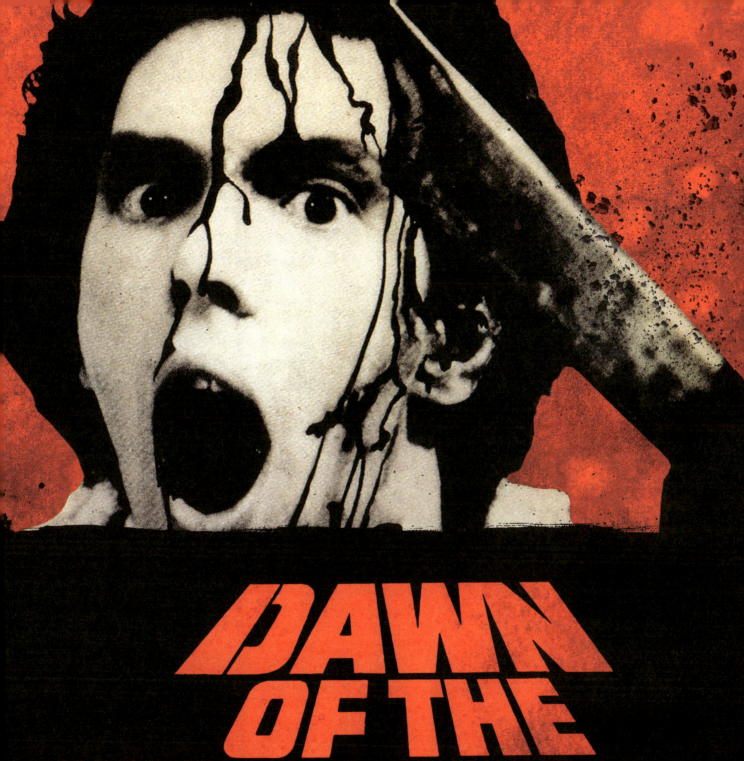

When there's no more room in HELL dead will walk the EAR

época do exército e o encheu de massa plástica. Aquilo ficou pesando uma tonelada. Ele esculpiu a frente da máscara com argila e fez um molde, dentro do qual jogou espuma de borracha, para depois retirar parte dela, abrindo um espaço em que coubesse sua cabeça. Naquele Dia das Bruxas, Tom *era* Darth Vader.

Ele e os amigos participaram de um concurso de Dia das Bruxas, e uma juíza linda, Jeanie Jefferies, elegeu Tom como o vencedor. Quando ele tirou o capacete, foi amor à primeira vista. Ele contratou Jeanie como sua assistente em *Despertar*. Ela também interpretou a "Zumbi Loira", que leva um tiro nas costas e pedaços de seu rosto voam em Scotty, antes de ser chutada para fora do caminhão. Tom também atuou como dublê nessa cena, usando uma peruca loira.

Apesar de essa não ser exatamente uma história sobre *Despertar dos Mortos*, os dois acontecimentos estão interligados e são inseparáveis na cabeça de Tom.

I WARNED YOU NOT TO GO OUT TONIGHT

MANIAC

Mais uma vez em um papel pequeno, além de responsável pelos efeitos especiais, Tom começou a trabalhar em *O Maníaco* no começo dos anos 1980. Durante as primeiras reuniões, repetiu várias vezes a Joe Spinell: "Não, você não pode cortar fora *essa* parte de uma mulher". Parecia que a intenção de Joe era levar o filme para uma direção sombria demais, mesmo para um filme de terror.

Tudo correu bem nas filmagens e Tom criou efeitos maravilhosos. Seu favorito foi... atirar em si mesmo. O personagem de Tom, apelidado de Disco Boy, morreria no carro. Tom precisou não apenas criar um boneco com seu próprio rosto, mas também seria responsável por explodir a própria cabeça. Com o boneco atrás do volante, Tom se vestiu como o assassino, ajoelhou sobre o capô do carro e descarregou os dois canos de uma espingarda através do para-brisa. A cabeça do boneco explodiu no interior do veículo. Tom só teve uma tomada para fazer isso acontecer, e matou a si mesmo com perfeição.

155

OLHOS ASSASSINOS

Em Miami, para filmar *Olhos Assassinos*, que foi o primeiro grande filme de Jennifer Jason Leigh, Tom entrou em forma e exibiu o melhor físico de sua vida. Todas as manhãs, ele corria para cima e para baixo, percorrendo os treze andares do prédio onde estava hospedado, antes de ir para o set. No estúdio, ele impressionava a equipe, como sempre, com seus efeitos especiais únicos. Aquele de que Tom mais se orgulha é a cabeça decapitada no aquário. Apesar de cabeças falsas serem necessárias em algumas situações, em geral não leva mais que alguns segundos para o espectador perceber que é de mentira, e é por isso que Tom sempre tenta ser o mais realista possível.

Para que isso fosse possível na cena da cabeça no aquário, Tom construiu uma base falsa para esconder o ator. Então, fez um buraco no fundo de um aquário de verdade, por onde o ator enfiou a cabeça. Em seu pescoço foi aplicada uma réplica de uma garganta cortada, para dar o efeito de cabeça decepada. Tom impermeabilizou o aquário com sacos de lixo e selante, e deu um tubo para o ator, para que ele pudesse respirar. Então, com a ajuda da equipe, encheu o aquário e colocou até um peixe de verdade. Na hora da filmagem, o ator reteve a respiração, tiraram o tubo de sua boca e fizeram as tomadas. Tom ficou por perto, fora de enquadramento, com um martelo em mãos para o caso de o ator correr algum risco, mas não precisou usá-lo. O resultado foi mais do que realista e impressionou o público no mundo inteiro.

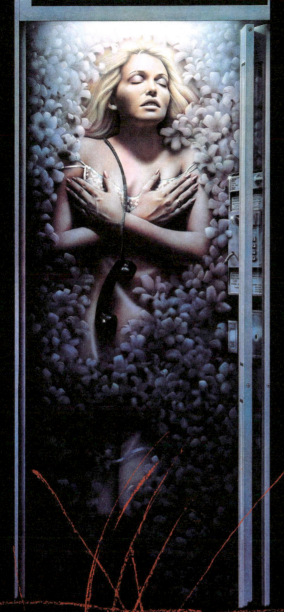

Knightriders

Cavaleiros de Aço traz a história de um grupo de artistas da renascença que viajam pelo país e vivem suas vidas como se fossem nobres cavaleiros, só que cavalgando em motocicletas. Ed Harris, um novato na época, faz o papel principal.

Para Tom, aquele foi o verão mais divertido de sua vida. Ele andou de moto, lutou, atuou, festou com as fãs, lutou esgrima com Taso, amarrou travesseiros na bunda com Marty Schiff e ficou patinando pelo hotel, e curtiu com os amigos o dia inteiro. Apesar da baixa aceitação na época, com o passar do tempo, o filme obteve reconhecimento e ganhou um considerável grupo de fãs, e até foi lançado em Blu-ray depois de mais de trinta anos de sua estreia. Também ficou conhecido como o único filme de George Romero que não pertence ao gênero terror. Mesmo que já estivesse em um dos papéis principais, Tom ainda era requisitado pela indústria por aquilo que fazia de melhor, ou seja, por seus efeitos especiais. Após um verão de muita diversão, ele voltou a espalhar cadáveres pelo set.

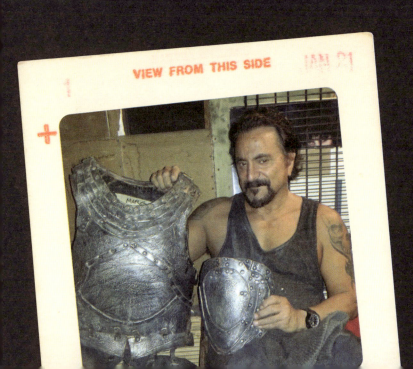

THE BURN

JEAN UBAUD   MICHAEL ... CORK... BURGER PRE... ...RVEY WEINSTEIN PRODUCTIO...
MUSIC COMPOSED AND PERFO... ...RICK WAKEMAN   HO... ...NCES DESIGNED BY TOM SAVINI
SCREENPLAY BY PETER ... ...NCE AND BOB WEINST... ...ED BY TONY MAYLAM

CHAMAS DA MORTE

Enquanto trabalhava em *O Maníaco*, Tom foi abordado por um promotor de shows, que o convidou para participar de um novo filme. Tom gostou do roteiro e das mortes que teria de criar, então apertou a mão de Harvey Weinstein, que viria a se tornar um dos maiores produtores de Hollywood. Era um filme sobre um acampamento de verão... onde pessoas morriam. O filme seria rotulado como uma cópia de *Sexta-Feira 13*, mas Harvey jurou que foi escrito anos antes. De qualquer maneira, o filme conquistou vários fãs, graças, mais uma vez, aos incríveis efeitos criados por Tom.

O elenco de atores desconhecidos, que não demorariam a se tornar estrelas de Hollywood, incluía Fisher Stevens, Jason Alexander e Holly Hunter. Para uma cena em especial, Tom precisou fazer a maquiagem de Stevens. Enquanto o ator estava sentado na cadeira, Tom colocou música clássica para tocar e adorou perceber como o som o estimulava, fazendo com que trabalhasse na maquiagem seguindo o ritmo da música. Uma das cenas mais famosas envolvia cortar dedos e matar várias pessoas em um barco no meio de uma lagoa. Foi uma tarefa difícil, mas Tom adorou o desafio e realizou uma das cenas mais memoráveis do filme.

Tom teve apenas três dias para criar a maquiagem de Cropsy, o assassino, e ficou com somente duas próteses para aplicar, já que o forno que ele usou havia sido programado com temperatura acima do normal, o que destruiu a matriz.

Para contar a história sobre a origem do personagem, haveria uma cena em que uma cabana seria incendiada, e o trabalho de dublê ficaria a cargo de Reid Rondell e seu pai, Ronnie Rondell Jr. Até aquele momento de sua carreira, Tom jamais havia visto uma cena de queimadura de corpo inteiro, então estava muito entusiasmado para ver como fariam aquilo. Pediram a Tom que levasse a tocha até lá, para que a cabana fosse incendiada para a cena. Os Rondell haviam coberto a cabana inteira com borracha líquida, para queimar com efeito convincente e de forma segura. Reid também vestiu um traje de segurança, com uma grossa camada de gel antichamas. Tom precisaria apenas levar a tocha, entregá-la a Ronnie e sair do local.

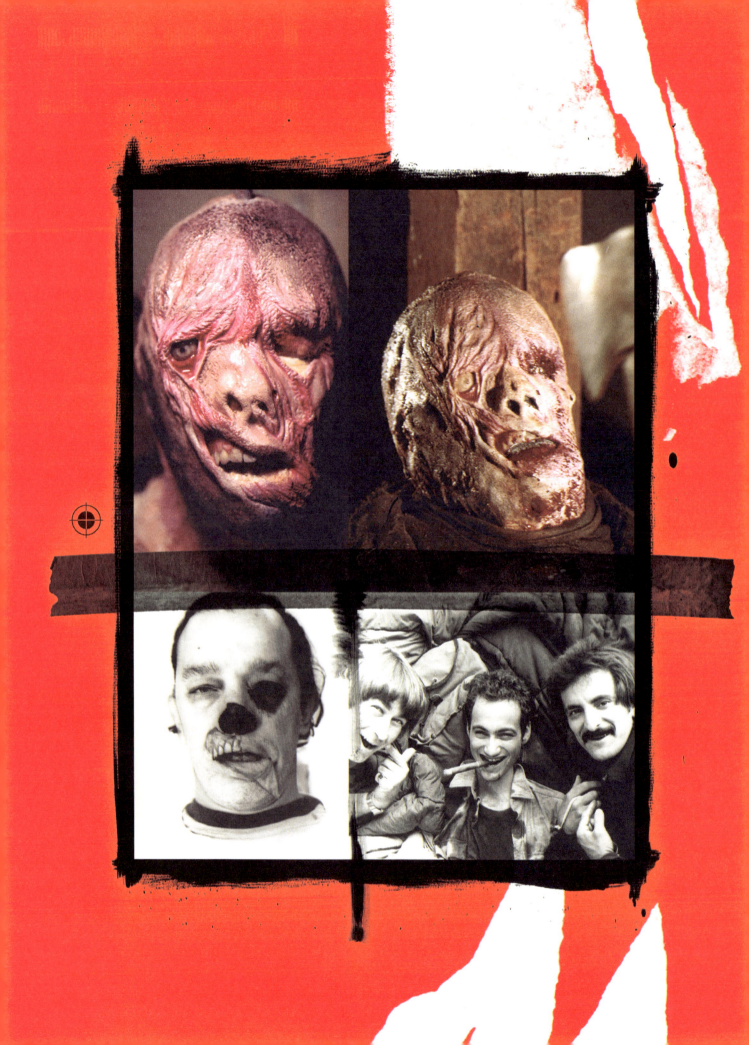

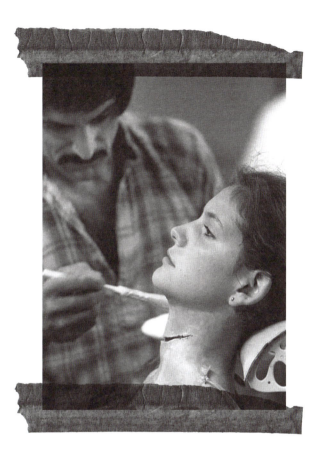

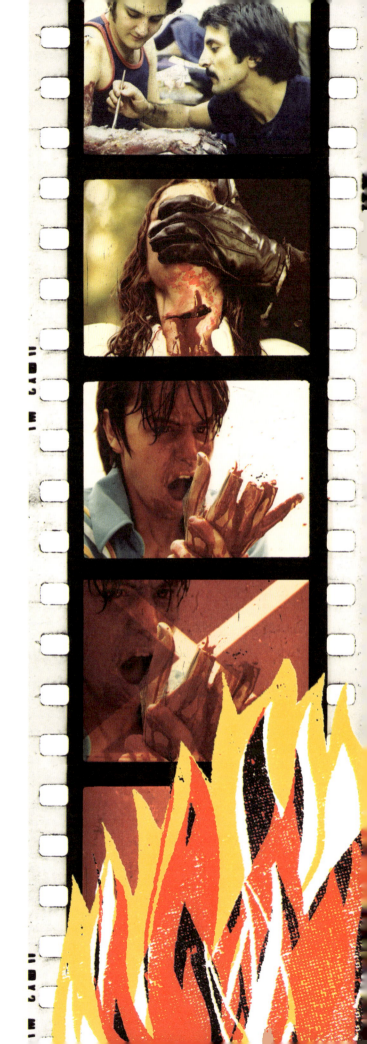

Ao receber o sinal, Tom correu em direção à cabana com a tocha em mãos, mas escorregou no gel e caiu, incendiando o set inteiro. Cercado por chamas cada vez mais altas, Tom ficou observando, boquiaberto, enquanto Ronnie agarrava o filho, colocava-o no fogo para incendiá-lo, e o empurrava pela porta. O homem, então, agarrou Tom e o levou pela porta dos fundos até um local seguro. Mais tarde, depois que os Rondell deixaram o set, foi preciso fazer uma tomada das pernas de Cropsy em chamas; então, Tom decidiu servir de dublê. Ainda que não fosse uma cena de grande perigo, Tom incendiou as próprias pernas pelo bem do projeto.

Infelizmente, anos depois, Reid morreu em um acidente de helicóptero durante as filmagens de um episódio da série *Águia de Fogo*, aos 21 anos de idade.

ROSEMARY'S KILLER
QUEM MATOU ROSEMARY?

Quem Matou Rosemary? apresenta o que Tom considera um de seus melhores trabalhos. Apesar da trama um tanto fraca, sobre um veterano de guerra que retorna para matar pessoas em um baile de formatura, o filme conquistou muitos fãs devido aos efeitos especiais admiráveis de Tom. As filmagens aconteceram na cidade de Cape May, em Nova Jersey, um lugar pelo qual Tom se apaixonou e que visita até hoje quase todos os anos, e, para o filme, ele recebeu a tarefa de matar várias pessoas e das mais variadas maneiras, muitas das quais foram mesmo desafiadoras.

Um dos efeitos mais famosos do filme é um em que a atriz, completamente nua, é golpeada com um forcado no estômago. Em geral, as mortes envolvem planos fechados das roupas, o que ajuda nos efeitos. Mas, para essa cena, Tom precisava inventar uma maneira de mostrar as pontas do forcado perfurando o estômago desnudo, além de fazer com que o sangue jorrasse. Apesar da resposta da charada ser um tanto simples — cortar duas pontas do forcado, colocando uma rolha oca de madeira no lugar, e passar um tubo por dentro para fazer o sangue jorrar —, o efeito deixou os fãs chocados e boquiabertos. Mais de trinta anos depois, o efeito ainda é deveras convincente e não ficou ultrapassado. Mesmo após todos esses anos, poucos artistas ousam aplicar um efeito tão artesanal; preferem usar CGI.

Farley Granger, o ator cujo personagem deveria ter a cabeça explodida, precisou de uma reprodução da parte do corpo em gesso para a criação do efeito. Ao longo de sua carreira, Tom já havia feito várias cabeças de gesso, apesar de essa ter se revelado uma das mais difíceis. Farley era tão claustrofóbico que se movia o tempo todo, entrava em pânico e quase arruinou o molde repetidas vezes. Considerando toda a dificuldade do procedimento, foi a pior cabeça de gesso que Tom já fez… isto é, até o filme seguinte, quando teve que replicar a cabeça de… Stephen King.

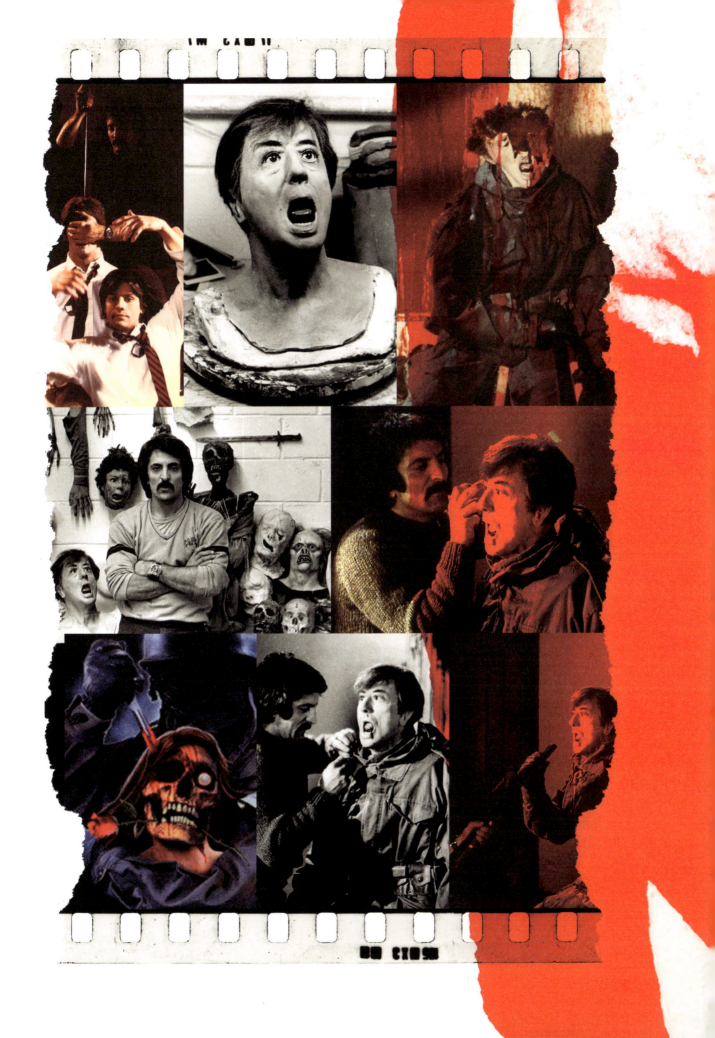

CREEPSHOW ARREPIO DO MEDO

Mais uma vez, George Romero chamou Tom para trabalhar em um novo filme, desta vez ao lado do escritor de livros de terror mais famoso do mundo, Stephen King. No início dos anos 1980, King estava no auge do sucesso, com vários livros e adaptações como *Carrie, A Estranha, Os Vampiros de Salem* e *O Iluminado*. A parceria entre Romero, King e Savini era o sonho dos fãs de terror. King não apenas escreveria o roteiro, mas também participaria em um dos curtas-metragens. Tom recebeu o roteiro e anotou os efeitos que precisaria realizar, como de costume. Porém, desta vez, ele estava na situação ideal: além da possibilidade de trabalhar em sua cidade natal, ele teria três meses de antecedência para se dedicar aos efeitos. Apesar de geralmente haver um prazo considerável para a criação dos efeitos, três meses era algo além do normal, o

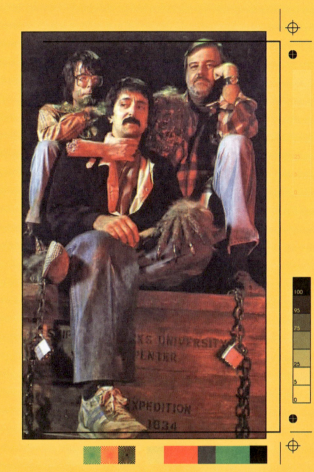

GEORGE A. ROMERO FILM

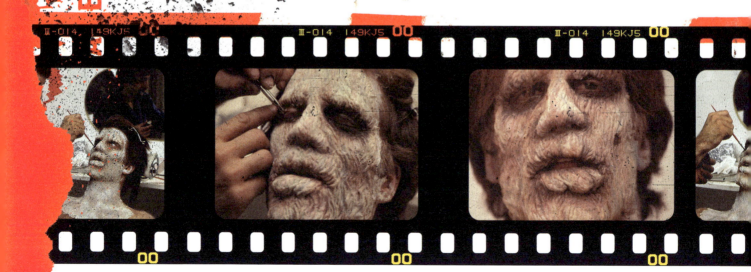

que lhe permitiu ter tempo de sobra para experimentar técnicas diferentes. Também permitiu que o período de filmagens fosse mais tranquilo, sem a habitual necessidade de entrar em pânico e realizar os efeitos de última hora.

Instalados em uma antiga academia em Murrysville, na Pensilvânia, Tom e seu assistente de 17 anos, Darryl Ferrucci, foram os únicos a trabalhar nos efeitos do filme. Juntos, criaram *todos* os efeitos do zero e pensaram em técnicas inusitadas, como pintar cascas de amendoim de preto para que se parecessem com baratas. Para o segmento estrelado por E.G. Marshall, chamado "Vingança Barata", milhares de baratas foram utilizadas. Um grupo de entomólogos foi a Trinidad e capturou 18 mil insetos; para isso, eles cavaram buracos em fezes de morcego, apagaram as luzes para que as baratas enchessem os buracos, e então voltaram a acender as luzes para apanhar os insetos. De volta aos Estados Unidos, fizeram procriar mais 10 mil. A equipe passou a chamar as grandes de "Steves" e as médias de "Georges" para que, quando necessitassem de mais baratas de um tamanho específico, George pudesse dizer: "Tragam mais mil Steves".

Até aquele momento, Tom ainda não havia utilizado animatrônica em seus efeitos. Rob Bottin, responsável pelos efeitos em *Grito de Horror,* mostrou a Tom os animatrônicos que utilizou no filme. Tom estudou o trabalho com afinco para criar uma de suas criações favoritas, Fluffy, a criatura do segmento "A Caixa". Darryl ficava dentro do traje, movendo a cabeça e os braços, enquanto Tom estava ao lado, controlando as partes animatrônicas do personagem. Fluffy viria a assombrar os pesadelos das crianças e se tornaria um dos monstros favoritos dos fãs pelo mundo inteiro. Tom possui várias esculturas de Fluffy em sua casa; ele até mesmo deu uma das caixas originais para Greg Nicotero, que ainda a guarda em seu escritório.

Para o segmento de Stephen, "A Morte Solitária de Jordy Verrill", Tom precisou replicar a cabeça do escritor em gesso. Foi o molde mais difícil que já teve que fazer. Stephen não conseguia aguentar a sensação de claustrofobia e acabava arrancando o gesso de sua cabeça.

Quando chegou a hora de filmar *Creepshow 2: Show de Horrores*, Tom queria muito trabalhar nos efeitos do filme e até fez campanha para conseguir o emprego. Porém, por algum motivo, não foi contratado; em vez disso, ofereceram-lhe o papel do "Creep" e lhe creditaram como "consultor" no filme. Apesar de ter adorado fazer o personagem, foi um trabalho menor para Tom. Quanto aos efeitos, ele chegou a dar alguns conselhos, mas os únicos nos quais trabalhou mesmo foram os *squibs*[*] no segmento "O Carona".

---

[*] Pequenas cargas explosivas anexadas à parte interna da roupa do ator/dublê, que explodem ao comando de um controle remoto, liberando uma carga de sangue falso.

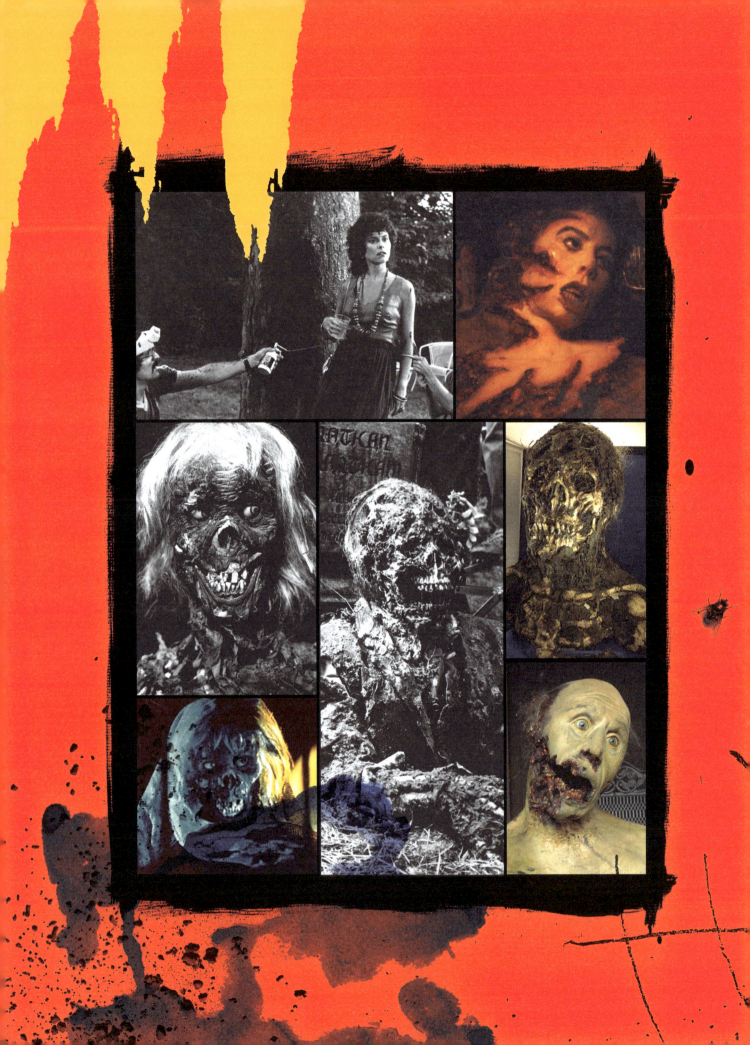

Ao término das filmagens de *Creepshow*, Tom recebeu um telefonema de um homem que conheceu em Nova York. O homem queria um trabalho nos efeitos especiais de um filme em Hong Kong e pediu que Tom o acompanhasse. Sempre disposto a uma aventura e uma viagem, Tom aceitou enfrentar o longo voo e participou da reunião. Passaram uma semana lá, e Tom encantou os produtores com piadas e truques de mágica, e eles já conheciam alguns de seus filmes e seu trabalho. Ao voltar para casa, Tom recebeu um telefonema: os produtores queriam ele para o trabalho, e não o cara que o havia levado até lá. Tom se sentiu mal, mas a oportunidade era irrecusável, e ele aceitou o trabalho. Semanas depois, preparou seu equipamento e viajou com Darryl até a China.

Tom usou vários objetos e efeitos que sobraram de *Creepshow*. O filme, chamado *Xiao Sheng Pa Pa*, ou, em inglês, *Till Death Do We Scare*, era uma comédia. Apesar da intenção de humor, possuía vários efeitos sanguinolentos e peculiares, como um rosto que implode, bochechas que esticam, mãos que incha e olhos que explodem em chamas.

Tom executou seu trabalho com o profissionalismo habitual, mas teve dificuldade para conseguir os materiais necessários devido à barreira da linguagem. Um dia, mandou seu intérprete comprar supercola e ele voltou com... camisinhas. Apesar de não conseguir parar de rir, foi bastante frustrante.

De início, estar em um país novo era emocionante e agradável, e vários efeitos precisariam ser criados para o filme, o que o manteria ocupado, mas a cultura estrangeira pesou sobre seus ombros. Dizer que ele estava ansioso para retornar à sua casa seria eufemismo. A culpa era da comida. Cabeça de peixe, camarão com olhos, carne de porco cheia de gordura e outras comidas locais começaram a deixá-lo de saco cheio. Lá pela metade das filmagens, o que ele mais queria era um maldito hambúrguer. Tom comia dim sum no almoço e no jantar todos os dias: era terrível. Em certo momento, até pagou para que um cara indiano que ele conheceu cozinhasse pakora, só para sentir o sabor de algo diferente. Após semanas dessa tortura, Tom decidiu que, a caminho do estúdio, pegaria a rota da esquerda, em vez de virar à direita, como costumava fazer. Uma quadra após a curva, quase caiu de joelhos e chorou... pois diante dele havia um McDonalds e vários outros restaurantes americanos. Infelizmente, havia sido tarde demais para esse encontro; as filmagens se encerrariam no dia seguinte.

Certo dia, Tom recebeu um telefonema para retornar à série que o tornara famoso... *Sexta- -Feira 13*. Porém, desta vez, duas sequências já haviam sido produzidas. Com a possibilidade de matar o monstro que se sentia responsável por ter criado, Tom aceitou a proposta e voou até a Califórnia, para o set de *Sexta-Feira 13 – Parte 4: O Capítulo Final*.

Não houve muito tempo de preparo, pois a produção contratara outro profissional de efeitos especiais, mas o homem havia desaparecido ao receber a oportunidade de trabalhar na arte do álbum de um astro do rock. Quando chamaram Tom, uma equipe bastante talentosa já estava preparada — tão talentosa que muitos de seus integrantes viriam a criar suas próprias oficinas de efeitos especiais. Ao chegar no set, a maquiagem de Jason já havia sido feita, e Tom ficou muito satisfeito com o resultado. Porém, se dissesse que já estava pronta, o trabalho do rapaz responsável pela criação terminaria, e ele deixaria a equipe. Então, Tom disse que o sujeito teria mais duas semanas para "fazer os últimos ajustes" na maquiagem.

Embora estivesse na indústria havia anos, aquela foi a primeira vez que Tom trabalhou de verdade em um estúdio de Hollywood. Para ele, estar no antigo Zoetrope Studios foi maravilhoso; ele podia caminhar e ver outras produções em andamento. Na época, Van Halen ensaiava no estúdio ao lado. Era Hollywood, e Tom estava apaixonado por aquilo tudo. Até Jason era interpretado por um antigo ator da indústria, Ted White, um dublê que havia trabalhado com John Wayne e Charlton Heston. Tom e Ted tornaram-se amigos, ainda que a relação entre eles tivesse começado de um jeito complicado. Ted odiava usar aquelas unhas longas e a maquiagem, e odiava mais ainda os dentes falsos que precisou usar quando os seus verdadeiros começaram a cair devido à idade; contudo, era um guerreiro e alguém que acabou ganhando o enorme respeito de Tom.

Todos no set pensaram mesmo que aquele seria o último *Sexta-Feira 13*, e que matariam Jason de uma vez por todas. Porém, o filme rendeu tanto dinheiro que Jason retornou já no ano seguinte... e muitas outras vezes depois dessa.

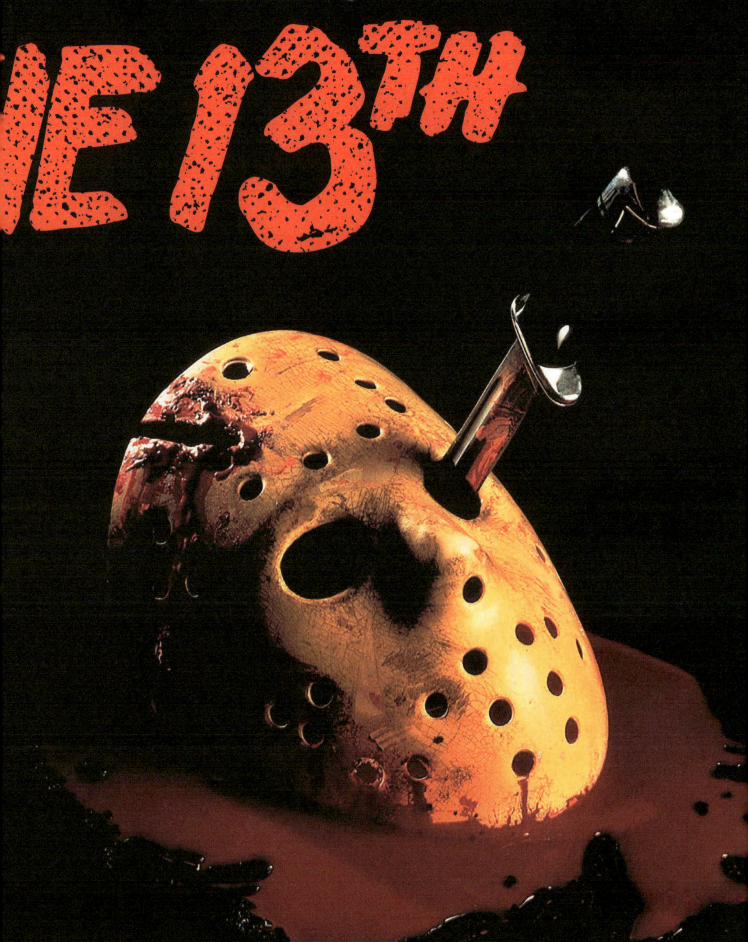

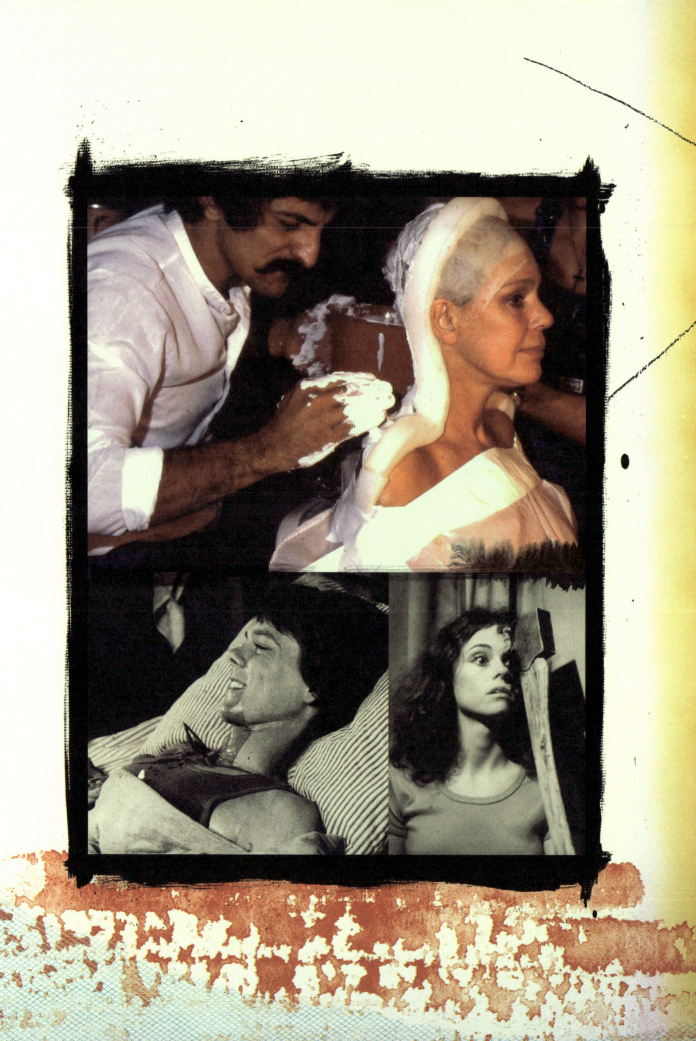

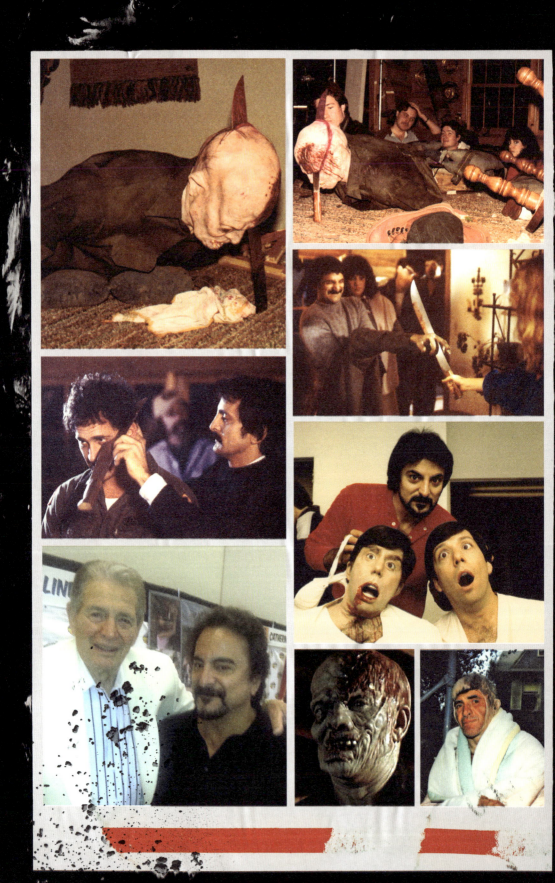

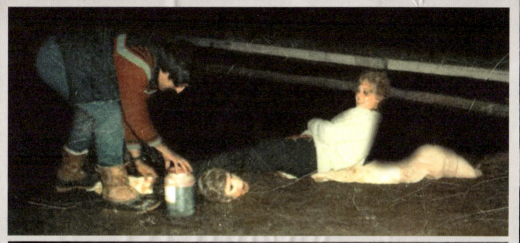

INVASION ★ U.S.A. ★

Tom seguiu em sua montanha-russa de filmes nos anos 1980, deixando o mundo do terror por uns tempos para se aventurar no universo da ação em um filme com Chuck Norris, chamado *Invasão U.S.A.* Apesar de não ter zumbis devoradores de pessoas, eram muitos os efeitos que Tom teria que realizar ao lado de Greg Nicotero e Howard Berger, incluindo corpos alvejados por tiros, a mão perfurada, um canudo de refrigerante enfiado no nariz de um cara e um tiro na cabeça. Durante as filmagens, havia um ator mexicano que usava um terno branco, o traje oficial de seu personagem, e que gostava de ficar zanzando pelo estúdio de maquiagem. Tom não se importava e até gostava de mostrar a ele como fazia os efeitos; além disso, esse era o cara que levaria o tiro na cabeça, ou melhor, seria preciso criar a ilusão de que Richard Lynch tivesse dado um tiro na cabeça dele. Para fazer isso, Tom colocou um fósforo elétrico no cano da arma, uma *squib* em uma placa de metal no cabelo do sujeito, e um saco de sangue no ponto da explosão de saída. Depois dessa cena, o papel do homem já estava encerrado e ele deixou as filmagens. O diretor, Joe Zito, disse ao Tom: "Sabe quem era aquele cara?". Tom não sabia, e Joe disse: "Jaime Sánchez, o Angel de *Meu Ódio*

Será Sua Herança". Tom ficou estupefato: ele poderia ter perguntado muitas coisas sobre aquele que era um de seus filmes favoritos.

Tom desfrutou o período em que trabalhou nesse filme de ação de grande orçamento, e também o fato de ter trabalhado com Chuck Norris e seu irmão, Aaron. Chuck sempre contava histórias interessantíssimas sobre seus filmes com Bruce Lee. Quando as filmagens foram concluídas, Tom se preparou para trabalhar em outro projeto inédito em sua carreira, um clipe da banda Twisted Sister com Alice Cooper. O vídeo era para a música "Be Chrool To Your Scuel", mas foi proibido na MTV por ser nojento demais. Sempre que está em Pittsburgh, Alice faz uma visita à casa de Tom; ele adora ver a coleção de brinquedos horripilantes do artista. Para completar, o próximo projeto de Tom caiu como uma luva: era a sequência de um filme considerado muito mais do que nojento...

Após *Sexta-Feira 13*, Tom se aventurou em outros gêneros, diferentes do terror, e fez os efeitos especiais de um filme chamado *Os Amantes de Maria*, estrelado por Keith Carradine, John Savage, Nastassja

Kinski e Robert Mitchum. Tom estava muito feliz em trabalhar com Robert, porém o filme não rendeu uma boa experiência, já que o diretor era um tirano e sempre dificultava o trabalho dos demais. Em alguns dos efeitos, John Savage teria que colocar a mão em um forno e Robert Mitchum sofreria um sangramento nasal. Tom levou horas para passar um tubo por cima e ao redor do nariz de Robert, e então por cima da orelha, para que pudesse fazer o nariz sangrar (enquanto ouvia o ator contar histórias incríveis sobre Marilyn Monroe). Esse trabalho delicado incluía um nariz falso e uma aplicação finíssima de látex para cobrir o tubo. Isso tudo foi feito no lado esquerdo do rosto de Robert, o que significava que precisariam filmar o lado direito do ator. Apesar de o diretor não ter solicitado um lado específico para a aplicação da maquiagem, ele surtou quando Robert e Tom apareceram no set, e disse que queria filmar o lado esquerdo. Tom precisou refazer todo o trabalho. Uma vez terminado, partiram para a primeira tomada: John deu um soco falso e Robert sangrou; tudo funcionou de maneira perfeita. Na segunda tomada, contudo, o tubo entupiu e, quando Tom tentou expulsar o sangue, aquilo explodiu no rosto de Robert, e a cena foi arruinada.

Para uma outra cena, uma sequência de sonho, Tom criou ratos de borracha, mas também precisaria de alguns ratos de verdade. Ele solicitou os roedores para a Universidade de Pittsburgh, porém, quando apareceram, eram brancos. Tom decidiu pintá-los de preto com corante alimentício, para não ferir os animais, e aprendeu a anestesiá-los para que pudesse pintar os círculos ao redor dos olhos. Na noite que antecedeu as filmagens, Tom pintou todos eles com muito custo e esforço; ficaram perfeitos. No dia seguinte, quando reuniu os animais para levá-los ao set, estavam brancos de novo. Os roedores haviam lambido todo o corante durante a noite. Tom teve que correr para anestesiá-los e colori-los mais uma vez. Após as filmagens, os bichinhos foram levados para viver uma vida linda e saudável em uma fazenda de ratos (é sério).

Um dia antes das filmagens, Tom ouviu a campainha tocar. Ele atendeu e viu uma bela jovem com uma prancheta de pesquisa. Ela era do departamento de serviços ambientais e perguntou se Tom ou alguém da casa tinha visto roedores pela residência ou nos arredores. Tom não acreditou na coincidência, mas a mulher falava sério. Ele pediu que a garota aguardasse um minuto e foi até sua oficina, onde pegou três ratos falsos. Tom os segurou pela cauda, foi até a porta e disse: "Como estes, você quer dizer?". A garota saiu correndo. Tom foi até a porta, mas não viu nem o rastro dela.

Para uma cena em que um rato precisava ser inserido na boca de John, Tom criou metade de um rato com uma barra em T que caberia exatamente na boca de John. Com a língua, o ator podia fazer o rato se mover dentro de sua boca, dando a ilusão de que estava vivo. Um pequeno motor de carrinho de brinquedo foi usado para fazer as pernas do animal se agitarem. Enquanto trabalhava nesse efeito no set, Tom estava usando luvas cirúrgicas. Então, o insuportável diretor perguntou: "Que merda você tá fazendo?". Tom disse que estava prestes a colocar as mãos na boca de John, por isso estava preocupado com a higiene. O diretor bufou e foi embora, mas, ao ver o efeito, lançou algo próximo de um elogio: "Ótimo, agora tenho minha sequência dos sonhos!".

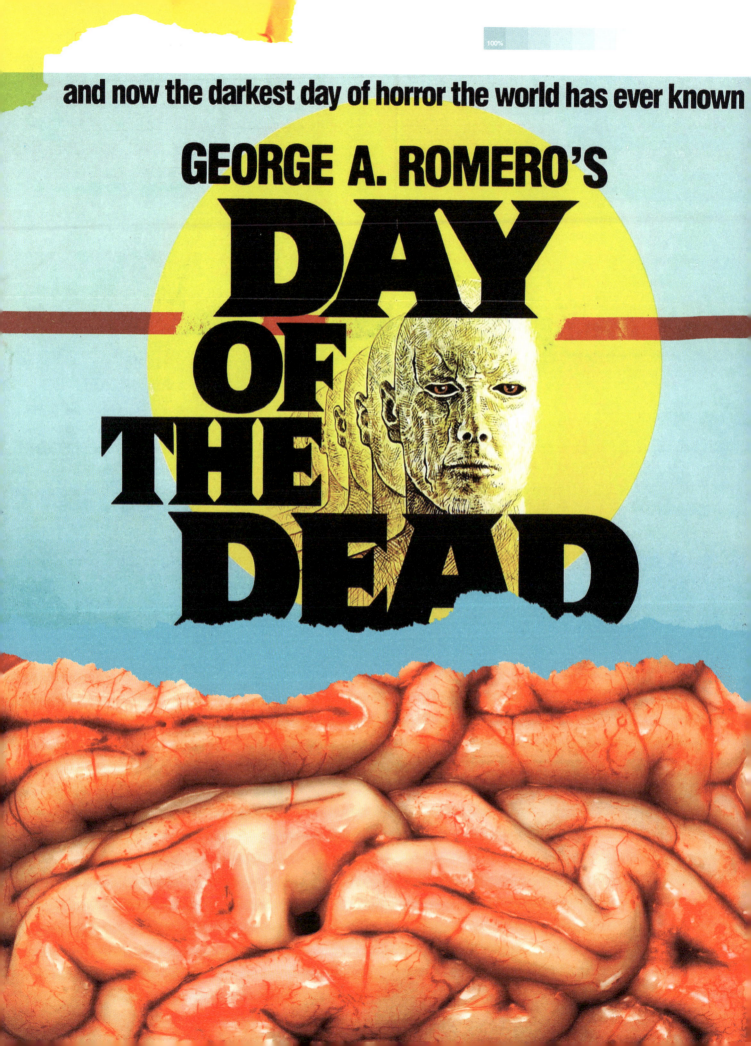

DIA DOS MORTOS

Após seu breve período em Hollywood, era hora de voltar a trabalhar com George Romero e fazer os mortos se levantarem uma vez mais em *Dia dos Mortos*. Tom e sua equipe filmaram em uma mina subterrânea chamada Wampum Mines. Era um enorme depósito subterrâneo e, só para você ter uma ideia do tamanho, ali havia um lago com uma superfície de 11 hectares, enorme, de águas escuras. Havia também uma área gigantesca cheia de carros estacionados e caminhões monumentais, e uma outra área onde eram armazenados os negativos dos filmes, porque a temperatura lá embaixo ficava sempre nos doze graus. Tom e a equipe montaram o equipamento em uma grande sala, perto dos escritórios, um ou dois meses depois de terem trabalhado na casa de Tom, preparando o visual dos zumbis que apareceriam no filme.

As filmagens ocorreram nos espaços cavernosos onde os sets foram construídos. A equipe passaria quase dois meses sem ver a luz do sol. Era inverno, e ter que ir às minas de manhã cedo e sair tarde da noite... bom, sabe como é, não havia sol. Todos foram afetados pela febre da mina. Quando Taso saía para caminhar, Tom roubava um dos carrinhos de golf e o perseguia. Ele acelerava na direção de Taso, que se via obrigado a agarrar o carrinho e pular para cima dele, seguindo o resto da jornada no topo do veículo. Um dia, no hotel, Tom e Taso estavam na jacuzzi e bolaram um plano. Eles descobriram que os jatos da jacuzzi lançavam apenas ar... nada de água. Então, esperaram até que um ou mais

hóspedes entrassem, e começaram a conversar sobre quanto tempo conseguiam prender a respiração debaixo da água. Taso dizia dez minutos, e Tom dizia que isso era impossível. Taso mergulhava e ficava respirando pelos jatos até que os hóspedes entrassem em pânico.

Esta é uma história famosa, mas, caso não a tenha ouvido ainda, Tom guardou um tonel de vinte litros de intestino de porco no refrigerador do estúdio para usar na sequência do sonho e na sequência da autópsia do zumbi, que se levantaria e espalharia as tripas no chão, literalmente. Mais tarde, seriam usadas quando Joe Pilato, que interpretou o Capitão Rhodes, fosse cortado ao meio. Algumas das sequências no filme incluíam a aterrissagem do helicóptero e a parte em que os personagens principais descem por um enorme silo de mísseis para entrar no complexo. O elenco e parte da equipe tiveram que gravar as sequências em Sanibel, na Flórida, onde ficaram por umas duas semanas. Ao término das filmagens, voltaram para as minas, em Pittsburgh.

Quando chegou o momento de Joe Pilato ser cortado ao meio, Tom preparou um chão falso, onde Joe ficaria da cintura para baixo, e apenas seus braços, ombros e cabeça seriam expostos. Um corpo falso, anexado a Joe, seria recheado com os intestinos dos porcos. Quando chegou a hora de colocar os intestinos no corpo, descobriram que alguém havia desligado o refrigerador enquanto todos estavam na Flórida. Os intestinos haviam apodrecido e o cheiro era horrível; porém, ELES AINDA PRECISAVAM SER USADOS. Onde se consegue intestino de porco às 2h? Tom e a equipe usaram máscaras para bloquear o fedor, e os zumbis que matam Joe tinham cera nos narizes e outros protetores desse tipo. Mas Joe, coitado, teve que atuar sem qualquer tipo de proteção, pois o espectador perceberia se algo fosse aplicado no nariz do ator. Na hora de filmar, ao ser cortado ao meio e ver as tripas sendo esparramadas, Joe quase botou as próprias tripas para fora... o que, felizmente, não chegou a acontecer.

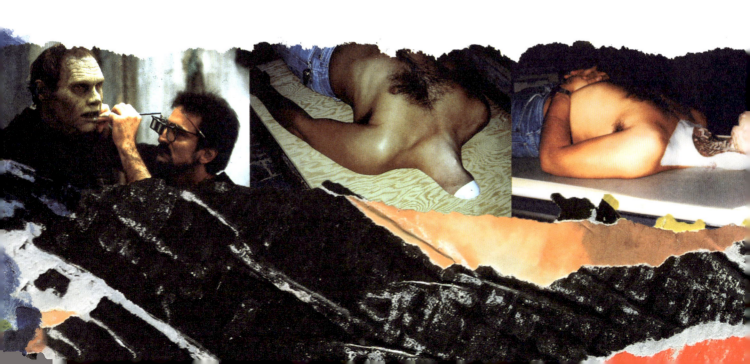

Tom estava empolgadíssimo para trabalhar com o diretor Tobe Hooper e, mais do que isso, para ficar responsável por um personagem tão icônico quanto Leatherface.

Tom solicitou que um membro de sua equipe levasse um caminhão com os equipamentos até o Texas, de onde voou com sua então esposa e sua filha Lia, que, na época, tinha menos de 1 ano de idade. Tom logo viu que Tobe era divertidíssimo, e adorou trabalhar com esse cara tão excêntrico que fumava charutos Montecristo e sempre estava com uma Dr. Pepper na mão. Aliás, Hooper tinha uma geladeira cheia de charutos e refrigerantes no set. Tom até chegou a presenteá-lo com um boné que tinha um suporte para duas latas de Dr. Pepper e canudos que desciam pelas laterais até a boca do diretor.

Nesse filme, Tom conheceu alguém que viria a se tornar um amigo muito próximo, Bill Moseley,

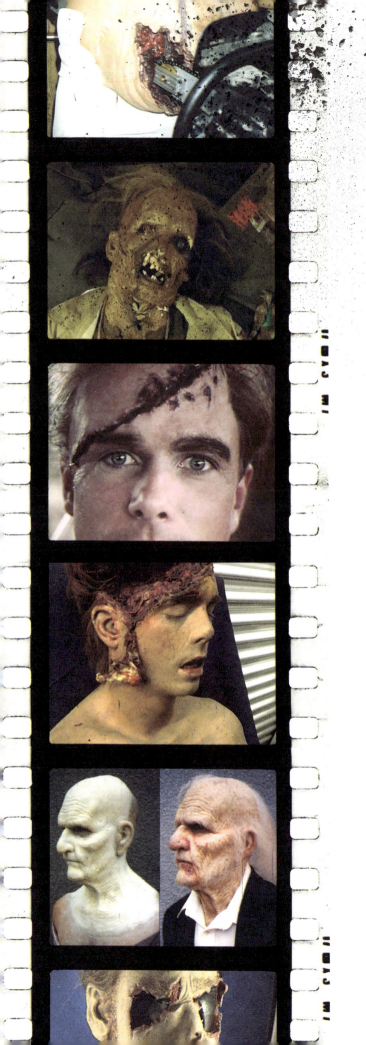

que concordou em raspar a cabeça para interpretar Chop-Top, poupando-lhe um bom tempo na aplicação da maquiagem. Após as horas compartilhadas na cadeira de maquiagem todos os dias, sempre que podiam, Tom e Bill saíam para jogar tênis, e ambos continuaram mantendo contato por muitos anos. A maquiagem de Chop-Top, combinada à incrível atuação de Bill, tornaria o personagem um dos favoritos dos fãs por décadas. E, além disso, sedimentaria a carreira de Bill como ícone do terror.

Para o personagem do avô, a maquiagem foi mais complexa. Tobe permitiu que Tom decidisse qual ator funcionaria melhor para o personagem. Tom conheceu e escolheu Ken Evert, que tinha cabelo comprido e barba, e olhos fundos e tenebrosos. A maquiagem para o personagem foi uma das mais difíceis que Tom já fez; foi necessária uma equipe de quatro pessoas trabalhando de sete a nove horas por dia na aplicação da maquiagem. Tobe disse que foi a melhor maquiagem de homem velho que ele já viu. Apesar de não ter atuado diretamente na aplicação, Tom supervisionou o trabalho e comparou-o à maquiagem do famoso personagem de 121 anos de Dustin Hoffman em *Pequeno Grande Homem*.

Leatherface, o homem que mudou a face do terror, teve sua maquiagem criada por Mitch DeVane e supervisionada por Tom, que queria uma máscara assustadora e realista, com orelhas e partes de rostos humanos completando as laterais. A máscara ficou incrível, porém, infelizmente, na edição final não vemos um close nítido de Leatherface, para que os espectadores possam perceber os detalhes criados. Até hoje, Tom exibe a máscara com orgulho em uma estante no seu quarto. Ele trocou a única máscara extra usada nas filmagens com Tobe... por uma caixa de Montecristo.

Tom e George Romero voltaram a unir forças para realizar o filme *Instinto Fatal*. Outra vez, Tom teve o luxo de trabalhar em um filme grande durante o dia e dormir em sua própria cama à noite, pois o filme foi gravado em Pittsburgh. O enredo falava de macacos alterados geneticamente. Na maioria das cenas, foram usados macacos reais, mas os animais treinados tinham seus limites.

Os símios faziam tudo o que lhes era ordenado; como Tom dizia, "eles preparavam o jantar, jogavam xadrez e até calculavam os seus impostos", mas assim que o diretor gritava "ação", eles congelavam. Entre as tomadas, duas treinadoras caminhavam com os macacos nos ombros. Apesar de serem treinados para fazer muitas coisas, controle intestinal não fazia parte do acordo. Os animais cagavam a qualquer hora e em qualquer lugar, e, para o terror de Tom, em todas as mulheres que os carregavam.

Já que os macacos reais não cumpriam o papel quando necessário, Tom decidiu criar seus próprios animais para usar nos closes; também fez um chimpanzé-robô, um boneco controlado eletronicamente que, segundo George, "salvou o dia", já que os macacos de verdade arruinavam as cenas. Além do robô, Tom criou símios presos a um bastão por cordas, algo como uma vara de pesca, para criar a ilusão de que o animal pulava ou se movia rápido. Ele batizou os macacos falsos de Moe, Larry e Curly; assim, só precisava dizer: "quero Moe nesta tomada". Para uma determinada cena, ele chegou a criar um enorme braço de macaco que segurava uma navalha gigante, que, quando filmado no ângulo certo, parecia ter tamanho natural. No fim das contas, no filme não é possível distinguir os macacos falsos dos reais.

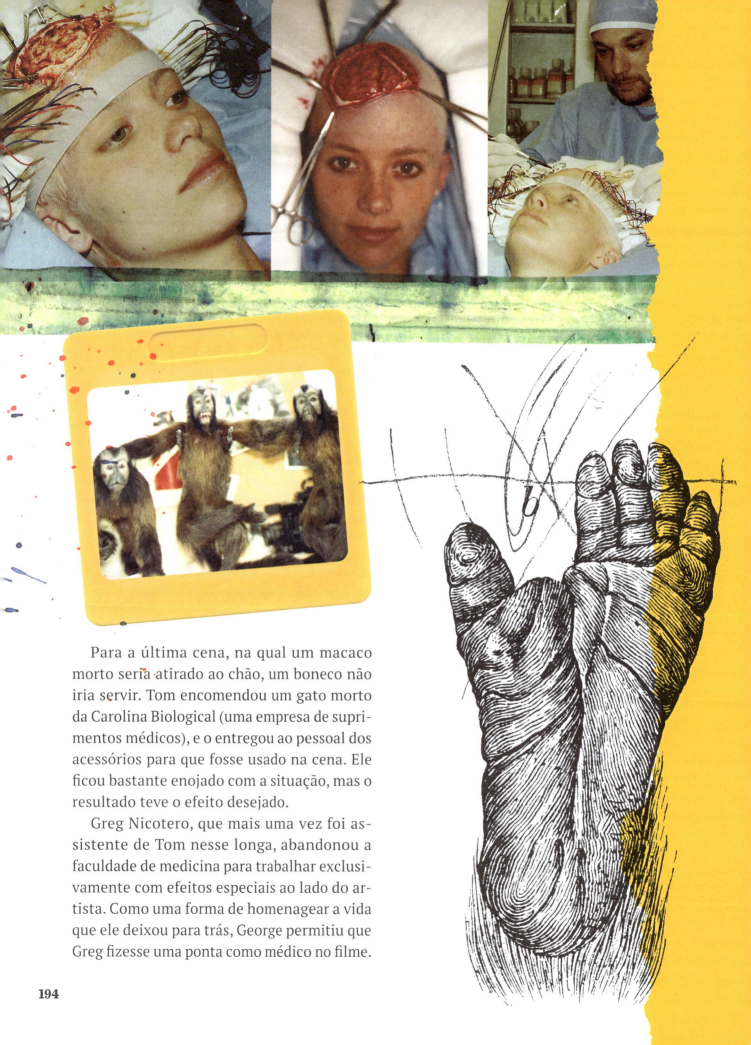

Para a última cena, na qual um macaco morto seria atirado ao chão, um boneco não iria servir. Tom encomendou um gato morto da Carolina Biological (uma empresa de suprimentos médicos), e o entregou ao pessoal dos acessórios para que fosse usado na cena. Ele ficou bastante enojado com a situação, mas o resultado teve o efeito desejado.

Greg Nicotero, que mais uma vez foi assistente de Tom nesse longa, abandonou a faculdade de medicina para trabalhar exclusivamente com efeitos especiais ao lado do artista. Como uma forma de homenagear a vida que ele deixou para trás, George permitiu que Greg fizesse uma ponta como médico no filme.

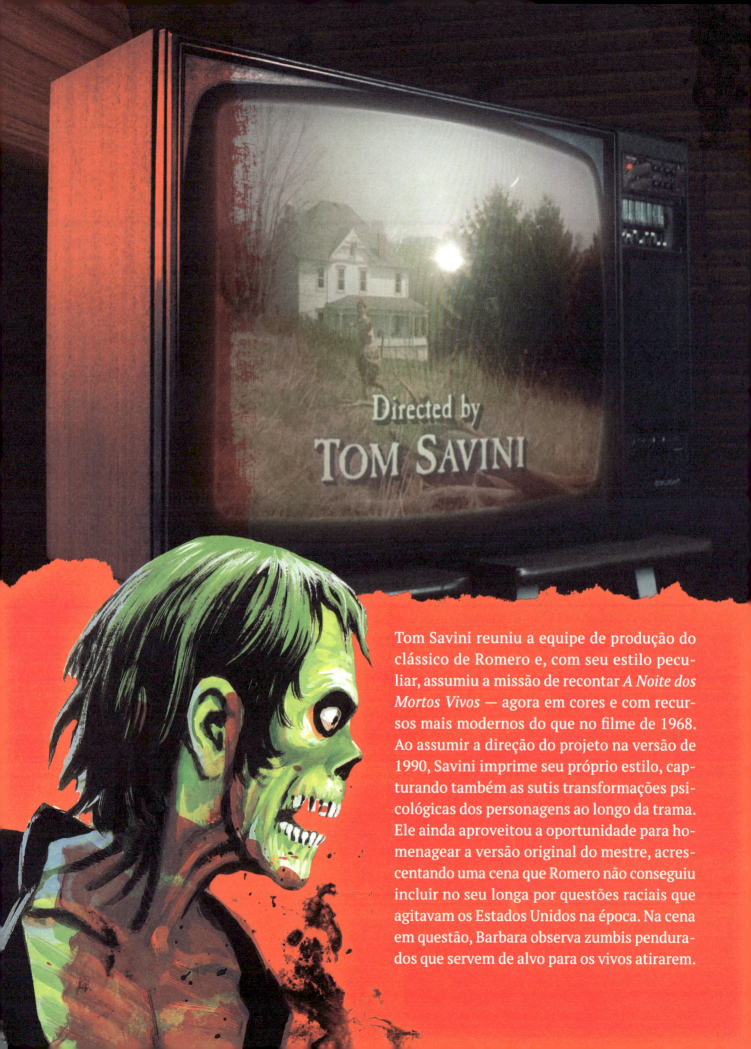

Tom Savini reuniu a equipe de produção do clássico de Romero e, com seu estilo peculiar, assumiu a missão de recontar *A Noite dos Mortos Vivos* — agora em cores e com recursos mais modernos do que no filme de 1968. Ao assumir a direção do projeto na versão de 1990, Savini imprime seu próprio estilo, capturando também as sutis transformações psicológicas dos personagens ao longo da trama. Ele ainda aproveitou a oportunidade para homenagear a versão original do mestre, acrescentando uma cena que Romero não conseguiu incluir no seu longa por questões raciais que agitavam os Estados Unidos na época. Na cena em questão, Barbara observa zumbis pendurados que servem de alvo para os vivos atirarem.

A NOITE DOS MORTOS-VIVOS (1990)

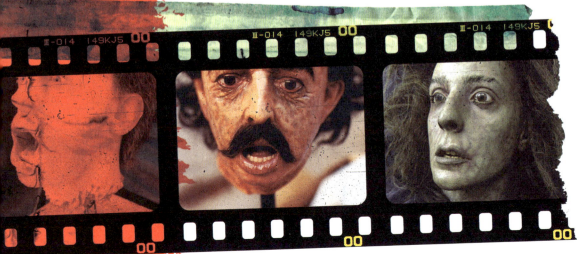

DARIO ARGENTO'S
TRAUMA

A lenda do terror italiano, Dario Argento, voltou a chamar. Tom foi convocado a criar os efeitos para um filme chamado *Trauma*, o segundo longa americano de Dario após ter dividido os créditos de *Dois Olhos Satânicos* com George Romero. Tom se divertiu muito ao trabalhar ao lado de um diretor que admirava tanto, e gostou mais ainda de ser capaz de chocar Dario com seus efeitos.

Para uma cena em particular, a cabeça da atriz Piper Laurie deveria ser cortada. Um truque simples, embora Dario quisesse mais do que apenas uma cabeça decapitada. Ele queria que a cabeça dissesse "Nicolas" sempre que virasse para cima ao rolar pelo chão. Tom se preparara para fazer um molde da cabeça de Piper, mas ela era claustrofóbica e não conseguia passar pelo processo de aplicação do gesso. Ele sabia que a KNB,* possuía um molde antigo da cabeça de Piper, então o pegou emprestado, mas não conseguiria usá-lo, pois a atriz era muito mais magra na época da criação do modelo. Mesmo que fosse possível, seria necessário torná-la um animatrônico, para que a boca se movesse. Diante do dilema, Tom acionou seu lado ilusionista para encontrar uma solução.

Ele conversou com a equipe de cenografia e solicitou a construção de uma réplica do chão que pudesse ser posicionada na vertical. Então, aplicou maquiagem no pescoço de Piper para emular a decapitação. Depois, envolveu o corpo da atriz em materiais pretos e pintou de preto todas as partes de pele exposta. Colocou-a sentada em um banco giratório e montou o chão falso atrás dela. Quando Dario chegou, Tom percebeu a expressão de confusão no rosto dele — o diretor não fazia ideia do que estava acontecendo. Então pediu que Dario se sentasse atrás do monitor para fazer um teste de câmera. Tom fez Piper girar e dizer "Nicolas" sempre que estivesse virada para a frente. Quando Dario viu o resultado, pulou da cadeira e gritou: "Mamma mia!". A partir desse dia, passou a chamar Tom de "Vulcão Mental".

---

* O KNB EFX Group é uma empresa americana de efeitos especiais especializada em maquiagem protética, animatrônica e outros efeitos práticos. Foi fundada em 1988 por Robert Kurtzman, Greg Nicotero e Howard Berger, embora Kurtzman tenha saído em 2003.

Tom não trabalhou nos efeitos deste filme, mas interpretou Sex Machine, o que fez dele uma celebridade internacional e lhe rendeu dois papéis em Hollywood logo após as filmagens. Ele era, na época, um pai solteiro, com uma filha para criar, e sua família sempre foi prioridade nesse tipo de escolhas.

Não foi difícil aceitar o papel em *Um Drink no Inferno*. Em seu primeiro dia no estúdio, Quentin Tarantino, Harvey Keitel e Robert Rodriguez surgiram de uma porta na direção de Tom, e Robert disse que havia criado uma sequência para ele inspirada em Jackie Chan, em uma mesa de sinuca. Sem perder tempo, Tom sacou sua adorada foto ao lado de Jackie Chan tirada em uma casa noturna em Hong Kong: Jackie estava fazendo um sinal de positivo para ele.

Tom foi muito influenciado por George Clooney e disse repetidas vezes que o ator é o homem mais gentil que já conheceu. Ele percebeu que George não fazia esforço algum para ser gentil com todo mundo, e isso influenciou a maneira como Tom tratava as pessoas, em especial seus fãs, nas convenções e outros lugares ao redor do globo.

No final, quando Tom se transforma em vampiro, teve que suportar três horas na cadeira de maquiagem, nas mãos de seu bom amigo Norman Cabrera. No início, não teve problema, e Tom não se importou, ainda que detestasse esse tipo de maquiagem: "É muito grudenta", gritava. Ele odiava a sensação de se sujar com coisas grudentas — mel, manteiga de amendoim, cola. A maquiagem era grudenta da hora em que era aplicada até a hora de ser removida. No começo, ele praticava caretas no espelho e corria pelos corredores, pegava pessoas de surpresa, chegava de fininho e fazia surgir um vampiro tenebroso diante delas. Ele até abordou Clooney e posou com ele para umas fotos. *Porém*, após dezesseis horas com aquelas aplicações de espuma de látex, ele estava prestes a arrancar a cabeça com as próprias unhas de tanta coceira.

Um Drink no Inferno foi uma experiência maravilhosa para Tom, que lhe ensinou uma grande lição sobre ansiedade. Contracenar com Harvey Keitel e George Clooney seria o suficiente para deixar qualquer um nervoso, mas a atitude de Tom foi algo como "mal posso esperar para ver o que acontece... ver o que posso criar com isso", e tal atitude sobrepujou qualquer ansiedade que poderia ter surgido caso não tivesse mudado a forma de encarar a situação. Tom fala com frequência sobre um amigo psiquiatra que diz que o trabalho dele, todos os dias, é fazer com que as pessoas mudem de perspectiva em relação a seus problemas. Há um grande poder nisso.

Um dia, quando estavam todos sentados no cenário do Titty Twister, Robert De Niro entrou casualmente e se sentou com Harvey, a menos de cinco metros de distância. Esse tipo de coisa acontecia o tempo todo. A equipe da KNB desenhou um coração na parede da sala de efeitos especiais com os dizeres "Amamos Chow Yun-Fat", o famoso astro das artes marciais. Um dia, o próprio Chow Yun-Fat apareceu, e, claro, todos tiraram fotos ao lado dele na parede com o coração.

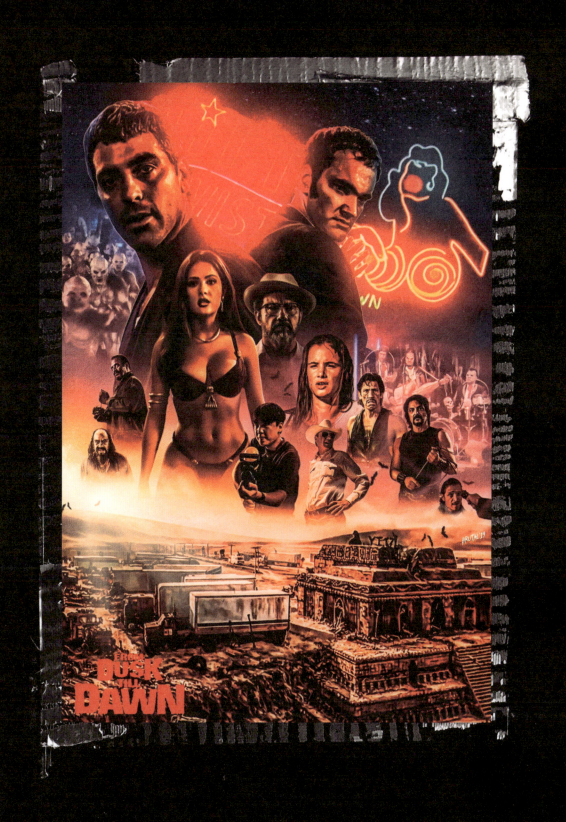

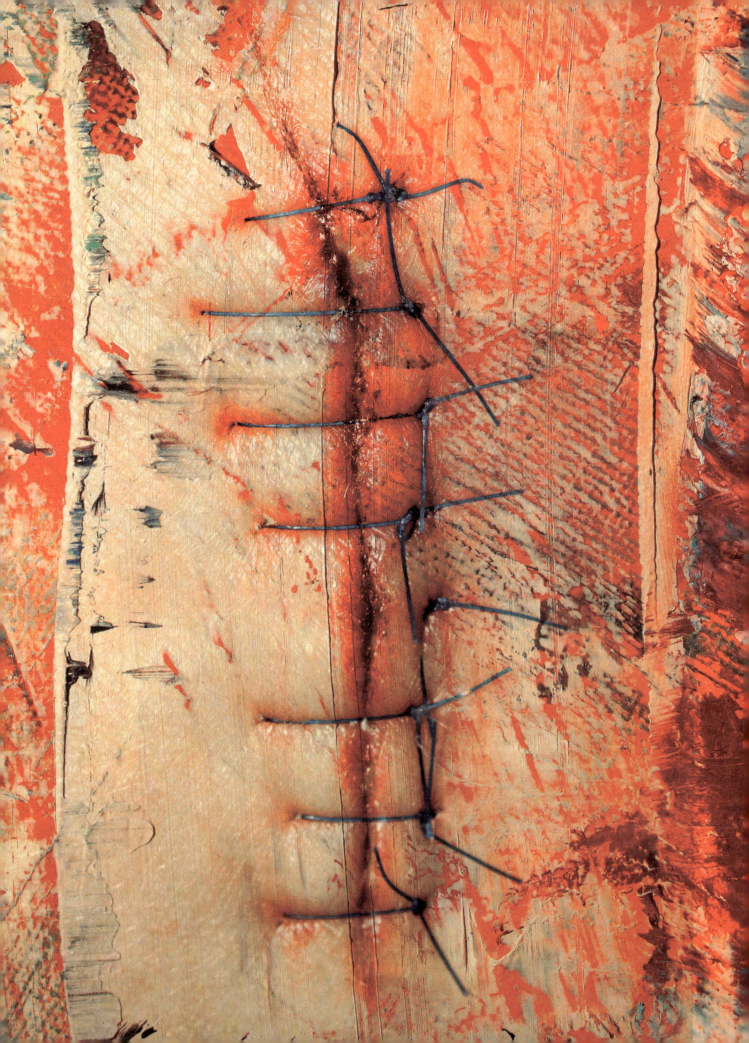

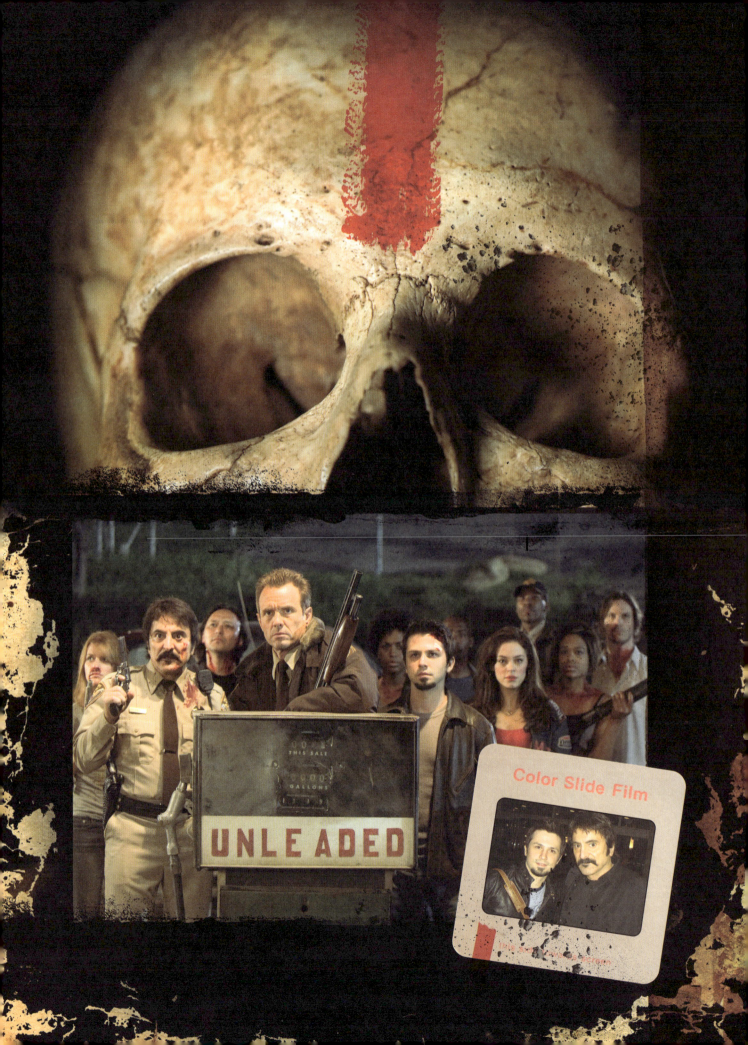

Diário
GRINDHOUSE
Zoentes, tiros e calças apertadas

REGISTRO #1

Primeiro dia de *GRINDHOUSE*, aqui em Austin, Texas: voei de primeira classe em um jatinho. Assisti a *Marcas da Violência* e *Mergulho Radical* durante a viagem. O primeiro é um filme poderoso, sombrio, incrível, corajoso e sexy. Mal posso esperar para assistir de novo. Um dos motoristas, o Cecil, me pegou no aeroporto e me levou até o hotel Omni, onde um carro alugado me aguardava. Quarto de primeira, um quatro-estrelas, e, por causa do festival de cinema/música que está rolando na cidade, há poucos quartos disponíveis. Vão me mudar para um quarto duplo quando o festival terminar. Todos os dublês estão alojados a trinta quilômetros daqui, mas vão se mudar para cá no fim do festival. Estou no décimo sexto andar e, olhando da sacada à noite, a cidade parece um enorme jukebox, com suas ruas lotadas e música tocando por toda parte.

Vieram me buscar para irmos até o set às 7h30, e, pelo monitor, assistimos a Marley, a linda garota de vestido vermelho no começo de *Sin City – A Cidade do Pecado,* filmando uma cena ao lado de Josh Brolin. Quando terminou, Josh veio na minha direção e, para minha surpresa, me reconheceu e me cumprimentou. Eu disse que tinha acabado de assistir a *Mergulho*

Radical, no avião. Robert Rodriguez, o diretor, que também dirigiu *Um Drink no Inferno,* apareceu por lá, me abraçou e discutimos meu visual para o filme. A ideia original era que eu pintasse o cabelo de grisalho, para ficar bem diferente do meu personagem anterior, mas decidimos que, em vez disso, seria melhor que eu raspasse o cavanhaque, deixasse o bigodão texano e cortasse o cabelo no estilo Caesar.

Voltamos até o acampamento-base e, enquanto esperava para que Armand, o chefe da maquiagem, trabalhasse em mim, fiquei lá com Greg Nicotero dando uma olhada no enorme trailer de efeitos especiais. Estava repleto de cadáveres, maquiagens de zumbi e cabeças decepadas. Eu o abracei e agradeci pelo empurrãozinho que ele deu para que eu pudesse estar aqui, e conversamos sobre a possibilidade de ele ir até a minha escola para ajudar Dick Smith na análise e orientação dos alunos quanto ao preparo dos projetos finais do terceiro semestre. Ele adorou a ideia. Armand mandou avisar que estava pronto para me receber, e ganhei o melhor corte de cabelo que já tive; além disso, raspei o cavanhaque e estilizei o bigode, o que resultou em um visual muito novo para este filme.

Dirigimos de volta ao set para mostrar ao Robert. Ele quis me ver usando o uniforme policial, então mandou buscar Nina, a figurinista, que trouxe o uniforme e me fez trocar de roupa lá fora mesmo. Depois de ter o visual aprovado por Robert, me reuni com Greg e sua equipe para um jantar à meia-noite com o resto do elenco. Jeff Dashnaw, o coordenador da equipe de dublês, veio falar comigo e ficamos conversando sobre todos os dublês que conhecemos, e ele descreveu como vão fazer para que um zumbi enorme me levante e me jogue de uma distância de dez metros contra a lateral de uma viatura. Vou ter que usar um cinto de proteção com cabos que ficarão presos a um guindaste a vinte metros do chão, e o zumbi vai me erguer, me girar no ar e me arremessar contra o carro. O guindaste deverá pausar automaticamente, e o meu dublê vai assumir o meu lugar. Mas depois falo mais disso.

REGISTRO #2

Ontem foi minha primeira noite de filmagem, em uma delegacia na cidade de Georgetown. Eles me pegaram no hotel às 5h15, e dirigimos por quarenta minutos até o local. Havia as costumeiras caravanas de trailers e enormes equipamentos de iluminação e guindastes, e a delegacia parecia um castelo medieval. Fui levado até meu próprio trailer, que tinha uma placa que dizia "Delegado Tolo", o nome do personagem que interpreto em *Grindhouse*.

Quase parei de comer porque o uniforme é justo pra caramba. Como apenas salada no almoço enorme que servem no set, um verdadeiro teste de disciplina, porque tem tanta comida e muitas opções deliciosas, e as sobremesas... ah, meu Deus. Mas mantenho a seguinte postura: estou neste filme agora, ainda

haverá comida no mundo quando terminarmos, e quero ter a melhor aparência possível neste projeto.

Meu uniforme estava no trailer, calças cáqui com uma listra marrom na lateral, camisa combinando, emblema da polícia, uma gravata marrom e botas de caubói também marrons. Só vou receber a arma, o coldre e o comunicador de ombro quando chegar no set. De repente, percebo que esqueci de trazer uma cueca, o que é péssimo, porque, como eu disse, o uniforme/figurino é justo. Abro a porta e procuro por Susan, cujo trabalho é coordenar as idas até o set, garantir nosso conforto e ajudar todos os atores alojados nos trailers, ou seja, eu, Michael Biehn (*Aliens: O Resgate, O Segredo do Abismo, Tombstone – A Justiça Está Chegando*) e Michael Parks (*Kill Bill: Volume 2, A Bíblia... No Início*, a série *Then Came Bronson*). Michael Keaton vai chegar em algum momento para gravar as cenas dele, depois chegam Rose McGowan e Freddie Rodriguez. Quentin Tarantino vem na segunda-feira. Vejo a Susan correndo de um lado para o outro, falando no walkie-talkie, e explico o problema a ela. Em minutos, a Vanessa, do figurino, aparece trazendo uma cueca boxer. Explico que dá na mesma e que preciso muito de uma cueca normal, e peço desculpas, dizendo que nunca mais vou esquecer a cueca. Ela volta com um pacote fechado de cuecas brancas e pretas. Pensei em experimentar as pretas, mas, quando abri o pacote, vi que estavam grudadas naqueles enormes alarmes de plástico que as lojas colocam. Peguei as brancas.

Depois de me vestir, fui até ao trailer de maquiagem, onde a equipe estava trabalhando para transformar um grupo de dublês em um bando de zumbis com aspecto doente, ou, como Greg Nicotero e eu os batizamos mais tarde, os Zoentes. Não são exatamente zumbis, mas vítimas desfiguradas de alguma doença. Foi preciso aplicar uma maquiagem especial na minha mão para dar a impressão de que um dos meus dedos havia sido arrancado.

Na cena de hoje, capturo um arruaceiro que está causando confusão em um bar e, assim que algemo o cara, ele morde um dos meus dedos. Greg, ou melhor, o Vencedor do Oscar, foi quem aplicou a maquiagem na minha mão e explicou que aquela era a mesma prótese que havia sido feita para Robert Downey Jr. em algum filme anterior. A ponta do meu dedo foi grudada à metade inferior dele, então a prótese foi colocada, adicionando também o sangue falso. Todd apareceu e me entregou o meu per diem (a grana que você recebe todos os dias para a comida e outras despesas essenciais), e assim que eu assinei o recibo e saí do trailer rumo ao set para ensaiar, abri o envelope e fiquei impressionado com a quantia — não posso revelar o valor. Logo depois disso, Armand, o chefe do departamento de maquiagem, disse que se eu não tirasse os meus brincos iria parecer um dos caras do Village People, então corri para o set para ver se Robert preferia que eu os tirasse. Ele estava sentado dentro do seu novo Hummer e, quando me aproximei, abaixou o vidro, e vi que estava ao celular. Apontei para os meus brincos e ele fez um sinal negativo. Tinha que remover. Corri de volta para os trailers e Greg tirou os brincos para mim, então voltei ao meu trailer com os brincos em um copinho de papel e fiquei aguardando até ser chamado.

Fui levado até o set e ensaiei a cena na delegacia, na qual pedia a outros policiais que trouxessem o meliante para fichá-lo, porque "se eu tiver que fazer isso, mato ele". Nesse meio-tempo, o sujeito fugiu da viatura, pela janela. Nós nos aproximamos do veículo com cautela; quando meu colega Carlos chegou perto do carro, percebemos que o meliante havia fugido, e eu queria saber onde estava o meu dedo. Carlos foi atacado pelos Zoentes, e Robert (o diretor) queria fazer jorrar um spray de sangue na cena.

Greg, a meu ver o novo Rei do Splatter,* teve a ideia de encher garrafas plásticas de refrigerante com sangue, e, na hora da cena, ele e seu assistente socariam as garrafas e o sangue jorraria para cima. O Zoente/dublê ensaiou a marcação com Greg e o assistente, e eu fiquei preocupado com a possibilidade de o sangue espirrar em mim. Tinha começado a chover e estava frio lá fora, e a ideia de ser lambuzado com sangue grudento era um dos meus piores pesadelos. A cena foi gravada, e a maior parte do sangue voou no rosto do dublê — respingou um pouco no meu uniforme, mas nada sério. Repetimos algumas vezes. Na última tomada, com um novo ângulo de câmera, o primeiro diretor assistente gritou "ação", e o dublê partiu para o ataque.

---

* Subgênero do terror caracterizado pela forte violência explícita, comumente estilizada, e sangue em abundância.

Gino Crognale

Greg e o assistente socaram as garrafas e me ensoparam de sangue. Fiquei muito grato por terem tornado meu pesadelo realidade: lá estava eu, coberto de sangue e de chuva, congelando, mas tudo aquilo valeu a pena quando Robert fez um joinha para mim.

REGISTRO #3

Atuar é o trabalho mais difícil nesse ramo, e, como foi provado na noite passada, às vezes é o mais recompensador. Ainda estamos gravando em Georgetown, na delegacia com cara de castelo medieval. Georgetown parece uma cidade do Velho Oeste, como Tombstone ou alguma outra que costumamos ver nos filmes de caubói, exceto pelos carros. É fácil imaginar as pessoas cavalgando até os prédios e amarrando seus cavalos em um palanque.

Cheguei ao meu trailer e vesti o uniforme de polícia, caminhei até o trailer de efeitos especiais, e, de novo, Greg Nicotero aplicou a maquiagem na minha mão esquerda, para dar a impressão de que um dos meus dedos havia sido mordido. Então fui para o trailer da maquiagem comum, e Joe, o assistente de Armand, me barbeou, aplicou a maquiagem básica, retocou minhas sobrancelhas e costeletas, e Josh, o meu dublê, veio até mim e me cumprimentou, mas eu não o reconheci de imediato. Ele disse: "É o Josh", e eu fiquei meio confuso com a aparência dele, e aí percebi que ele tinha sido "modificado" para se parecer comigo: bigodão, costeletas e cabelo preto. Perguntei: "Vamos fazer isso esta noite?", me referindo à cena em que sou arremessado por dez metros contra uma viatura, que seria danificada com o impacto. "Sim", foi a resposta dele. Pensei que aquela seria uma noite interessante, pois teria que fazer o início da cena, em que seria erguido pelo Zoente, virado de cabeça para baixo e arremessado contra o carro. Estava muito frio, tinha começado a chuviscar e tudo estava molhado.

Cheguei ao set para ensaiar, e Tony, o segundo diretor assistente, perguntou se eu queria um chai com leite. Bebi um na noite anterior e adorei. Agora, beber um desses é a primeira coisa que faço quando chego aqui. Ah, esses pequenos mimos! A primeira coisa que vi foi um enorme guindaste sobre o set, e Josh preso a um longo cabo que descia do moitão. O primeiro diretor assistente, um cara com quem trabalhei em *Um Drink no Inferno,* me disse para observar como ele descia, pois eu teria que simular a descida para um close mais tarde.

Sentei junto à porta da delegacia para observar e vi Josh sendo arremessado de cabeça para baixo, bem rápido e com força, contra o carro, que já estava destroçado. Havia um monte de gente amontoada para ver Josh repetir a proeza; dessa vez, ao atingir o carro, ele caiu no chão e bateu a cabeça — sua única queixa aos médicos que correram para socorrê-lo. O pessoal se amontoou de novo e Josh repetiu a dose com outros dois dublês posicionados do outro lado da viatura; com a ajuda de cabos, eles o seguraram quando ele atingiu o veículo, para que não caísse no chão de novo.

Josh fez mais algumas repetições, e a última foi incrível; o impacto foi tremendo e ele caiu em um colchão posicionado de forma estratégica, escondido nas sombras, e foi aplaudido pela equipe e elenco. Estávamos em meio aos preparativos para a próxima tomada, na qual eu teria que imitar a aterrissagem de Josh, quando raios de cor púrpura irromperam no céu escuro, seguidos por trovões e pela enxurrada. A equipe correu para proteger os equipamentos, carregando tudo para os locais cobertos ou envolvendo-os com plástico, e eu fui levado debaixo de um guarda-chuva até uma van, que me deixou no meu trailer.

Foi muito gostoso ficar no meu trailer aquecido, e me senti um tanto aliviado, pois não estava muito no clima de ficar pendurado de cabeça para baixo e, mais tarde, na mesma noite, ter que fazer a cena mais intensa do meu personagem no filme. Mas um verdadeiro profissional faz a cena independentemente do seu estado de espírito, e, quando chega a hora, só fecha os olhos e manda ver. Eu me aconcheguei no sofá do trailer; então, ouvi uma batida forte à porta, e Greg Nicotero entrou e disse: "Por que não apaga todas essas luzes?". Ele as apagou e ficamos sentados juntos, ouvindo a chuva que caía com força no trailer, e tivemos uma conversa muito agradável sobre filmes e afins. Greg tem cuidado muito bem de mim no set e sempre faz questão de que eu esteja confortável quando minha presença não é necessária. Depois, nos reunimos com a equipe dele à meia-noite para comer, e voltei ao trailer para uma longa soneca.

Lá estava eu, acomodado e confortável, pensando, bom, acho que hoje já era: vou ficar aqui deitado, cochilando de leve, até que alguém venha bater na porta lá pelas 5h30 e dizer que é hora de voltar para o hotel. Tive a impressão de que se passaram horas, e eu estava sozinho,

pensando naquela cena intensa que eu teria que fazer em algum momento, mas não naquela noite, por causa da chuva. Eu estava preocupado com a cena porque exigiria uma reação emocional muito forte minha, já que meu dedo teria sido arrancado, e eu precisaria parecer furioso. A cena era com Michael Biehn, Freddy Rodriguez e Carlos Gallardo, de O Mariachi original. Eu queria filmá-la, até porque é legal ver o que acontece quando você faz algo assim, mas eu estava tão confortável deitado lá, ouvindo a chuva, deixando o tempo passar, que caí em um sono profundo. Ouvi uma batida na porta, e Susan disse: "Só queria ver se você estava acordado, porque vão te chamar daqui a pouco". Merda. Achei que ela ia me dizer que iam me levar de volta para o hotel, porque, sem dúvida, muito tempo já havia passado. Olhei para o relógio e eram só 2h30 da manhã. Dentro de um minuto ou dois, fui levado ao set para ensaiar. Tive que botar a preguiça pra escanteio e me manter desperto para ensaiar a cena 32, aquela intensa, a que me fazia suar frio.

Robert descreveu a cena para nós — eu, Michael, Freddy e Carlos — e a energia dele foi inspiradora. Os monitores foram colocados dentro de um corredor da delegacia, que foi batizado de "vila dos vídeos". Íamos e voltávamos da "vila" para ver uma série de tomadas que Robert estava filmando. Não demorou para entrarmos no clima, e fizemos uma tomada atrás da outra. A cena envolvia objetos e movimentos sincronizados com a câmera, e eu lá, gritando, e, às vezes, o diálogo mudava um pouco, e a cada tomada eu gritava mais alto. Depois da trigésima vez, percebi que estava ficando sem voz, e Greg me arranjou pastilhas para garganta. Nós nos amontoamos ao redor dos monitores; Rose McGowan estava vendo as filmagens e fez sinal de positivo para mim, o que me motivou ainda mais. Fizemos mais tomadas, para captar imagens adicionais quando a câmera mostrava outros atores, e a intensidade aumentava cada vez mais, a chuva caía com força lá fora e, enfim, terminamos.

Foi bem difícil, em especial no começo da manhã, depois de acordar de um sono profundo; mas então, depois de tirar o coldre e o distintivo e ver Robert satisfeito com as tomadas, Freddy, que eu só conhecia desde o dia anterior, se aproximou, me deu um abraço, olhou nos meus olhos e disse: "Ótimo trabalho". Em seguida, Robert anunciou que meu trabalho daquela noite estava concluído e todos aplaudiram. Os caras silenciosos que trabalhavam atrás dos monitores e debaixo das tendas, e pessoas que eu nem conhecia — era gente demais — aplaudiram, e Robert entoou seu canto mexicano, me abraçou e disse: "Excelente". Eu não fazia ideia que tinha dado tão certo, porque eu estava na cena, concentrado no trabalho. Estava prestes a chorar feito criança. Saí do set em meio a vários tapinhas nas costas. Michael Biehn agarrou a minha mão, acenou com a cabeça e falou: "Belo trabalho". Peguei a van para o hotel com Greg, que foi sentado atrás de mim.

Em silêncio, Greg estendeu a mão e deu uns tapinhas no meu ombro, em um sinal de afeto que dispensa palavras. É ISSO o que quero dizer sobre o trabalho de ator ser recompensador.

REGISTRO #4

Hoje foi fichinha comparado à noite anterior, quando filmamos a cena 32, e talvez tudo seja tranquilo a partir de agora. Noite passada, depois da maquiagem, caminhei até o trailer de efeitos especiais para que Greg trabalhasse no dedo decepado. Ele apareceu com a cara toda fodida, coberta de bolhas amarelas e feridas que vertiam pus, além de vários hematomas amarelados, verdes e vermelhos. Ele ia interpretar um Zoente, e disse: "Vamos fazer uma versão mais simples do dedo hoje, porque não vai aparecer com detalhes". Então, ele amarrou meu dedo mais uma vez, colocou sangue em gel e, também, sangue em líquido, para escorrer, e fui para o set, sem fazer ideia do que iríamos gravar.

Assim que cheguei lá, Brian me colocou sobre a traseira de um caminhão de reboque enorme e enferrujado, e disse que a ideia era que eu tinha acabado de ser içado lá para cima pelos meus colegas policiais, e, uma vez ali, eu teria que ajudar os outros policiais a subir no caminhão, que estaria em movimento. Dana, uma dublê gatinha, estava vestida de policial, e Josh, o meu dublê, também estava de uniforme, e nós ensaiamos a cena em que Dana corre até o caminhão e é auxiliada por mim e Josh. Na primeira tomada, quando Dana correu até o caminhão, enfiei meu dedo indicador no peitoral dela. Eu sabia que ia doer mais tarde, porque o impacto tinha sido forte. Na segunda tomada, acertei o mesmo dedo na testa dela. Depois do "corta", eu disse: "Rapaz, esse dedo tá me causando problemas".

Robert mandou Brian me avisar que, no próximo "ação", eu deveria ficar de pé, sacar o revólver e atirar em alguns Zoentes, enquanto outros policiais subiriam no caminhão para fugirmos. A equipe de armas distribuiu os revólveres a todos, mas, primeiro, mostraram que os tambores estavam vazios: precisávamos confirmar, depois fechar os cilindros cuidadosamente e nos prepararmos para a cena. Na primeira tomada, ajudei Dana a subir no caminhão, saquei minha pistola e atirei nos Zoentes, que reagiram e foram para o chão. Vi que Greg, com todo o esplendor de sua maquiagem, fazia parte do grupo de Zoentes em que atirávamos. Eu falei: "Greg, deixa eu atirar em você quando o caminhão passar". Ele fez sinal de positivo. Ele estava usando um boné e eu disse para deixá-lo bem solto, e, quando eu atirasse, ele deveria sacudir a cabeça para que o boné voasse para trás, dando a impressão de que sua cabeça tinha sido atingida. Ele disse que teve a mesma ideia e me mostrou de onde iria surgir — bem de trás de um carro em chamas, o mesmo que explodiu na noite anterior. Gritei: "Eu mesmo vou te matar", e todo mundo riu, e virou meio que um mantra da equipe: *Eu mesmo vou te matar!*

Eu disse ao Josh que eu não precisava ajudar Dana a subir no caminhão, porque ele estava fazendo um ótimo trabalho ao agarrá-la pelo braço e trazê-la a bordo sozinho. Na tomada seguinte, Brian gritou "ação", e eu levantei, saquei a pistola e atirei em um Zoente ao lado da câmera, que acabou passando diante dela, e isso causou a impressão de que a sombra de um Zoente havia atravessado a cena. Eu e os policiais continuávamos atirando, e, quando atirei em Greg, tudo saiu conforme o combinado, a cabeça dele pulou para trás e o boné voou, e a sensação foi a de que eu o havia atingido de verdade.

Isso era mais legal do que brincar de herói e bandido quando moleque, pois agora tínhamos armas reais e todos em que atirávamos se fingiam de mortos. Repetimos a cena várias

Ray Harryhausen e nós

vezes, e, a cada tomada, o caminhão dava ré para voltar à posição inicial, pegávamos nossas armas, alguém gritava "ação", e nós matávamos os Zoentes.

Voltei ao meu trailer depois do lanche da meia-noite, onde sentei com Michael Biehn e fiquei ouvindo histórias sobre *O Exterminador do Futuro* e *Aliens: O Resgate*. Peguei no sono, e quando abri os olhos eram 5h30 da manhã. Senti que tinha sido uma noite curta de trabalho, e que em breve me chamariam para

dizer que era hora de voltar ao hotel. Quase no mesmo instante, Susan bateu na porta e disse que precisavam de mim no set. Dirigimos dois quarteirões até lá, e vi que estavam filmando uma cena com Carlos no capô da viatura, mas era uma cena anterior à explosão do carro. Tinha dois ou três Zoentes em cima dele, partindo-o ao meio, e jorrava sangue por todo lado. Os dublês que faziam os Zoentes estavam ensopados de sangue. Então, chegou a vez da minha cena.

Robert queria que eu me levantasse — isso aconteceria depois de eu ser arremessado e atingir a viatura —, sacasse a arma e, ao ser atacado pelo Zoente/dublê banhado em sangue, o acertasse no estômago com a arma. As "balas" sairiam pelas costas, daí eu o acertaria no peito, mais uma "bala" pelas costas, então eu deveria acertá-lo na cara, e um jorro de sangue viria a seguir. Ensaiamos a cena algumas vezes, a câmera começou a filmar, fizemos a tomada, e foi glorioso. Acertei-o no estômago e as costas dele explodiram em sangue, o mesmo aconteceu quando acertei o peito, outra explosão sangrenta, então dei o golpe, ele cuspiu um jorro de sangue, e lá estava eu, todo ensanguentado de novo. Foi como nos velhos tempos.

REGISTRO #5

A noite passada foi a mais fácil para mim, e uma das mais empolgantes. Não fiquei ensopado de sangue. Ray Harryhausen (que, para aqueles que estiveram em uma caverna nos últimos trinta anos, é o mago da animação stop motion, responsável por clássicos como *Fúria de Titãs*, a maioria dos filmes do Simbad, *Jasão e os Argonautas* e muitos outros filmes de fantasia e terror) chega amanhã e vamos todos ao cinema Alamo Drafthouse, onde ele vai apresentar uma exibição do primeiro *King Kong*. Todo mundo está empolgado, inclusive Quentin Tarantino, que chegou há três dias. Só o encontrei ontem à noite.

Eles me pegaram no hotel às 19h45 e fomos a um local próximo ao armazém de armas, ao lado dos hangares no antigo aeroporto que Robert Rodriguez aluga do estado; é o seu estúdio particular, onde ele filmou *Sin City - A Cidade do Pecado*, *Pequenos Espiões*, *Era Uma Vez no México* e agora *Grindhouse*, apesar de que, até o momento, visitamos apenas locações perto de Austin. Depois de fazer o cabelo e a maquiagem — nada de dedo decepado hoje — fiquei no meu trailer e assisti a um documentário sobre o Forte Álamo, que comprei no dia anterior na própria fortaleza, em San Antonio. Lá pelas 23h, peguei carona até o set do armazém/hospital para cumprimentar o Quentin. Ao chegar lá, Joe, o responsável pela comida, me ofereceu sua famosa sopa de frango com batatas, e, já que vinha pegando pesado no regime, engoli tudo com quesadillas. Entrei no hospital; os corredores respingados de sangue estavam lotados com os integrantes da equipe e da figuração. Perguntei onde estava o Quentin, e disseram que ele estava operando a câmera com Robert no set. Decidi voltar ao meu trailer porque não queria incomodá-lo enquanto ele trabalhava. Fiquei muito empolgado ao imaginar Robert e Quentin operando as câmeras juntos, lado a lado.

Cerca de vinte minutos depois, Susan disse que o lanche da meia-noite seria servido às 23h30, então fui até a enorme tenda de circo onde estaria a equipe para lanchar em breve. Peguei salada e sentei em uma mesa vazia, mas não demorou para que a equipe lotasse o lugar. Greg e seu pessoal de efeitos especiais estavam lá. Com os braços cobertos de sangue, ele me abraçou. Cheguei se meu uniforme ficou manchado. Nada. Fazia alguns dias que eu não o via e era sempre muito legal quando nos encontrávamos. Assim que terminei de comer, Quentin apareceu. Ele estava distraído, então me aproximei e dei um apertão na barriga dele. "Tom!", ele gritou e me abraçou. Robert, que estava atrás dele, disse: "Aparece lá no meu escritório depois de comer. Quero te mostrar uma coisa". Sentei com o pessoal dos acessórios e mostrei que ainda estava com a aliança da noite passada. Pediram desculpas por não pegar de volta comigo, e eu respondi: "Que nada, a culpa foi minha por ter ido embora com ela".

Depois da janta, Robert se levantou e pediu para que eu e Carlos o acompanhássemos. Entramos no Hummer e fomos até o estúdio dele, logo ao lado. Michael Biehn, Josh Brolin e Freddy Rodriguez foram de van. Ao nos aproximarmos da entrada do estúdio, Robert apertou um botão no Hummer e os portões se abriram. O escritório dele é enorme, com uma mobília grande e confortável que não destoaria de um castelo medieval. Pôsteres imensos de seus filmes decoravam as paredes, ao lado de réplicas em tamanho real de personagens como Marv, de *Sin City - A Cidade do Pecado*; nos cantos, ficavam as armaduras de *Pequenos Espiões* e, em uma espaçosa parede de tijolos, havia uma pintura impressionista gigantesca de Salma Hayek. De tirar o fôlego. Robert pegou um controle, apontou para tv de plasma de oitenta polegadas, apertou um botão, e a cena 32 começou a rodar, totalmente editada e com trilha sonora do John Carpenter. Ele usou as melhores tomadas, e todos nós gritávamos ao ver aquilo, e depois ele nos mostrou mais cenas que havia editado. O cara não dorme. Sempre que um dia de filmagem acaba, ele vem para cá e começa a editar. Um diretor assistente

logo apareceu e disse que tínhamos de voltar para o set, então subimos no Hummer e partimos. Decidi, com isso, que preciso comprar um Hummer.

Ensaiamos uma cena em que Michael, Carlos e eu chegamos ao hospital, armas em punho, para prender Freddy. Seria filmada em contra-plongée, e Robert colocaria em câmera lenta. As portas do hospital se abrem e nós três caminhamos, todos com cara de mau, lado a lado pelo corredor. Repetimos a cena umas 25 vezes e, como sempre, depois de umas cinco ou dez tomadas, íamos até a "vila dos vídeos" para ver tudo no monitor, enquanto Robert nos instruía a ficarmos mais perto uns dos outros, ou "apoiem a espingarda no outro ombro" ou "caminhem mais devagar".

Uma vez satisfeito, ele foi para outro corredor e usou os trinta ou quarenta figurantes que Greg e sua equipe haviam maquiado como Zoentes, todos mancando, derretendo, babando, cheios de pus. Meu trabalho tinha acabado, e pude voltar ao hotel. Fácil.

REGISTRO #6

Adoro os sonhos que acontecem longe de casa. Sabe, aqueles que você só tem quando está em uma cama diferente, em algum hotel. Noite passada trabalhei no estúdio, dentro do elaborado set onde foi construído o interior do JT's Barbecue Shack — o JT é Jeff Fahey, o irmão do personagem do Michael Biehn. Tudo o que fiz foi entrar no lugar, continuando a cena em que estávamos do lado de fora do verdadeiro Barbecue Shack, filmada no mês passado. Entrei com a arma em punho atrás de Michael (o xerife), que apontava sua espingarda, seguido por toda a população sobrevivente que havia sido admitida como força policial. Todos carregavam armas fornecidas por nós, e JT havia acabado de matar alguns Zoentes e se encontrava desmaiado atrás do balcão. Seu cão jazia ao lado de maneira fiel. Após algumas surpresas, Michael mandou que recolhêssemos suprimentos para caçar os Zoentes, porque iríamos embora em vinte minutos. Isso foi tudo o que filmamos, embora eu tenha ficado lá a noite toda.

Cheguei ao hotel por volta das 6h30 e caí na cama, e então, no reino dos sonhos, eu estava em um elaborado cenário à la *Scaramouche* ou *Romeu e Julieta*, todo mundo em trajes da Renascença, e eu tinha uma sofisticada cena de esgrima na qual eu me pendurava nos lustres e lutava contra o vilão, enquanto tentava ganhar o coração da belíssima dama de olhos castanhos chamada Fiorenza. Eu me lembro de escalar uma parede e me segurar nas plantas, e gritava: "Fiorenza", mas ela não aparecia, e eu ia me atrasar para a próxima cena, então desci por uma escadaria maravilhosa. Comecei a pular os degraus e logo estava no ar, voando alto sobre as escadas, e procurei algo grande e macio para aterrissar, mas, quando olhei para baixo, vi o monstro de Frankenstein caminhando na escadaria. Que diabos ele fazia aqui? O sonho era meu, portanto ele só podia ser criação minha. Depois disso, as imagens meio que esvaneceram.

Acordei perto do meio-dia, fui malhar na academia Gold's, voltei ao hotel e fui ao terraço para nadar na piscina de aço inoxidável. Duas garotas lindas, deficientes auditivas e de cabelo escuro estavam deitadas à beira da piscina, uma segurando a mão da outra... e se beijando. Pareciam bem felizes. Além de estarmos em meio ao Biker Rally, um evento que trouxe 40 mil pessoas à cidade, essa também é a semana do Orgulho Gay, e uma enorme parada de gays e lésbicas aconteceria nesse dia.

Em uma das noites de filmagem, no set, Freddy Rodriguez, que tinha um papel no novo *Poseidon*, perguntou se eu já tinha assistido ao filme, e eu disse que não. Perguntamos aos figurantes se eles já o tinham visto, e ninguém se manifestou, então acabei assistindo ontem à noite, e é muito bom, cheio de suspense; Freddy morre cedo demais, mas é ótimo. Quando voltei ao hotel e dormi, dessa vez, no reino dos sonhos, eu estava na Disneylândia procurando Greg Nicotero. Mas essa Disnelylândia tinha passeios de mobilete, e eu ficava andando por aí em mobiletes magnéticas ao longo de cenários monumentais feitos de néon. Daí, esse virou um daqueles sonhos em que você passa o tempo todo procurando alguém, e eu não encontrei o Greg em momento algum.

Certo, é assim que o showbiz funciona (saiba que não estou reclamando, adoro cada segundo disso): às vezes, é insano e ilógico. Vim até aqui, no Texas, para prosseguir com as filmagens de *Grindhouse*, viajei de primeira classe, fiquei em um quarto duplo em um hotel quatro-estrelas, e me disponibilizaram um carro alugado. Fui ao cabeleireiro para tirar o cavanhaque e ajeitar o bigode, para ficar com o rosto do Delegado Tolo mais uma vez. Na minha segunda noite, vesti o uniforme e me pegaram no hotel, e fiquei no set a noite inteira. Eu precisava entrar no JT's Barbecue Shack atrás do Michael Biehn, que faz o xerife, e me posicionar contra uma parede, com a arma em punho e pronto para atirar. Vi a cena no monitor e ficou ótima, com muita ação — dá para me ver ao fundo, dando apoio ao xerife.

Depois, ganhei uns dias de folga, e ontem à noite voltei ao set, mas não precisei fazer nada. Amanhã, pego um voo com destino à minha casa para mais uma folga e volto para cá no começo de julho, para os meus últimos dias como Delegado Tolo e minha grande cena de luta que vai resultar na minha morte. Não posso revelar como eu morro, mas é de forma gloriosa e suculenta. De novo, não estou reclamando, em especial porque os quarenta minutos rumo à locação ontem foram divertidíssimos: Freddy botou um reggae a todo volume na van, e eu estava sentado ao lado do Jeff Fahey, atrás do Michael. Freddy estava no assento da frente. Brincamos que devíamos aumentar ainda mais o volume quando chegássemos no local e fazer um estardalhaço na van ao entrar. Michael falou de uma mulher com quem trabalhou e que era ótima, e ela participava de uma cena no remake de *O Massacre da Serra Elétrica* em que seu cérebro explode, e eu disse: "foi Greg quem fez", e expliquei como usaram uma minicâmera para afastar a imagem pelo enorme buraco na cabeça falsa.

A hora da refeição foi ótima, me sentei ao lado do Robert, do Freddy, da Rose McGowan e da Marley Shelton, e conversamos sobre nossas coisas favoritas nos filmes de terror. Rose falou sobre trabalhar em uma funerária e perguntou a Freddy se ele tinha feito alguma pesquisa para o papel dele na série *A Sete Palmos*, da HBO, e Michael lhe perguntou sobre um episódio em que um cadáver tinha uma ereção. Freddy falou sobre o pênis feito com efeitos especiais e mencionou o órgão do personagem Dirk Diggler em *Boogie Nights – Prazer Sem Limites*, e, uma vez mais, eu pude dizer: "foi Greg quem fez". Rose comentou sobre um filme que tinha visto no qual saíam baratas de um cara, e eu disse: "Fui eu que fiz"; ela estava se referindo aos meus efeitos especiais em *Creepshow: Arrepio do Medo*. Então, eu tive a oportunidade de explicar a todos na mesa sobre como o entomologista reuniu as baratas e como fizemos os efeitos. Mais tarde, naquela noite, explodiram um caminhão, que capotou completamente em chamas, e havia cerca de cinquenta Zoentes perambulando pelo lugar.

Estou me divertindo muito, vejo muitas gatinhas por aqui e estou na companhia de pessoas maravilhosas, mas se levarmos em conta o tamanho da minha participação nas filmagens e os custos para me trazer até aqui só para a cena em que entro no restaurante com a arma na mão e apareço só ao fundo: somando a viagem, o hotel, o carro alugado, o per diem e meu salário semanal… temos um valor de cerca de 20 mil dólares. Não tem como não amar.

REGISTRO #7

Ontem à noite foi divertidíssimo. Mais uma vez, me pegaram no hotel, me deixaram no local, me arrumaram e me levaram até o set. A primeira coisa que vi foi Marley, com as mãos quebradas, tentando ligar o carro com os dentes, e, enquanto fazia isso, Jamie, o dublê de Freddy Rodriguez, correu até o carro dela e gritou: "Socorro… socorro!". A cena seria filmada de dentro do carro, e aquilo era o ensaio. Para a tomada de verdade, Jamie ficou em chamas, da cabeça aos pés — uma enorme fogueira que chegava a iluminar o céu. Então, repetidas vezes, ele foi incendiado e correu até o carro, às vezes dizia suas falas, às vezes não dizia, mas o foco estava em Marley, dentro do carro, enquanto esse cara envolto em chamas se aproximava, batia na janela e depois saía correndo, para que a equipe apagasse o fogo.

A próxima cena que ensaiamos trazia eu e mais vários dublês naquele caminhão de reboque cheio de correntes enferrujadas, estacionando na frente do hospital. Todos descemos apontando as armas, eu com o revólver e outros com espingardas, e matávamos Zoentes ao mesmo tempo que tentávamos discernir quem era paciente e quem era zumbi. A câmera mostrava o meu personagem, confuso com todos os pacientes fugitivos e volta e meia atirando em Zoentes fora do enquadramento. Em certo momento, depois que um carro explodiu atrás de mim, me virei rapidamente e atirei em alguém, que não era um zumbi. Era só um pobre e velho paciente que carregava seu suporte de soro. Fiquei um pouco atordoado, e Michael Biehn, no papel do xerife, se aproximou e disse: "Imbecil", e se afastou com calma. Fiz uma das tomadas como se já tivesse pedido cem vezes para ele não me chamar de imbecil. A equipe inteira caiu na gargalhada.

Antes de voltarem a gravar, minha maquiagem foi retocada, e Greg fez bem rápido o dedo decepado na minha mão esquerda, aplicando um pouco de sangue; então, subi no caminhão. Jamie, o dublê, deu ré no veículo, e Tyler, o responsável pelas armas, anunciou: "As armas estão preparadas", e me deu um revólver elétrico. Essas armas foram projetadas para disparar balas de festim. Dá pra apontar contra a cabeça de alguém e atirar sem problema. Depois do grito de "ação", o caminhão se aproximou da câmera e parou no local marcado, e todos pulamos pra fora exibindo expressões confusas no rosto diante da visão de cinquenta ou mais figurantes, vestidos como pacientes e Zoentes, correndo por toda parte. Um carro explodiu atrás do caminhão, provocando uma reação geral, e eu comecei a atirar nos Zoentes de maneira aleatória. Outro carro explodiu e, ao sinal de Brian, o primeiro diretor assistente, eu me virei e acabei atirando sem querer no paciente. Com o peito cheio de sangue, ele sussurrou: "Socorro", e morreu. O xerife gritou a todos os delegados: "Ei, atenção, reagrupar", e, com calma, se aproximou por trás de mim; eu estava um caco, e ele disse: "Imbecil".

Então, fizemos tudo de novo cerca de quinze vezes; às vezes, a câmera mudava de posição para pegar novos ângulos. Foi uma noite calma e agradável, e sempre que me entregavam a arma eu olhava ao redor e via Robert atrás da câmera, e via Quentin também, e ficava impressionado com o tamanho da minha sorte por estar lá.

Quentin estava se divertindo com toda aquela ação e tiroteio, e carros que explodiam, e dezenas de figurantes que corriam pelo estacionamento. Era aniversário dele, e quando fui até o buffet para pegar um café entre as tomadas, vi um caminhão cheio de bolos e velas que Elizabeth, a esposa do Robert, havia arrumado para presentear Quentin na hora do jantar. Eram uns bolos espanhóis especiais, e Quentin não fazia ideia do que ia acontecer.

Lá pela última tomada, apareceu um carro e Ray Harryhausen saiu de dentro dele. Ray Harryhausen que, como expliquei antes, é o mago do stop motion, responsável por inúmeros filmes que Quentin, Robert, Greg e eu, e tantos outros, amamos. Nós nos reunimos ao redor dele e só conseguíamos babar feito crianças, enquanto ele contava piadas sobre filmes e sobre chegar e dar de cara com um carro explodindo. Batemos fotos com ele, e eu olhava ao redor e via o pessoal mais velho explicando aos mais novos da equipe quem era Ray Harryhausen.

Jantamos perto da meia-noite de novo, e eu comi pouco porque queria bolo. Dentro de uns quinze minutos trouxeram os bolos, e acho que havia umas 150 velas, além de bolo suficiente para alimentar o elenco e a equipe inteira. Acho que devia ter uma vela para cada pessoa da equipe. Quentin ficou emocionado e todos cantamos "parabéns"; ele tentou soprar todas as velas, Robert o ajudou, e todo mundo com uma câmera na mão, inclusive eu, tirou fotos maravilhosas dos dois soprando velinhas.

Depois da janta, Greg limpou o sangue do meu rosto e descolou meu dedo, e eu tive que colocar um uniforme limpo para a cena seguinte, que ocorreria dentro do hospital e que, de acordo com o roteiro, vinha muito antes da sequência de ação que tínhamos acabado de filmar. É uma cena onde o xerife interroga o personagem do Freddy, e eu só precisava ficar parado atrás dele, segurando uma espingarda. Corremos até a "vila dos vídeos" entre uma tomada e outra e assistimos à cena nos monitores. Enquanto preparavam tudo para filmar novos ângulos, Robert pegou o violão, que ficava sempre ao lado dos monitores, e tocou música flamenca. Terminamos cedo e voltei ao hotel. Temos os próximos dois dias de folga, e esta noite participarei de um jantar mais íntimo com Greg e o elenco para comemorarmos o aniversário de Quentin no restaurante mexicano favorito de Robert. Depois, todos iremos até uma boate para ouvir a irmã do Robert cantar e, então, ao cinema Alamo Drafthouse para assistir a uns filmes do tipo que passava nos *grindhouses*,** que Quentin vai exibir. Minha nossa... alguém me belisque: é tudo tão incrível que parece um sonho.

REGISTRO #8

Preciso falar. Estou de folga há alguns dias e vinha me sentindo pra lá de solitário... até recentemente. Dias de folga são chatos demais comparados a toda a empolgação do set. Acredito que o tédio seja uma escolha, e você não precisa optar por isso, mas, como não bebo e odeio boates (tem três ou quatro a cada quarteirão aqui), tenho visto tanta tv que já sei os comerciais de cor.

Uma das alunas da minha escola, a L▮▮▮, mora por aqui, e na época em que ela frequentava a escola eu tinha o maior tesão por ela, mas não podia fazer nada porque era aluna. Bom, não é mais. Depois de algumas ligações e umas conversas bastante sensuais, combinamos que ela me encontraria no hotel depois de uma noite de filmagem e... tomaria café da manhã comigo. Deixei o nome dela na recepção para que pudesse subir até o meu quarto. Eu estava ansioso para voltar ao hotel pela manhã e encontrá-la na minha cama, e então realizar as fantasias que imaginei durante a noite de trabalho. Cheguei ao hotel, mas ela não estava lá e não atendia ao telefone. Na noite seguinte, a mesma coisa; enfim conversamos, e ela disse que eu tinha razão quando falei que, se ela fosse para casa tirar uma soneca antes, acabaria dormindo o dia inteiro e eu não a veria. Foi isso que aconteceu, então concordamos que ela iria compensar o ocorrido e estaria na minha cama no dia seguinte.

Depois de, mais uma vez, fantasiar a noite inteira com as coisas deliciosas que eu faria com ela, voltei ao hotel e ela não estava lá. E, de novo, não atendia ao telefone. Mais tarde, naquele mesmo dia, recebi uma mensagem dela dizendo que estava puta da vida porque sua menstruação tinha descido e, como é a favor de sexo seguro, ir ao hotel não seria uma boa ideia. Então, respondi dizendo que não esperaria mais por ela e que iria pagar uma passagem de avião para alguém vir ficar comigo. Comprei uma passagem para K▮▮▮, que chegaria na sexta-feira, perto do meio-dia. Na quinta, dirigi até o Whole Foods e telefonei para a L▮▮▮, para conversarmos, já que eu não queria mandar mensagem. Ela disse que estava ocupada durante a semana, mas que tinha essa noite de

---

** *Grindhouse* era o apelido de salas de cinema precárias que se dedicavam a exibir filmes B — especialmente do tipo exploitation, ou de luta, sexo e horror. Geralmente eram feitas sessões duplas, e esse tipo de cinema alcançou seu auge na década de 1970.

folga, então, perguntei se ela ainda queria vir para o hotel. Ela respondeu: "Se você deixar". Ela interpretou o meu "não vou mais esperar por você" como algo permanente. Errado. Acredite ou não, ela apareceu.

O Paraíso deve ser igual ao que aconteceu na quinta à noite, caso seja um lugar onde seus desejos mais descarados se realizam. Ela trouxe uma bolsa com lingerie, mesmo que eu não me importe muito com isso, acho uma perda de tempo e dinheiro. Depois de conversar e fumar e beber o vinho que ela insistiu em me fazer beber, ela foi ao banheiro e disse que só ia trocar de roupa. Eu estava sentado no sofá, virado de frente para a porta do quarto, à esquerda da porta do banheiro. Esperei e esperei, meus olhos fixos na porta, câmera na mão, e fiquei muito ansioso quando ouvi a luz do banheiro ser apagada e a porta se abrir. A visão que surgiu parada à porta do banheiro fez com que meus reflexos involuntários me colocassem em uma confortável posição fetal e me fizessem gemer em resposta ao prazer que enchia meus olhos. Tentei me recompor e tirei uma série de fotos desajeitadas que jamais farão jus àquilo que estava diante de mim.

Ela desfilou nos saltos altos que, na verdade, eram quase tudo o que vestia, e eu não conseguia tirar meus olhos dela. Bebemos mais vinho e nos beijamos, e ficamos nos provocando, e nos beijamos, e nos provocamos um pouco mais, e olhamos pelas enormes janelas que iam do chão ao teto, a uma altura de dezessete andares, o que fez os joelhos dela fraquejarem. Eu não estava aguentando mais e, assim que ela me beijou de novo, deitei-a no chão, e durante uma hora e meia houve apenas gemidos e gritos e suor e penetração e beijos e toques e chupadas e movimentos selvagens e apertões e, em certo momento, nos aproximamos da janela, dezessete andares acima do saguão do hotel, e pressionei seu corpo nu contra o vidro, que ficou com as marcas dos peitos dela, e voltamos para a cama para mais ação e sexo selvagem. Então, calma e gentilmente, brinquei com os cabelos dela e minha mão percorreu seu corpo inteiro, enquanto sua cabeça descansava no meu peito. Continuei a passear por suas costas com meus dedos, sussurrei palavras carinhosas, conversamos e rimos, e logo começamos tudo de novo, e outra vez mais tarde.

Ela disse que precisava trabalhar no dia seguinte — dentro de poucas horas, já que eram 6h da manhã — e que voltaria mais tarde, mas tive que dizer que a K▮▮▮ estava chegando. Ela não gostou da ideia, mas entendeu que só fiz isso porque ela não apareceu no hotel nas outras duas noites. Combinamos de nos encontrar alguns dias depois no Alamo Drafthouse, na noite em que Ray Harryhausen exibiria *King Kong*. Só que aquela era a noite do aniversário do Quentin, então acabamos indo ao restaurante mexicano favorito do Robert. L▮▮▮ não foi, pois era um jantar íntimo com Robert, Quentin e o elenco, mas nos encontrou depois em uma boate chamada Antone's, onde Robert acompanhou a irmã em algumas músicas no violão. Depois, fomos ao cinema Alamo Drafthouse, onde Quentin exibiu um de seus *sexploitation* favoritos, *The Girl From Venus* ou algo assim. Tem algumas partes engraçadas, mas eu teria me divertido mais se não estivesse tão fissurado para levar L▮▮▮ de volta ao hotel. Ela me olhou e disse: "Quer ir pro hotel?". Greg foi com a gente para mostrarmos a ele o material da L▮▮▮ no MySpace, e, quando ele foi embora, voltamos ao paraíso. Foi ainda melhor do que a primeira vez, porque o vinho e a ansiedade de fazer tudo direito afetaram a performance do *Jason* — chamo de Jason porque, quando você acha que tudo acabou, ele volta à vida.

REGISTRO #9

Bom, mais um dia de folga, mais um dia procurando algo para fazer. Achei que essa seria apenas mais uma noite monótona na academia, aí comeria a salada Caesar com frango de todos os dias, talvez assistiria a um filme e deixaria a tv ligada para eu pegar no sono... então Courtney chegou e, rapaz, como eu estava errado!

Dirigi até o cinema, mas já era tarde — cerca de 22h — e todos os filmes já haviam começado, e eu estava faminto, por isso fiquei dividido entre ir ao Yellow Rose, um clube de strip bem classudo, ou voltar ao hotel para comer salada. Decidi ir para o hotel e, acredite se quiser, foi a melhor decisão que eu poderia ter tomado. O restaurante estava fechado, então fui ao bar do hotel e pedi a salada. Eu poderia apenas ter dito "o de sempre" que saberiam o que eu queria dizer, pois eu vinha mantendo uma rotina por lá. A garçonete trouxe uma Coca diet e, de repente, vi uma loira baixinha sentada no bar, em um vestido de seda, a cabeça apoiada na mão, o cotovelo na mesa, como se estivesse furiosa ou deprimida ou cansada. Levantei e fui até ela para pedir limões ao garçom, para minha Coca, mas o que eu queria mesmo era ver o rosto dela. Eu me aproximei sem tirar os olhos da garota, na expectativa de ver como ela era; ao perceber a minha presença, ela voltou o olhar na minha direção, e eu virei o rosto. O que vi antes de desviar os olhos foi uma sósia da Jennifer Aniston.

Peguei os limões e voltei para minha mesa, mas, quando estava me sentando, ela levantou, veio até mim e disse: "Desculpe incomodar, mas por acaso você é o Robert Rodriguez?". Ri alto e disse que não, mas que estava trabalhando em um filme com

ele. "Não, você é aquele cara da maquiagem, eu amo os seus filmes", ela falou, e acertou meu primeiro nome, mas não se lembrava do sobrenome. Eu disse meu nome completo, e ela pediu desculpas, explicou que estava bebendo havia algum tempo. Torci para que se sentasse comigo e, quase por força do pensamento, ela colocou a mão na cadeira do outro lado da mesa, e eu sem demora falei: "Sente-se, por favor". Depois de querer saber "qual filme", e de eu perguntar "o que você está fazendo aqui?", ela disse que tinha acabado de ter uma discussão com um amigo. Perguntei: "Amigo ou amiga?", e ela respondeu: "Amigo". Perguntei: "Cadê ele?". Ela disse: "Tomando banho, mas ele não é meu namorado; é só um amigo, e é muito inteligente, está se formando em psicologia e fazendo pesquisa em sociologia aqui, e eu vim com ele para mostrar a rua Seis".

Eu me senti à vontade quando disse para ela esquecer o cara e ir comigo até o meu quarto para uma pequena aventura, umas miniférias. Ela adorou a ideia, mas não se sentiu bem em abandonar o sujeito, então ela propôs: "Que tal se eu levar meu amigo até a rua Seis, tomar uns drinques com ele, e depois voltar para te ver?". Respondi que era melhor a gente marcar logo um horário antes que ele aparecesse. Olhei para o meu relógio, eram quase 23h, então decidimos nos encontrar à 1h. Peguei de volta o cartão que tinha entregado a ela e anotei nele o meu celular.

O amigo apareceu no bar. Era um cara meio gordinho, cabelos pretos e uma barba enorme. Ela nos apresentou e mostrou meu cartão para ele, que o guardou. Eu disse que estava tudo bem e lhe dei outro cartão, e ela disse para o amigo que precisava do primeiro cartão de volta e que lhe daria aquele que eu tinha acabado de entregar. O amigo perguntou: "Por

Jeff Fahey, Josh Brolin e Michael Biehn

que, por acaso esse cartão é especial?". Ela fez que sim e logo recuperou o cartão com o meu telefone.

Ele começou a me perguntar sobre filmes de terror, e se eu achava que os lançamentos mais recentes eram bons, e se eu pensava que terror e humor combinavam, e minha cabeça entrou em modo automático e mandou minha boca cuspir todas as respostas mecânicas para perguntas desse tipo, coisa que eu tinha praticado em todas as convenções de terror das quais já participei. Volta e meia eu olhava para a garota, evocando o laço secreto que havíamos estabelecido antes daquele cara aparecer, e comecei a passar a mão na perna dela debaixo da mesa, enquanto respondia às perguntas do amigo. Ela colocou a mão debaixo da mesa para que eu parasse, e disse em um sussurro: "Peluda". Continuei a apalpar sua perna, para mostrar que não me importava. Pouco depois, ela disse ao cara: "É melhor a gente ir", me deu um abraço antes de saírem e sussurrou no meu ouvido: "Até daqui a pouco".

Ela me ligou do saguão às quinze para uma, e nos encontramos no décimo sétimo andar, o andar particular em que fica o meu quarto. Antes de entrar, coloquei o cartão na porta e disse: "Quer saber, vai ter muita tensão sexual assim que a gente entrar, então me beija agora pra gente resolver o assunto já". Ela achou engraçado e me deu um beijo demorado e apaixonado, e entramos no quarto. É uma bela cantada que aprendi em *Noivo Neurótico, Noiva Nervosa*, do Woody Allen. E funciona. Assim que entramos, continuei a beijá-la e a apalpá-la o máximo que pude ainda de pé, então a conduzi até a cama, onde nos deitamos, e nos beijamos e nos tocamos. Explorei o corpo dela por cima do vestido de seda, tirei sua calcinha e comecei a beijá-la por lá, mas ela disse que não estava a fim daquilo, e foi muito educada — queria lembrar suas palavras exatas —, disse que gostava muito do meu trabalho e de mim, mas que precisava de um cigarro e uma bebida, e queria relaxar e conversar, e falou que eu podia expulsá-la do quarto a hora que quisesse, e pediu desculpas por me desapontar. Percebi que eu estava indo rápido demais e a tranquilizei; disse que entendia que "não" significa "não", que queria que ela se sentisse confortável comigo.

Sentamos no sofá, a uma certa distância, e eu disse que ela podia pegar o que quisesse no minibar. Fumamos e conversamos e rimos, e eu olhei bem no fundo dos olhos dela e ouvi tudo o que ela disse, como se fosse a única coisa que importava no momento. Ela achou que estava falando demais e perguntou sobre mim, e a conversa voltou para ela mais uma vez, que começou a me dizer do que não gostava, e achou que em vez disso talvez devesse dizer do que gostava. E esse foi o início do sonho se tornando realidade. Voltamos ao quarto, e o vestido de seda se transformou em decoração de mobília, ela soltou o cabelo, eu abri as calças e a camisa, e aquele corpo durinho e bronzeado de 23 anos passeou por cada centímetro da minha cama enorme. Ela havia dito que gostava de homens que assumiam o controle, então pulei as preliminares e fiz o que ela gostava; ela sabia exatamente o que queria e adorou tudo o que eu fiz.

Pedi à recepção do hotel que me despertasse às 10h, mas já eram quase 8h e ainda não tínhamos ido dormir. Tentamos adormecer várias vezes durante a noite, mas sempre que nossas pernas se encostavam ou que nos aproximávamos um do outro, recomeçavam os beijos e as carícias, o que levava a mais sexo e suor, até que nos cansávamos e tentávamos mais uma vez dormir. Em certo momento, acabaram as camisinhas, mas, por sorte, achei mais três na minha mala, e não demorou até que elas também virassem decoração no chão do quarto, ao lado das garrafas vazias de água Fiji.

Exausta, ela disse que devia voltar ao próprio quarto, para dormir um pouco e se preparar para o dia. Tinha que encontrar o pai e pegar a certidão de nascimento para fazer o passaporte, porque ela e o amigo iam para a Europa. Ela se vestiu e me passou seu telefone, para que eu fosse até sua casa na segunda-feira à noite, depois que ela saísse do trabalho. Ela trabalhava em um estúdio de tatuagem e piercing, e uma noite por semana dançava em uma boate, que seria justamente na segunda-feira. Nós nos beijamos, dissemos que foi ótimo, e ela foi embora às 8h30. Caí no sono e dormi até o telefone tocar, às 10h, então voltei para o reino dos sonhos até as 16h, quando acordei, e fiquei um tempo deitado, recordando a noite anterior com um sorriso.

REGISTRO #10

Passei uma semana de folga e voltei a trabalhar no fim de semana passado. Nossa semana de trabalho vai de quinta até segunda, ou seja, cinco dias, e folgamos terça e quarta, que são os nossos sábado e domingo.

Nas terças, à meia-noite, Quentin traz parte de sua coleção de filmes de 35mm e os exibe no Alamo Drafthouse, aqui em Austin. Ele faz isso para que a equipe tenha o que fazer e se mantenha acordada nas noites de folga. Semana passada ele exibiu *Carrie, a Estranha*, e depois *A Revanche das Colegiais*, ou algo assim. Não fiquei para ver este último.

Muitas coisas interessantes acontecem nos meus dias de folga. Minha rotina costuma ser assim: acordo, verifico meus e-mails e escrevo no diário os registros da noite anterior, vou à academia fazer um pouco de cardio na esteira ou na bicicleta, depois malho o corpo: segunda-feira é dia de peito, terça é braço, e assim por diante. Na academia só tem halteres, um banco e coisas para aeróbica, mas mesmo assim perdi sete quilos nos 25 dias em que estou aqui, porque, não sei se você lembra, decidi perder peso assim que experimentei o uniforme de polícia, e agora ele está largo, o que é exatamente o que eu queria. Depois, volto ao meu quarto e peço salada Caesar com frango grelhado e chá gelado, ou então dirijo até o Whole Foods e peço uma tigela de macarrão oriental com frango apimentado, e isso é tudo o que eu como até chegar no set, onde vou comer mais salada.

Celebramos o aniversário do Quentin em um jantar em um restaurante mexicano, onde ele ganhou seu primeiro par de botas de caubói, e eu me sentei ao lado de Jeff Fahey e Greg Nicotero. Robert chamou um grupo de mariachis para fazer uma serenata para o Quentin, e eles cantaram "parabéns" em espanhol. Também tivemos uma pequena celebração com centenas de velas na noite anterior, no set; no entanto, na noite do restaurante havia um monte de comida mexicana espalhada pela mesa, a qual ignorei de maneira consciente até Greg me oferecer um pouco de *enchiladas* de carne, e então sucumbi ao cheiro e o ajudei a limpar o prato. Depois fomos ao Antone's, uma boate onde a irmã de Robert iria cantar, e, da área VIP no mezanino, vimos Robert acompanhá-la no violão. Ficamos lá com o elenco até mais ou menos meia-noite, e em seguida fomos ao Alamo Drafthouse para a exibição que Quentin havia organizado de um filme de *sexploitation* chamado *The Girl From Venus*. Só vi até a metade e voltei ao hotel, acabado.

Outro dia, visitamos uma exposição de arte do Robert em benefício a uma instituição de caridade de cujo nome não me lembro. A van nos levou até San Antonio, em um dos restaurantes mexicanos favoritos do Robert, bem diferente do lugar elegante que visitamos na outra noite. Este estava mais para um restaurante pequeno e familiar, quase sem decoração, com mesas espalhadas em uma sala comprida. Parecia que Robert havia alugado o lugar para aquela noite, pois éramos os únicos clientes. No trajeto, fui com Michael Parks e sua esposa, e foi como andar com o xerife McGraw, de *Kill Bill* e *Um Drink no Inferno*. As conversas com ele são sempre charmosas e bastante pé no chão. Comi além da conta no restaurante, e depois cada um foi colocado em uma SUV, que nos levou até o tapete vermelho diante da galeria de arte. Havia dezenas de fotógrafos e repórteres, mas havíamos sido instruídos a não falar sobre o filme. Parecia estranho estarmos lá com a imprensa e não falar nada, mas obedecemos, e acredito que manter o filme em segredo acabe sendo benéfico.

Os quadros de Robert, cerca de uma dúzia, traziam Salma Hayek em uma mesma pose, mas reproduzida de maneiras diferentes, e eram incríveis, estrondosos, fantasmagóricos, mediam uns 3 metros e meio de altura e eram de cair o queixo de tão lindos.

Esse homem não para de me surpreender. Ele tem mais talento no dedo mindinho do que a maioria das pessoas tem na vida inteira. Vi alguém fotografar um dos quadros e percebi que era permitido. Mais tarde, enviei algumas fotos por e-mail para minha filha Lia, e ela se apaixonou por um que retratava

Salma como a imagem do Sagrado Coração. Mandei um e-mail para o diretor da galeria para checar o preço, e era algo em torno de 25 mil dólares. Vejamos... um Hummer ou o quadro para Lia? Hummer.

Os repórteres tiraram várias fotos minhas com Michael Biehn, Josh Brolin e Jeff Fahey. Decidimos que não ficaríamos para a festa particular e voltamos a Austin. Fui no carro com Josh Brolin e tivemos uma conversa divertidíssima durante a viagem. Ele voltou para L.A. no dia seguinte, e, em poucos dias, eu estava de volta ao set. Vesti meu figurino/uniforme, fui para a maquiagem, fizeram a aplicação do meu dedo decepado, mas acabaram não me usando naquele dia. Isso estava começando a me preocupar, porque eu estava ansioso querendo voltar para casa para o aniversário de Lia, no dia onze. Já era dia oito, um sábado, e tínhamos uma cena importante para filmar; aquela deveria ser a minha última noite no set, e não filmaram nada comigo. Brian perguntou se eu estava disponível no dia seguinte, e respondi com sorriso no rosto: "Mas é claro, querido", só que eu estava preocupado.

Na noite seguinte, segui a mesma rotina de roupa e maquiagem, mas dessa vez logo fui levado ao set para ensaiar uma cena complicada. O caminhão de reboque aparece na esquina e desce uma colina, na direção de onde estou com Michael e mais uma dúzia de citadinos; estou carregando uma caixa cheia de distintivos e duas bolsas com armas, e pergunto a Michael, o xerife, se ele tem certeza de que quer fazer aquilo, e ele diz que sim, então transformamos toda a comunidade em policiais e distribuímos as armas a todos, exceto Freddy, para quem Michael diz: "Você não, Ray". Quando Michael vira as costas, Rose McGowan, que interpreta Dakota, entrega uma arma a Freddy, mas eu rapidamente a tomo dele antes que ele possa escondê-la, e digo: "Não mesmo". Depois seguimos colina acima, armas em punho, rumo ao JT's Barbecue Shack para lutar e matar os Zoentes que estão escondidos lá. Em certo momento, faço graça e digo ao Robert que nas bolsas de armas não tinha a pistola-pinto que usei em *Um Drink no Inferno*. Ele perguntou se eu tinha trazido a minha, mas falei que não. A dele estava em casa, o que era uma pena, porque eu poderia encontrá-la no JT's e depois largar ela por lá, e isso viraria um detalhezinho para os fãs.

Essa cena nos tomou grande parte da noite porque os freios do caminhão falharam duas vezes e tiveram que trazer um caminhão reserva, mas os freios deste outro falharam também. Então, a cena consiste no caminhão descendo a colina; Robert, atrás da câmera em um carrinho sobre trilhos, recua diante de mim, e, quando o caminhão passa, cruzo os trilhos até Michael e digo: "Tem certeza de que quer fazer isso?". Ele diz: "Vamos acabar com tudo", e eu apanho a caixa com os distintivos e a jogo na caçamba de uma picape. Então, outro policial distribui as armas e os distintivos para a população. Acho que fizemos umas vinte tomadas, e por fim a câmera foi posicionada no topo da colina para que, antes de sairmos para a janta, repetíssemos inúmeras vezes a parte em que todos nós corremos colina acima. Foi um belo exercício.

Ao subirmos a colina, o Michael/xerife diz algo como: "Tenham cuidado. Não atirem uns nos outros e, principalmente... não atirem em mim".

Em uma das tomadas, sussurrei a palavra "imbecil", então escorreguei e caí. Robert e Quentin acharam engraçado e insistiram para que mantivéssemos aquilo na cena. Então lá estava eu, tentando manter a pose enquanto subia a colina correndo com a arma na mão, e aí escorregava e caía, e precisava fazer isso em todas as tomadas. Repetimos muitas vezes, e então fizemos uma pausa enquanto eles filmavam a churrascaria sendo engolida pelas chamas e Rose escapando para fora do enquadramento. Nessa hora, alguns Zoentes são baleados e a câmera encontra Rose de novo, só que dessa vez é a dublê dela, Dana, que sai rolando colina abaixo. Rose veste uma minissaia de couro curtíssima e está congelando lá fora. Existe um motivo para mulheres como ela serem famosas. Ela é muito, muito foda, bonita e simpática. Já a Dana, no traje da personagem, também não é nada mal. Passei parte da minha pausa da janta procurando Rose para tirar uma foto com ela, e, quando ela saiu do trailer da maquiagem, ficou feliz em permitir que Susan tirasse nossa foto, mas avisou: "Não vá me sujar de sangue". Obedeci todo contente.

Depois do jantar, Jeff Fahey e eu ficamos sentados na "vila dos vídeos", no topo da colina, observando as cenas dos Zoentes caracterizados por Greg e sua equipe. Jeff falava sobre suas balas de goma favoritas, e eu perguntei ao Tony, o coordenador do set, se ele podia arranjar algumas. Estava esfriando muito e fui até o caminhão de buffet para pegar uma sopa quente e ver se tinha alguma bala de goma para o Jeff, depois fui ao meu trailer para vestir uma segunda pele quando Susan bateu à porta e disse que não precisavam mais de mim e que eu podia voltar ao hotel. Eu, Jeff, que ganhou balas de goma na van, Michael, Freddy e vários outros fomos levados ao hotel. Fiz as malas e peguei um avião naquela mesma tarde. Cheguei em casa bem a tempo de tomar conta do meu neto James, para que minha filha Lia ficasse livre

para jantar e curtir uma balada com os amigos, já que era seu aniversário. Hoje é o dia seguinte ao aniversário dela, e ainda não a vi. Vou jantar com ela e voltaremos para casa, depois vamos comer o bolo que mandei decorar com fotos coloridas comestíveis — uma montagem com vinte fotos, de quando era bebê até a mulher de 21 anos que ela é hoje.

Dentro de umas duas semanas, preciso voltar a Austin para filmar algumas cenas curtas e o momento da minha morte, que acontece dentro da churrascaria.

REGISTRO #11

Bem, de volta à labuta. Cá estou eu, no Texas, cheio de energia, assoviando minhas músicas favoritas, pronto para colocar a mão na massa e continuar as gravações de *Grindhouse*. Durante o último hiato tive bastante tempo para deixar crescer o cavanhaque e o cabelo, perdi onze quilos, e meu abdômen voltou a ficar tonificado. Eu e toda a equipe estamos muito felizes por voltar para cá.

Vi o Michael Biehn no elevador e depois no saguão do hotel; ele está hospedado aqui agora. Nosso contrato, o meu e o dele, garante estadia em quarto duplo no Omni, ou em quarto simples no Four Seasons. Ficamos felizes em optar pelo quarto duplo aqui, e ambos nos inscrevemos na academia Gold's, que fica a cerca de duas quadras. As academias dos hotéis não são muito boas. Fomos ao estúdio e encontramos o Robert no escritório, tão entusiasmado quanto todos nós. Cumprimentei vários amigos que estão de volta e que eu não via fazia mais de um mês. Eu estava no escritório do diretor assistente e alguém me deu um abraço de urso por trás. Era o Greg. Eu o acompanhei até o trailer dos efeitos especiais, onde ele e a equipe descarregavam algumas das máscaras e collants mais grotescos que já vi. O mundo não está pronto para esse filme. Fui ver os dublês e comi um taco com eles. Jeff, o coordenador dos dublês, me mostrou no laptop como o zumbi/dublê vai me erguer e me atirar contra a viatura. Josh, o meu dublê, me fez provar os cintos que vou usar, que ficarão presos aos cabos e ao guindaste. Steve Jacobson, o coordenador de dublês de *Um Drink no Inferno*, apareceu por lá e nos abraçamos.

Estou tentando manter o cavanhaque pelo máximo de tempo possível. Sinto que pareço uma tartaruga mexicana sem ele. Mas estão previstas para esta noite as filmagens das tomadas adicionais da cena no JT's Barbecue Shack, aquela em que transformamos os cidadãos em agentes da lei. Então tomei banho e tirei o cavanhaque, e às 16h30 estava pronto, para que viessem me buscar às 17h30. Foi quando recebi um telefonema do David, o segundo diretor assistente, que disse que haviam cancelado as filmagens externas e que fariam algumas internas no set, e por isso eu poderia ficar de folga até segunda-feira. Hoje é quarta. "Eu não precisava ter tirado o cavanhaque. Droga. Podia ter ficado mais tempo em Pittsburgh." O showbiz é assim.

Meus planos para esses dias são: ir à academia, fazer compras e ir ao estúdio hoje para curtir com o Greg. Ele também está de folga, no entanto é mais divertido passar o tempo no estúdio com o Robert e a equipe do que ficar no hotel.

Rá! David acabou de ligar e eu VOU trabalhar amanhã à noite. A cena 46 foi programada para ser gravada em julho. Tem chovido muito e, por isso, a equipe está estudando cenas que possam ser filmadas dentro do estúdio. Fui até lá, me perdi algumas vezes, e

fiquei perto dos monitores de vídeo. Joe, da maquiagem, disse que eu estava com cara de jovem e perguntou se eu tinha feito alguma plástica; eu disse que não, que só tinha perdido peso — eu não queria dizer que foram onze quilos. Era consenso que todos estavam felizes por terem voltado a trabalhar no projeto. Robert saiu do set, me viu e deu uma risada maligna, e lhe mandei uma de volta. Ele me cumprimentou quando veio até os monitores para verificar a cena que tinha acabado de filmar, na qual Freddy Rodriguez entra na churrascaria, senta em um banco ao lado de um cachorro, e come o churrasco que Jeff Fahey estava servindo ao animal no balcão. O cachorro não parava de levantar e encobrir o Freddy. Sentado ao meu lado, Greg Nicotero disse: "Cachorros e crianças...", referindo-se ao velho ditado dos filmes sobre nunca trabalhar com cachorros e crianças. Eu acrescentei: "E macacos", para lembrá-lo de quando trabalhamos com todos aqueles malditos macacos em *Instinto Fatal*. Robert se acomodou diante dos monitores e fez sugestões na iluminação e nos ângulos de câmera, tudo isso enquanto tocava flamenco clássico no violão. É ótimo estar de volta a esse ambiente.

Acordei tarde hoje e fui até a academia Gold's, que fica a poucas quadras daqui, e depois voltei para nadar na piscina do hotel. É só um tanque de aço inoxidável, localizado na cobertura, e a jacuzzi é tipo um vaso do mesmo material. Estou sentado na jacuzzi com um cara enorme que tem as palavras "Travis" e "Jesse" tatuadas nas costas. "Travis" ocupa a parte superior inteira das costas, de ombro a ombro, e "Jesse" cobre a parte inferior. Ele me perguntou se eu era motoqueiro; ele é, e acaba de chegar de Las Vegas em sua Harley.

Hoje foi o início de um rally de Harleys aqui em Austin, e a cidade espera receber 60 mil motoqueiros. O estacionamento subterrâneo do hotel já está repleto de motos. Então estávamos lá na jacuzzi, e começou a relampejar no centro de Austin. Olhamos um para o outro e ele disse: "Não é muito seguro ficar aqui, é?". Eu disse que não, porque estávamos dentro da água em um vaso de aço. Ele saiu, mas eu fiquei, porque duas maravilhas de biquíni e cabelos escuros entraram. Avisei que tinha visto raios no céu e que a tempestade se aproximava. Elas indicaram, em linguagem de sinais, que eram surdas. Então lá estava eu no vaso de aço, com um motoqueiro enorme do lado de fora e, do lado de dentro, duas mulheres lindas; fiquei bancando o mímico, apontando para cima e usando minhas mãos para indicar que algo terrível saía dos céus e entrava na jacuzzi. Tive a impressão de que elas entenderam, mas não deram bola. Eu via os raios atrás delas, seguidos por sonoros trovões que elas não ouviam. Quando saí, o que não demorou para acontecer, elas ficaram na boa, bebendo e conversando bem alegres por meio de linguagem de sinais.

REGISTRO #12

Ieeeeeeei! Estou de volta a Austin, dando continuidade ao meu papel em *Grindhouse*, o filme de Robert Rodriguez e Quentin Tarantino. Voei até aqui com Gino Crognale; chamo ele de Onig e ele me chama de Mot... nossos nomes ao contrário. Não sei por que fazemos isso, mas sempre foi assim. Ele estava trabalhando em outro projeto e agora se juntou ao Greg e os outros caras da KNB para esse filme. Somos amigos desde que o contratei para trabalhar em *O Massacre da Serra Elétrica 2*.

Estive voando ontem à noite, e não me refiro a aviões nem a sonhos. Vou explicar. Cheguei ao set lá pelas 21h30, na van com Freddy Rodriguez, bebi café e fui ao meu trailer. Na minha mesa, vi um conjunto de roupas de baixo inédito aos meus olhos. Tinha um bilhete do departamento de dublês: "Tom, por favor, vista isso debaixo do seu uniforme, porque hoje você vai usar os cintos de segurança". Era um traje longo, preto e de um tecido meio emborrachado, acompanhado por um short preto de ciclista. Vesti o treco e, de imediato, tudo ficou mais quente. Lá fora, fazia 38 graus.

Passei algum tempo com Greg e o pessoal dos efeitos. Eles tinham acabado de enfiar uma estaca no olho direito do Quentin. Eu fiquei lá, já que ficar no hotel não é tão divertido; fui até o estúdio na noite passada e na anterior também.

Mais tarde, Quentin estava prestes a violentar a personagem de Rose, mas, como fora infectado pela pereba zumbi, seu corpo começou a derreter, incluindo seu pinto, que se transformou em uma coisa melequenta, esticada e gosmenta. Então, ele vomitou uma bolha cheia de tentáculos, coberta por uma membrana nojenta e colorida. O mundo não está pronto para esse filme.

Então, me chamaram ao set, perto da pista onde fica o estúdio que pertence a Robert, e então eu vi um guindaste enorme posicionado sobre uma réplica da delegacia onde trabalhei há alguns meses. Fui com o que chamavam de primeira unidade. Ou seja, os atores principais, que esta noite somos Michael Biehn, Freddy Rodriguez e eu. Havia também dezenas de figurantes e dublês transformados em Zoentes. Todos receberam acessórios e ajustaram detalhes do figurino, menos eu, que tive que abaixar as calças para que os dublês acoplassem os cintos em mim, que ficariam escondidos sob o uniforme. Assim que colocaram o treco e me vesti, Vanessa, a responsável pelo figurino no set, fez buracos no meu uniforme na altura dos quadris, e os dublês prenderam mosquetões aos meus cintos de segurança. Esta é a cena em que, logo após Carlos ser atacado e ter o braço arrancado, eu tento recuperar minha aliança dos dedos dele, em estado de choque, e aí um Zoente me agarra e me atira a uma distância de dez metros contra uma viatura. Josh, meu dublê, já fez a parte perigosa há alguns meses; agora, precisamos gravar o início da cena, onde sou agarrado, erguido no ar e arremessado. Josh foi primeiro, para que pudéssemos ver como seria. Foi bem tranquilo; ele foi erguido e auxiliado por outros dublês, que estavam em volta dos colchões no chão. Os cabos serão apagados depois, na pós-produção.

Eles me colocaram nos cabos e me suspenderam para testar como eu me sentia com os cintos repuxando minha bunda e minhas pernas, e até que era confortável. Jamie, o dublê do Freddy Rodriguez, ficou encarregado de puxar um cabo para me erguer usando uma das mãos, a cerca de doze metros de distância, na base do guindaste. Ele conseguia manipular o cabo facilmente, com apenas uma das mãos, e me fazer flutuar no ar. Foi isso o que eu quis dizer quando falei que estive voando. Enquanto esperávamos pela montagem da iluminação e da câmera, eu fazia poses como se estivesse pronto para voar, no estilo Peter Pan ou Super-Homem, com um braço esticado para frente, punho fechado, o outro braço paralelo ao corpo, e um joelho dobrado. Jamie viu isso e me ergueu no ar, e então eu voei. Foi uma coisa espontânea, pois eu não tinha dito nada ao Jamie, mas, quando ele me viu simular um voo, ajudou a fazer a coisa acontecer. Foi hilário, o elenco

e a equipe riram, e eu fiz um joinha para o Jamie quando aterrissei. Foi uma sensação muito gostosa, me senti como se estivesse mesmo voando em um sonho, então repeti aquilo várias vezes, e a cada vez eu fazia algo diferente, como correr com os dois braços esticados feito o Super-Homem, e aí eu saía do chão e voava. Fiquei meio chateado quando tudo ficou pronto e tive que parar de voar para filmar a cena.

Greg atou o meu dedo e aplicou a maquiagem do dedo decepado. Ao ouvir "ação", abaixei para pegar a minha aliança do braço do Carlos, já separado do corpo dele, e o zumbi/Zoente/dublê me agarrou, me ergueu e me virou de cabeça para baixo para me arremessar na direção do outro dublê, mas, de alguma maneira, ele me acertou no olho esquerdo. Avisei o dublê e não tive mais problema com isso pelas próximas sete tomadas. Também pedi um Dramin para o médico do set, porque eu não queria ficar enjoado e vomitar no elenco e na equipe logo abaixo de mim. A cena ficou ótima, Robert ficou satisfeito, e demos sequência.

O resto da cena acontece depois que eu atinjo o carro e caio no chão. Vejo a aliança a cerca de um metro e meio de distância e me arrasto para alcançá-la, mas, quando tento colocá-la, percebo que já não tenho aquele dedo, então fico puto da cara e digo "merda", e a coloco rapidamente no dedo do meio enquanto procuro o zumbi/Zoente que fez isso comigo e saco minha arma. Vejo o canalha se aproximar, dou um soco no estômago dele, outro no peito, e alterno golpes e tiros. Se você leu todos os registros até aqui, sabe que essa cena já foi gravada, mas Robert quis repeti-la porque, da primeira vez, o sol já estava nascendo e tinha muita luz. Fizemos mais nove tomadas, e em todas elas me joguei para trás como se tivesse acabado de atingir a viatura, além de me arrastar pelo chão para procurar a aliança. Entre uma tomada e outra, Gino retocava o sangue no meu dedo e espirrava mais sangue no meu rosto. Meus olhos ardiam e pensei que fosse por causa dos lenços umedecidos que usei para limpar o sangue das mãos, para que não ficassem muito grudentas.

No intervalo entre as filmagens, sentei na minha própria cadeira de diretor (sim, eu tenho uma cadeira com meu nome), e, às 3h, serviram um buffet de sushi. Não como sushi, mas fiquei tão impressionado por trazerem aquilo ao set que comi umas quatro porções sem fazer a menor ideia do que estava comendo.

O sol estava para nascer, então dispensaram Freddy e eu, e, assim que limpei o sangue e troquei de roupa, nos levaram de volta ao hotel. Meus olhos ainda ardiam muito e, quando cheguei ao hotel, tirei as lentes de contato e vi que eles estavam vermelhos por inteiro.

REGISTRO #13

Ontem à noite foi um estouro... e digo isso de maneira literal. Por fim estourei o zumbi/Zoente que me arremessa contra a viatura. Já tínhamos feito essa parte — um mês e meio atrás — mas Robert disse que não podia usar o material filmado por causa da iluminação e porque os *squibs* estouraram com atraso. Eu disse que estava feliz por filmarmos de novo, porque antes eu ainda não tinha sido erguido pelos cabos e não tinha procurado a aliança (veja no registro anterior), e agora que a situação era recente eu ficaria puto da cara quando o zumbi/Zoente se aproximasse de mim.

Na verdade, eu disse: "Seria melhor se na hora eu estivesse procurando aquele zumbi/Zoente de merda; e se eu o agarrasse e gritasse 'seu filho da puta!' enquanto desse os socos e tiros?". Robert disse: "Manda ver".

Então, tive tempo de relaxar um pouco enquanto filmavam outras cenas; Greg aplicou meu dedo decepado e espirrou sangue na minha cara por questões de continuidade, e aí me chamaram no set para fazer a cena. Tim, o dublê em quem atiro, apareceu com dois *squibs* nas costas e uma placa de metal no estômago e no peito para o momento em que eu o atinjo com a arma, e ensaiamos a ação para as câmeras. Depois de alguns "um pouco mais para esquerda, Tom" e "você também, Tim", fizeram marcações com giz ao redor dos nossos pés para que soubéssemos onde ficar, então nossos substitutos assumiram as posições enquanto a iluminação era ajustada.

Enquanto esperava, tentei relembrar alguma situação equivalente na minha vida, algo que eu pudesse usar para ficar furioso,

e a primeira coisa que me veio na cabeça foi algo da infância, da época de escola, quando às vezes ia ao centro recreativo da vizinhança nas noites de verão. Os adolescentes de sempre estavam lá, incluindo vários amigos meus, e vi um cara de quem eu gostava, mas não éramos amigos íntimos nem nada assim, chamado Steve Fisher. Ele estava perto da cerca, e fui até ele para dizer "oi". Eu não sabia, mas ele estava bêbado e, quando me aproximei, me deu um tapa tão forte que meus ouvidos zuniram. Fiquei em choque, porque meus amigos viram o que aconteceu, e me senti muito envergonhado. Não conseguia entender por que ele tinha feito aquilo, uma vez que eu não tinha feito nada para provocar tal reação. Só podia pensar que ele estava bêbado e que não fazia ideia do que tinha feito. Era um cara grandão, e eu fui para casa confuso, mas, desde então, fantasiei dezenas de situações com alternativas de como eu deveria ter reagido. Tipo, eu deveria ter socado o sujeito na hora, mas com certeza ele não teria sentido nada, ou então eu deveria ter dado um chute nas bolas... qualquer coisa, exceto ir para casa com o rosto doendo e os ouvidos zunindo.

Então, na noite de ontem imaginei que Tim, o dublê, era Steve Fisher e que tinha acabado de me bater, e eu enfim faria o que deveria ter feito. Nas aulas de teatro, isso seria classificado como *memória sensorial*. Estou lá, agachado no chão, para a sequência do que filmamos na sexta-feira e tudo o mais que já contei no registro anterior. Acabo de colocar a aliança no dedo do meio, porque o dedo anelar tinha sido mordido, saco meu revólver e, quando Robert grita "AÇÃO", levanto e vejo Tim. Eu grito: "Seu filho...", e acerto o revólver no estômago dele, e o *squib* em suas costas explode e espalha uma bolha de metilcelulose e sangue falso. Eu me afasto e grito: "...da puta!", meto o revólver no peito dele, e outro *squib* explode em uma bolha de gosma vermelha ainda maior. Em seguida, solto um grito e dou um gancho na cara dele com a minha arma, fazendo-o cuspir cerca de um litro de sangue. O tempo todo, imaginei que fazia aquilo com Steve Fisher. Sabe... era uma noite de verão, lua cheia, e senti que expurguei todos aqueles sentimentos que tinha desde criança. Atuar é maravilhoso.

Nós nos reunimos ao redor dos monitores para assistir à cena e, tecnicamente, ficou ótima. Robert disse: "Você faz uma excelente expressão de raiva". Memória sensorial: funciona, viu? Mas ele quis gravar o gancho outra vez, pois não pegaram o sangue espirrando da boca do Tim, então fizemos só essa parte de novo, e, na segunda tomada, um pouco do sangue espirrou no meu rosto. Foi como um frenesi sanguinolento: fiquei alucinado e me agarrei àquela emoção, pois Robert queria registrar meu melhor grito. Isso significa que não tem ação, só o operador do boom segurando o microfone perto de você para captar as falas.

Gritei na direção do céu: "SEU FILHO DA PUTA!", e aquilo ecoou pelo campo. Quantas vezes aparece uma oportunidade DESSAS?

REGISTRO #14

Tive uma manhã bem interessante, mas um pouco assustadora. Tem uma garota em San Antonio chamada Stephanie, com quem tive um namorico há uns cinco anos, e nunca mais nos vimos. Trocamos e-mails ao longo dos anos, quase nos encontramos no México, falamos sobre nossos respectivos namoros e quase nos pegamos algumas vezes, mas nunca aconteceu. Até que cheguei aqui, em março, liguei para ela em San Antonio e perguntei se ela queria me visitar. Ela até queria, mas estava namorando e o sujeito era bastante ciumento, e ela sabia que, se me visitasse, isso causaria certo desconforto, já que sempre tivemos uma vida sexual ativa juntos, e ela não queria trair o cara. Bom, há algumas semanas, tive notícias da Stephanie: ela terminou o namoro e queria me ver. Convidei-a para passar o fim de semana comigo, ela veio e foi ótimo. Ela estava linda; saímos para jantar com a equipe da KNB e todos gostaram dela. Rimos muito. Fomos a uma boate com todo mundo, e parte do elenco do filme apareceu por lá também, e havia uma área aberta com uma brisa agradável, com palmeiras e sofás enormes, cheios de travesseiros grandões, e ficamos lá deitados, conversando e flertando, e ela fez sucesso com todo mundo.

Ontem, fui a San Antonio para passar a noite com Stephanie, cheguei pouco depois que ela voltou do trabalho, pulamos um no outro e, bem, saciamos nosso apetite... e depois fomos jantar. Conversamos sobre quanto nós dois mudamos. Eu era cruel, fazia-a chorar, e nem me lembrava mais de algumas coisas que ela disse que eu fiz. Ela admitiu que era meio possessiva e controladora, mas que melhorou depois que parou de tomar anticoncepcional. Ela é linda e sexy, e eu adoro a companhia dela. Voltamos para casa, ela colocou música boa para tocar e fez algo que nunca fizeram comigo antes, que ela chamou de preliminares extremas. Não se preocupe: não vou entrar em detalhes, mas agora tenho todo um respeito por mulheres que assumem o controle total. Foi a hora e meia mais sensual e excitante da minha vida, ao som de música sexy e apreciação mútua, e quando culminou no clímax, senti uma explosão vulcânica; há

muito tempo não experimentava algo tão especial. Eu disse a ela que havia me ensinado uma lição, e que era maravilhosa.

Quando acordei e fui embora na manhã seguinte, dois pneus do meu carro estavam vazios. Bom, não do meu carro — do carro alugado que o estúdio me forneceu. Pensei que estavam vazios por causa de alguma traquinagem de um vizinho brincalhão. Eu não queria que ela se atrasasse para o trabalho, então apliquei selante nos pneus e a segui devagar até o posto de gasolina mais próximo. Quando chegamos lá (o carro já estava andando nas calotas), o frentista pediu um autógrafo. O cara parecia mais preocupado em fazer um estardalhaço com a minha presença do que me ajudar com os pneus. Para minha sorte, lá havia um cara gente boa chamado Rick, que me deu carona até uma autopeças e depois até uma oficina.

Na oficina, um cara chamado Joe disse que, assim que a equipe dele chegasse, às 8h, eles ergueriam o carro, removeriam os pneus e arrumariam tudo para mim. Isso levaria uns 45 minutos. Então Rick me levou de volta até o carro; os pneus tinham saído das rodas e a tampinha havia sumido, e eu pensei que, enquanto esperava, seria melhor erguer o carro, tirar um pneu por vez, colocar um pouco de ar e selar os pneus de novo. Removi cada um dos pneus, enchi um pouco, selei, mas em todos eles o ar estava escapando de cortes idênticos. Alguém tinha cortado os pneus durante a noite.

Liguei para a Stephanie, e ela estava convicta de que tinha sido seu ex-namorado. Ela havia terminado porque o sujeito era pra lá de ciumento. Ele mora no final da rua dela, então deve ter nos visto, ou talvez tenha vigiado a casa enquanto estávamos lá, o que me deixou puto da vida. Agora, eu precisava comprar dois pneus novos, que Joe mandou buscar. Enquanto eu esperava, fiquei pensando em

233

como lidar com esse cretino que tinha cortado os pneus do carro. A Stephanie disse que ele trabalhava em uma oficina da rede Meineke Muffler, e eu passaria pelo lugar a caminho de casa. O nome dele é Billy, e pensei se eu deveria chegar lá, entregar o recibo e dizer: "Tá aqui o que você me deve por furar meus pneus", ou se deveria falar direto com o chefe dele: "Preciso tirar uma foto do Billy para levar até a polícia". Depois, pensei que seria melhor acertar onde dói de verdade, no ego, e mostrar ao cara que caguei para os pneus furados; assim, escrevi um bilhete e botei em um envelope com o nome dele.

Assim que o Joe terminou de colocar os pneus, fui direto para a Meineke Muffler. Parei o carro e pensei em procurar por alguém cujo crachá dissesse "Billy", ou então evitar qualquer um que tivesse um crachá com esse nome e pedir para alguém entregar o bilhete. Espera aí — estou fazendo um filme aqui na cidade. Não posso deixar alguém detonar a minha cara ou me meter em confusão. Avistei um sujeito que estava trabalhando em um carro e entrei, fingindo que queria uma informação. Depois que dois funcionários, com crachás nos quais se liam "Kevin" e "Earnie", me deram informações, perguntei: "O Billy está aqui?". Eles responderam: "É aquele cara ali fora, trabalhando no carro". Mostrei o envelope e disse: "Podem entregar isso pra ele?". Ernie pegou o envelope, mas não esperei pela resposta; entrei no carro, dirigi até onde o Billy estava e abaixei o vidro. Ele estava de costas para mim, e eu gritei: "Ei, Billy!". Ele se virou, e eu falei: "Eu sei onde você mora". Ele disse: "O quê?". Olhei bem na cara dele e gritei: "Eu sei onde você mora", e fui embora. Olhei pelo retrovisor e o vi entrar na loja. O que ele leu ao abrir o bilhete foi: *Billy, valeu a pena toda a dor de* *cabeça por você ter cortado os pneus do meu carro, porque transei com a Stephanie a noite inteira*. Desenhei um smile e assinei: *Tom*.

REGISTRO #15

Hoje começamos cedo, e é hoje que eu morro. Nunca tínhamos começado tão cedo, mas é que a equipe quer tentar filmar o máximo possível. Tem muita coisa agendada para hoje, e o sol ainda brilhava quando me pegaram no hotel. Primeira vez que isso acontece. Cheguei ao set por volta das 18h30; Greg já tinha avisado Robert e os produtores que hoje é o dia em que eu devo morrer, pois é a última coisa na agenda do Greg e ele precisa voar para casa amanhã, quarta-feira, e se não conseguirmos filmar a cena hoje, que é terça, Greg vai ter que ficar para me matar na quinta-feira. A coisa inteira estava esquisita, e até o cronograma das cenas mostrava que a minha morte seria filmada na quinta.

Gino já havia se programado para ir embora amanhã, e Greg já arrumou suas malas e está pronto para viajar. Tem muita coisa a ser feita hoje antes da cena da minha morte, que vai ser filmada no set onde fica o JT's Barbecue Shack. A equipe deve ir embora em algum momento no meio disso tudo, para umas cenas que serão feitas na pista do aeroporto, fora do estúdio. O que não é uma boa ideia, já que qualquer coisa pode acontecer quando a equipe está lá fora. Não podemos gravar apenas a minha morte por questões de continuidade; é importante que algumas filmagens sejam feitas em ordem cronológica.

Eu estava andando pelo set quando ouvi Robert dizer a Michael que havia decidido quem atiraria no xerife por acidente. Lembre-se do que escrevi em um dos registros anteriores:

estávamos correndo colina acima, do lado de fora do JT's Barbecue Shack, depois de termos transformado toda a população em agentes da lei, e Michael, no papel do xerife, disse a todos para que tivessem cuidado e, o mais importante, que não atirassem nele. Então, Robert disse ao Michael que ele seria baleado de maneira acidental por Tolo... eu. Rachei de tanto rir, e Robert se virou. Ele não tinha percebido que eu estava por perto, e acabamos compartilhando umas gargalhadas esporádicas. Você sabe, daquelas em que fica um silêncio, daí você pensa na situação e começa a rir. Ele acrescentou uma fala em que Michael diria: "Avisei pra todo mundo ficar atento e não atirar em mim. Nunca pensei que fosse ser você, TOLO!".

Soou engraçado, mas do jeito como filmamos ficou com um ar bem sério. Freddy e eu arrastamos Michael para a churrascaria em chamas, só víamos fogo e pessoas correndo, tudo estava um caos, e a garganta de Michael sangrava e a gente achava que ele iria morrer. Eu só conseguia pensar no tamanho do meu arrependimento se a situação fosse real. Na preparação para o meu personagem, transformei Michael no meu cunhado, casado com minha irmã, e assumi para mim o papel de seu protetor. Então, estava pensando em como diabos iria falar para minha irmã que atirei por acidente no marido dela, e em como pisei na bola na tentativa de proteger o xerife.

Depois ensaiamos, e eu queria muito que a minha reação fosse genuína, então usei o "método" e tentei me lembrar de algum evento similar na minha vida. Logo, me lembrei de quando morava na Carolina do Norte e costumava sair correndo para o trabalho de manhã, e, um dia, entrei no carro, dei ré e ouvi Hamlet, um cachorrinho que eu adorava e que pertencia ao garoto que morava na casa ao lado, chorar e correr até o jardim. Foi mais que um choro: o bicho gritou. Eu tinha atropelado o cachorro. Saí do carro e corri até ele; Jimmy Rose, o garoto da casa ao lado, fez a mesma coisa. Quando alcançamos Hamlet, ele estava de pé, ofegante, e pensamos que não tinha sido nada sério.

Então, as pernas traseiras cederam devagar, ele deitou, e Jimmy e eu começamos a chorar assim que o cachorro parou de respirar e morreu. Foi um acidente, Jimmy sabia, mas mesmo assim ficamos devastados.

Ao contemplar Michael sangrando pela garganta, em meio ao caos do set incendiado e de pessoas correndo, imaginei o pequeno Hamlet moribundo, e, ao grito de "ação", virei para Michael e Freddy e soltei um real e emotivo "sinto muito... eu sinto muito de verdade". Cortamos para uma cena mais adiante, quando Freddy envolve a garganta de Michael com panos e eu distribuo armas para as pessoas. Precisávamos ir embora da churrascaria tomada pelas chamas e, na cena, Michael entregou sua arma para Freddy e meu papel era gritar: "NÃO... você não pode... pra ele, não". Imaginei que eu tinha dado aquela arma de presente de Natal para o Michael, e que ele prometera me devolver caso algo lhe acontecesse, o que deu uma carga emocional a mais à minha fala.

Todo mundo saiu correndo da churrascaria e, antes de eu sair, Robert me pediu de maneira repentina para sacar a minha arma ao ouvir um barulho do lado de fora da janela. Era a deixa para quatro dublês zumbificados atravessarem a janela bloqueada, enquanto as chamas engoliam tudo ao nosso redor. Por mais que eu tentasse combatê-los e atirar neles, os zumbis me sobrepujaram, me seguraram em cima de uma mesa e me despedaçaram. A equipe levou algum tempo para preparar a janela, montando uma rampa para que os dublês subissem e a atravessassem. Greg e sua equipe zumbificaram os dublês de tal maneira que ninguém nunca havia visto zumbis como aqueles antes. Pareciam uma mescla de Homem Elefante e Jabba, O Horrendo. Seus rostos eram distorcidos, rugosos e inchados, tinham corcundas gosmentas que escapavam pela camiseta, e seus braços eram grossos e esburacados.

A primeira cena mostraria eu em primeiro plano, voltado para a janela, chamas espalhadas por toda parte, e aí o primeiro cara apareceria e me tiraria do enquadramento; depois, em um novo ângulo, gravaríamos o resto da luta. Uma vez que estivessem me segurando na mesa, eu só precisaria ficar lá parado, com cargas explosivas de sangue no meu peito e

nas pernas para que, quando me puxassem, todo o sangue saísse explodindo de mim. O resto seria com o corpo falso que Greg havia preparado para que os meus membros fossem arrancados. Ele construiu uma cabeça de controle remoto que era muito parecida comigo; a língua saía para fora, as sobrancelhas se mexiam e a boca abria e fechava.

Então, o primeiro dublê aparece e aproveito o impulso dele para arremessá-lo sobre o balcão da churrascaria, aí o segundo zumbi aparece e acerto a cara dele com a minha pistola, atirando ao mesmo tempo. A nuca dele explode. Assim que aponto minha arma para outros zumbis, um deles agarra meu braço, e os demais agarram minhas pernas e me colocam na mesa, enquanto me debato e grito. Repetimos a cena umas cinco vezes até nos chamarem para comer. É meia-noite e tudo o que preciso fazer depois de voltar do jantar é ficar deitado na mesa, esperar os *squibs* explodirem e pronto. Depois é gravar o corpo falso sendo despedaçado. Estamos preocupados para fazer isso logo, porque a equipe vai arrumar as coisas e ir para a pista filmar logo depois da janta, e sem hora para acabar.

Limpei toda a gosma das mãos e fui comer, e, como sempre, passei um tempo lá com Greg e sua equipe.

Depois da espera... e foi uma espera longa... e longa... fiquei no set vazio, compartilhando histórias de efeitos especiais e maquiagem com Eric, um dos artistas da equipe do Greg. De vez em quando eu perguntava que horas eram, e consideramos: "Beleza, se voltarem às 3h, significa que só vão começar a filmar às 4h, e se tudo der certo com os *squibs*, vocês podem preparar o corpo falso lá pelas 5h, então terei morrido, e eu e Greg podemos ir para casa amanhã". Fumamos cigarros, contamos histórias, o tempo passou e, quase que como um corte no meio do filme, a equipe apareceu. Peguei o uniforme extra que já estava com os *squibs* preparados.

Greg reaplicou todo o sangue para reproduzir as manchas do traje anterior e, como sabíamos que era minha última cena, ele não economizou.

Deu para ver que ele estava se divertindo ao colocar aquela coisa gosmenta em mim, e eu não me importei, porque sabia que seria a última vez. Também não coloquei nada sob o uniforme para me proteger do impacto dos *squibs*. Na verdade, achei que não teria problema, mas, assim que vesti o traje, vi que os *squibs* ficavam bem perto do meu rosto e fiquei preocupado que explodissem ali. Então sugeri que enquanto estivesse lutando com os zumbis eu poderia levantar a cabeça, o que casava bem com a câmera que estava apontada diretamente para mim, para a mesa e para os zumbis, e quando eu gritasse e jogasse a cabeça pra trás, essa seria a deixa para explodir os *squibs*, e foi isso o que fizemos. Também havia uma câmera em um ângulo plongée, mostrando meu corpo inteiro. Essa foi a primeira tomada. Gritei, o sangue explodiu, e tive a sensação de como se alguém tivesse batido com um martelo na minha perna. Foi a única coisa que senti. Daí fiquei encharcado de sangue, que escorria pela minha roupa, e sempre que eu dava um passo o uniforme grudava no meu corpo. Odeio essa sensação e disse para o Greg que eu sabia que ele estava se divertindo com a minha desgraça.

Fiquei daquele jeito por um tempo e logo fui chamado de volta ao set para que Greg e Gino reproduzissem o sangue espirrado em mim no boneco que vai para a mesa. Ao vê-los trabalhando no corpo falso, tive uma sensação inesperada. Era estranho ver pessoas mexendo no meu corpo, com a cabeça para trás e a boca aberta como se estivesse berrando. Quando gritaram "ação", os zumbis puxaram minhas pernas e um dos braços, e tudo explodiu em uma bagunça sanguinolenta, e, com um pequeno atraso na imagem, meu peitoral, o outro braço e a cabeça começaram a se desprender, os tendões foram rompidos e as partes caíram ao chão. A equipe aplaudiu e as garotas gritaram, e eu pude enfim tomar banho. O diretor assistente trouxe uma calça nova, xampu e uma camisa limpa, e tomei o melhor banho da minha vida; estava me sentindo todo grudento, e aquela água quente estava muito gostosa... e então ouvi um barulho. Greg apareceu no chuveiro com uma enorme vasilha cheia de água gelada e a despejou sobre mim. Não foi tão ruim, porque naquele momento pensei: "Ai... ele gosta de mim". Ri muito enquanto me lavava.

Voltei ao set e sentei ao lado da equipe reunida ao redor do monitor, cada um em uma cadeira com seu respectivo nome, e esperei Brian gritar: "Tom, você está dispensado", mas ele se aproximou e disse: "Precisamos de você para uma cena na quinta, uma em que você atira em alguns zumbis, daí acabou, beleza?". Claro que estaria beleza. Todos os dias nesse projeto foram pra lá de divertidos.

REGISTRO #16

Foi inacreditável, chocante, maravilhoso, e fez todo mundo gritar de alegria. Achei que seria uma noite entediante, só para "gravar uma ceninha aqui e outra ali", e pronto. Então começou assim: depois de passar horas esperando no forno que é aquele estúdio/aeroporto, cheio de sangue grudento na minha cara e na camisa, por fim fui chamado ao set para acompanhar

Michael, Freddy, Jeff e Rose pelo depósito de carne do JT's Barbecue Shack até o armazém dos fundos, onde ficavam guardados os "veículos de fuga".

Fiquei em segundo plano a cena inteira e, quando assistimos ao vídeo da filmagem, dava para ver um pedaço do meu cotovelo atrás do Michael, e era só. Foi com essa intenção que me impediram de ir para casa? É por isso que eu teria que ficar até a semana que vem? Isso? Depois da minha gloriosa cena de morte na terça-feira, depois de meses de filmagem, era assim que seria meu último dia?

Teria um fim de semana de folga, daí voltaria na segunda e na terça, conforme combinado, para ficar em segundo plano e talvez, só talvez, atirar em alguns zumbis/Zoentes quando estiverem atacando a churrascaria. Era isso?

Greg e Gino foram para casa, além da maioria das pessoas com quem eu mais me relacionava. Estamos gravando de dia, dentro do estúdio, e está tão quente que Emmy Robbin, que interpreta minha irmã, desmaiou por causa do calor no set fechado. Tiveram que colocar toalhas molhadas nos pés dela e fazer com que inalasse oxigênio. Entre as tomadas, ligaram o ar-condicionado, que sai de uma enorme mangueira direcionada, mas, a menos que você esteja bem no caminho do ar, ainda precisa usar as folhas do roteiro ou cronograma para se abanar.

Aceitei meu destino quando chamaram para jantar, e fui caminhando bem devagar durante os infernais noventa metros que me separavam da área dos trailers e da tenda com o buffet. Desafrouxei a gravata e o colarinho, tirei a camisa e não tive a menor pressa de chegar aonde a comida estava, apenas seguia a rotina... ir comer quando alguém chamava. Peguei uma salada leve, e estava na tenda com o pessoal do figurino quando Brian anunciou que

Marley havia conseguido trazer um caminhão de sorvete Ben and Jerry's até o estúdio para distribuir sorvete grátis. As filmagens do Michael Parks já tinham acabado, e nós o aplaudimos em sua despedida de *Grindhouse*; depois da janta, Robert exibiria uma prévia de seis minutos feita para a San Diego Comic-Con, aonde irá com Quentin, Marley e Rose para promover o filme neste fim de semana.

Agora sim! Isso ia ser demais! Porém, eu não esperava que fosse tanto. Dentro do mesmo estúdio/hangar em que filmávamos, todos nós, atores principais, nos sentamos perto dos monitores, e havia enormes alto-falantes em cada lado. O resto do elenco e da equipe se acomodou nas cadeiras de diretor, em um enorme semicírculo de frente para os monitores. Robert fez um pequeno discurso sobre o propósito dessa prévia, e falou também sobre o barulho que criou na internet quando fez isso com *Sin City – A Cidade do Pecado*.

Robert apertou um botão e apareceu uma antiga vinheta de cinema dos "trailers de lançamentos que estavam por vir", à qual costumávamos assistir quando éramos crianças. Em seguida, surgiram manchas como em um filme projetado — marcas de queimado, riscos e cortes rápidos — e, então, uma lápide cercada por chamas, com R.I.P. gravado na pedra. Abaixo da sigla, o título: "Rodriguez International Pictures". Todos rimos e aplaudimos essa homenagem direta à American International Pictures, que é o que você via quando ia assistir a um filme *grindhouse*.

Então, apareceu uma tela branca e ouvimos minha voz gritar: "CALA ESSA PORRA DE BOCA!".

É a minha fala na cena da delegacia, quando apareço com o dedo decepado. Robert abre a prévia com essa cena, até que Michael ouve uma espécie de rosnado a distância, vira na

direção do barulho e pergunta: "É ele?". A partir daí, o inferno abre suas portas na sequência de imagens que vem a seguir. É difícil lembrar a ordem, por isso vou só listar o que vi:

Rose como uma stripper em um palco, linda e fantástica, dançando.

Explosões, e zumbis com aparência de doentes gosmentos andando pelo corredor de um hospital.

Freddy correndo até uma parede, dando um mortal e matando zumbis com acrobacias dignas de Jackie Chan.

Eu sendo arremessado contra uma viatura.

Rose chorando em uma cama de hospital por ter sua perna amputada.

Freddy arrancando a perna de uma mesa e encaixando-a no coto de Rose.

Rose caminhando pelo corredor do hospital com a perna de uma mesa no lugar da perna direita.

Danny Trejo, de *Um Drink no Inferno,* em um trailer fictício no qual interpreta "Machete".

Mulheres peitudas em uma jacuzzi com tarjas pretas cobrindo os mamilos.

Corta para o Danny acoplando uma metralhadora giratória em uma moto, que depois aparece saltando de uma grande explosão. As chamas transformam seu rosto em algo demoníaco, com uma aura vermelha e dourada, e a metralhadora dispara contra a tela.

Corta para o Danny de novo, abrindo um sobretudo com uns 25 facões pendurados dentro. Surge o título em fontes enormes: *MACHETE: Avenger of death*, ou algo assim.

Surge um "Estrelando!", e nossos rostos aparecem na tela como nos filmes antigos, com nossos nomes logo abaixo. Freddy diz para Rose: "Tenho um presente pra você", e acopla uma espécie de metralhadora e lançador de foguetes no coto dela, e vemos os dois rodando em uma moto em câmera lenta, com Rose virada para trás, atirando nos zumbis com a perna. Eles explodem e espirram sangue; então vemos mais uma explosão e uma bola de chamas, Rose voa pelos ares e, ao pousar, atira um foguete com sua perna em um carro que se aproxima. O veículo perde o controle e vem na direção dela — Rose sai do caminho no último segundo.

Zumbis destroçam pessoas, e as partes mais nojentas são cobertas por tarjas pretas. Carros colidem, para-brisas se quebram, sangue jorra, olhos se encaram, zumbis marcham, babás gêmeas malucas destroem um carro com marretas e caem no chão com tudo quando o carro arranca. Quentin, no papel de um soldado estuprador, grita e derrete; cabeças explodem, pessoas são desmembradas, zumbis são feitos em pedaços, e então o título *Grindhouse* atravessa a tela e, a essa altura, todos no estúdio estão gritando e aplaudindo. De verdade, o agito durou uns cinco minutos. Meu coração — e o de todo mundo ali — batia forte; nós só queríamos ver mais. Ninguém jamais tinha visto algo parecido com esse filme. Isso vai ser um estouro, as pessoas vão começar a comentar quando assistirem à prévia e não vão se aguentar de ansiedade até que o filme seja lançado.

Abracei Robert e disse que o mundo não estava pronto para esse filme, mas, hoje, penso que o mundo sempre esteve esperando por esse tipo de filme, em especial os fãs. Era disso que precisávamos. As filmagens estão acabando, queremos ir para casa, e o trailer foi uma injeção de adrenalina, um estrondo que nos deixou orgulhosos do que fizemos juntos... orgulhosos do que acabamos de ver, do que o mundo vai ver. A San Diego Comic-Con vai ter uma overdose de *Grindhouse*, que vai atingir exatamente o público que gosta desse tipo de filme.

Voltei ao normal, sem me importar se fazia muito calor ou se as cenas que eu tinha para gravar eram tediosas ou não. O elenco e os membros da equipe que não estavam por perto no início vieram até mim e fizeram sinal de positivo, dizendo que adoraram a cena de abertura, e eu falei sobre como Freddy vai virar um astro dos filmes de ação. Enfim, Brian me chamou para o set, e chamou também o fotógrafo.

Quando chegamos, ele disse a todos: "É com grande prazer que digo boa-noite a todos, e, para o Delegado Tolo e Tom Savini, as filmagens chegaram ao fim!". A equipe e o elenco aplaudiram com intensidade... tive que me segurar para não chorar. Que surpresa. Achei que teria que ficar até a semana que vem, e agora posso ir para casa com a prévia fresquinha na minha cabeça.

Robert fez sinal para eu me aproximar, para que o fotógrafo tirasse uma foto nossa juntos, e ele me pediu para levantar a mão com o dedo decepado. Não me lembro de todo mundo que me abraçou; meus olhos estavam marejados e foram várias as pessoas que me abordaram para pegar de volta minha arma e meu coldre, e para me entregar o tecido do encosto da cadeira de diretor que usei durante o filme, com a palavra *Grindhouse* escrita em um lado, e o meu nome escrito no outro.

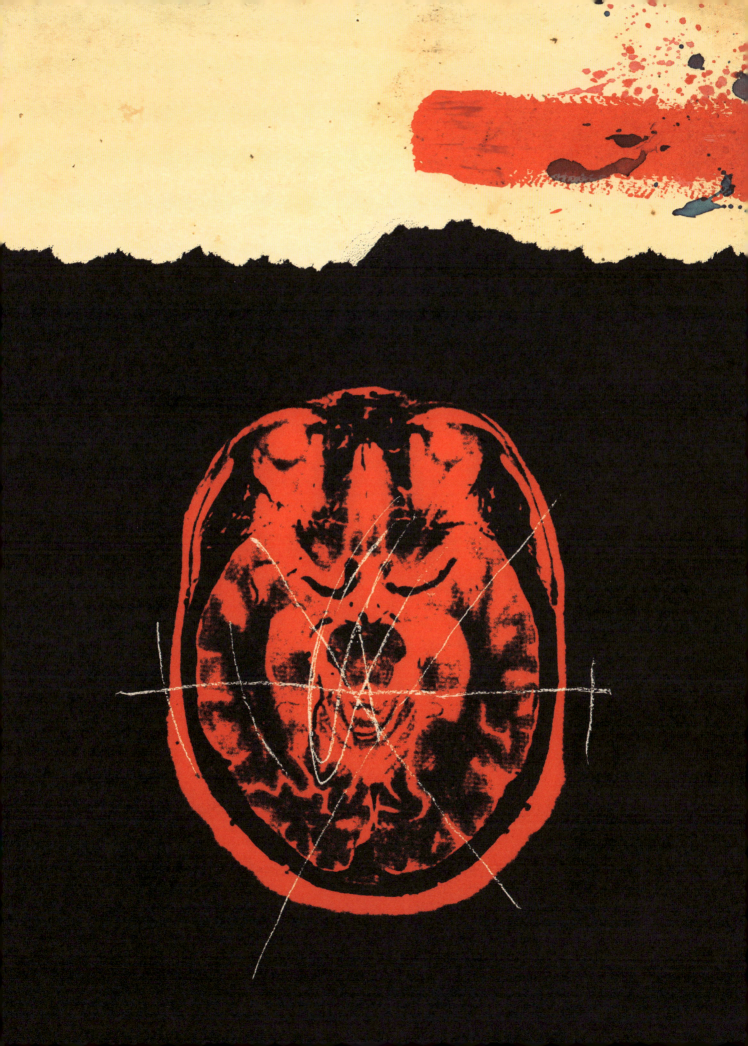

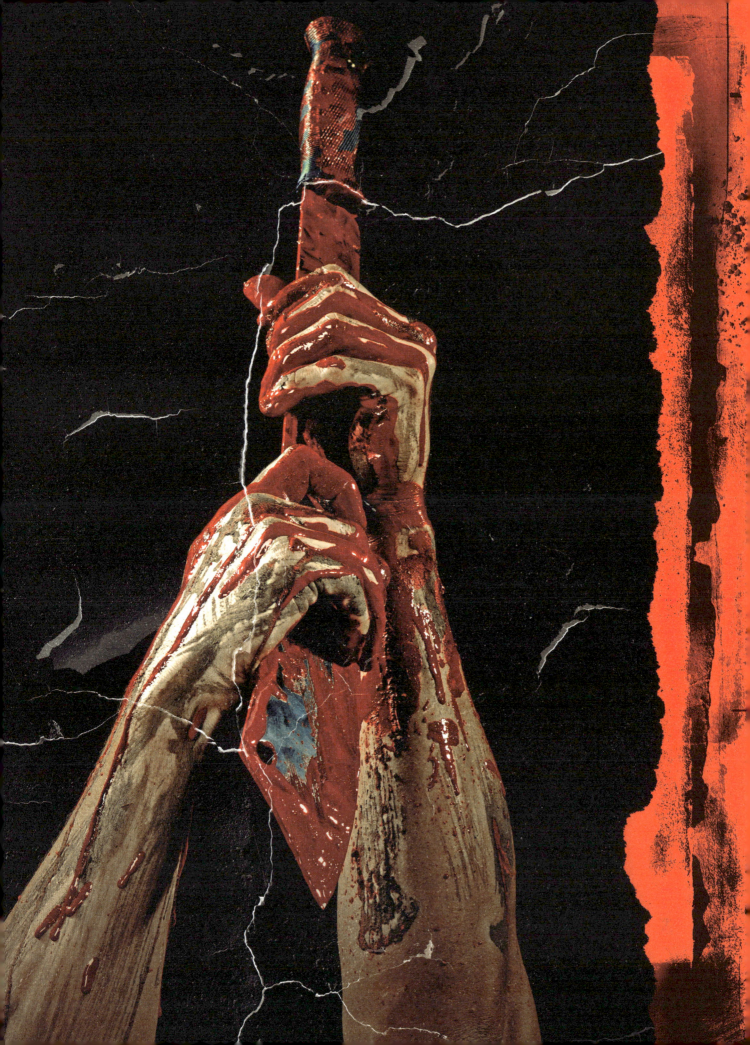

Diário MACHETE
Cenas da minha morte

Se você assistiu ao filme *Grindhouse*, sabe que é uma sessão dupla composta de *Planeta Terror*, dirigido por Robert Rodriguez, e de *À Prova de Morte*, dirigido por Quentin Tarantino. Além disso, também contém trailers absurdos de filmes falsos, que não existem, enfiados no meio das duas produções. Um desses trailers de mentira é de um filme que se chama *Machete*. O trailer ficou muito popular e parece que surgiu um desejo coletivo de que o filme fosse feito. Já se passaram dois anos desde *Grindhouse*, e o filme por fim vai ser realizado... e eu estou nele! Ieeei! Interpreto Osiris Amanpour, um assassino de aluguel desprezível e nojento, contratado para matar Machete... interpretado por Danny Trejo, um dos vilões de *Um Drink no Inferno*!

Estou de volta a Austin, Texas, e ao mesmo hotel onde fiquei da outra vez. Desci até a lojinha de suvenires para comprar uma caneta e, saindo do elevador, surgiu Danny Trejo... O Machete. Um cara que você identifica de imediato. Ele tem um rosto muito peculiar, um rosto que você já viu várias vezes em papéis vilanescos, como em *Fogo*

Contra Fogo e *A Balada do Pistoleiro*... enrugado, durão, o rosto de alguém que não leva desaforo pra casa, alguém assustador... e esse cara vai me matar. Pelo menos, é o que diz o roteiro, para compensar o que fiz com ele em *Um Drink no Inferno*.

Enfiei um taco de sinuca quebrado no coração dele, e, sendo um vampiro, ele se desintegrou e derreteu em chamas, enquanto seus olhos rolavam para as caçapas.

A aventura começou assim: mandei um e-mail para Robert Rodriguez, o diretor, e escrevi: "Danny devia me matar, você não acha? Para compensar a vez que eu o matei". Robert respondeu: "Boa". Então, começamos a trocar e-mails com fotos e ideias sobre o meu visual; como eu seria um assassino "especialista", a pergunta era... qual seria a minha especialidade? Disse para ele não esquecer que sou bom com chicote e arremesso de facas e machadinhas, e que mando bem no arco e flecha também. Ele gostou da ideia e pediu que eu enviasse fotos minhas com o arco. Tem uma cena no filme em que o vilão assiste a uns vídeos no computador para contratar um assassino de aluguel, e no meu vídeo estou em ação com o arco e flecha.

Recebi o telefonema no domingo e tive que vir para Austin filmar na terça. Quê? Caraca! Arrumar as malas e pegar o avião sem saber quanto tempo eu ficaria fora foi o caos, mas consegui e ganhei uma passagem de primeira classe (regra do Screen Actors Guild, o sindicato dos atores), e logo estava em Austin, no trailer do figurino, provando uma calça jeans preta, uma regata também preta, jaqueta de couro e bandana. Nina Proctor, a figurinista, me levou até o set para que Robert aprovasse as roupas. Estava quente e escuro no estúdio do chroma key. Danny Trejo e Jessica Alba estavam sentados dentro de um carro, gravando uma cena, enquanto um técnico balançava o veículo com uma tábua de dois metros por seis colocada sob o para-choque traseiro, usando uma caixa como ponto de apoio improvisado.

Robert sorriu para mim e percebi, como sempre, que havia mil coisas na cabeça dele. Entre um pensamento e outro, ele me colocou sob uma luz melhor, me observou da cabeça aos pés, e fez sinal de positivo para Nina. Ela disse que ia pregar tachas prateadas nas laterais dos meus jeans; isso me deixou bem feliz, além do fato de estar vestido em couro preto, porque, da última vez que fiz um filme com o Robert, usei um uniforme de polícia apertadíssimo na cor cáqui. Isso aqui é mais a minha cara.

Fui apresentado à minha motorista, Chrissie, que me levou ao Whole Foods para comprar umas guloseimas, e ao hotel para fazer o check-in. Na recepção, perguntei se ainda tinha o minibar no quarto; disseram que não, apenas duas camas e a tv, e pediram desculpas por me colocarem em um quarto de fumante. Expliquei: "É que eu comprei uns lanchinhos", e o recepcionista falou: "Deixe-me ver o que posso fazer". Então, me levaram até um andar particular, e entrei no meu quarto novo. Meu queixo foi direto para o chão. Pensei que tivessem cometido um engano.

Tinha uma sala enorme, eu disse enorme, maior do que os dois andares da minha casa juntos, com dois sofás monumentais, uma mesa gigantesca, uma televisão colossal, um bar com uma pia, dois quartos com uma cama king size em cada um, uma lavanderia com máquina de lavar e secar, e dois closets. Isso

me assustou. Eu não conseguia acreditar. Desfiz as malas, guardei a comida e fui caminhar. Na esquina do hotel, na Congress Avenue, tinha um cinema chamado The Paramount, onde estavam sendo exibidos *A Múmia*, com Boris Karloff, e *O Gato Preto*, com Karloff e Bela Lugosi. Ao ver aquilo, me convenci de que, em algum momento desde que saí de Pittsburgh até chegar aqui, morri e fui para o céu.

É claro que comprei um ingresso, entrei e sentei, hipnotizado por um desenho do Frajola e do Ligeirinho que estava passando na tela da sala toda ornamentada, que não apenas havia sobrevivido à vida moderna, como também estava exibindo um festival de filmes antigos no verão. Senti como se tivesse viajado no tempo, para minha infância nos anos 1950. Voltei na noite seguinte para ver *Alien 3* e *Aliens: O Resgate*. Saí no meio de *Alien 3* e caminhei seis quadras até a famosa ponte de Austin, de onde milhares de morcegos saem voando ao entardecer, mas já eram 20h30, e a revoada tinha acontecido às 20h15. Tudo bem, ficaria para alguma outra noite. Voltei ao cinema e assisti ao resto de *Alien 3*, e depois a *Aliens: O Resgate*. Estou ansioso para o fim de semana, quando haverá uma sessão dupla com *O Dia em que a Terra Parou* e *Planeta Proibido*. Estou no paraíso.

No dia seguinte, meu primeiro dia de filmagem, eu ensaiei em um estúdio onde construíram o interior de uma igreja com altar, bancos, um enorme crucifixo — sem Jesus —, vitrais enormes e gigantescas portas de entrada. Robert ensaiou a minha entrada e a de três dublês — incluindo Aaron Norris, filho do Chuck Norris, que eu não via desde *Invasão U.S.A.* — em uma cena na qual eu entro à procura do Padre, interpretado por Cheech Marin, porque quero matá-lo. Estabelecemos as posições, usando armas de borracha; depois, sou levado até o responsável pelo arsenal do filme, que quer que eu me familiarize com a arma que vou usar na gravação da cena: uma metralhadora USAS russa. Isso mesmo, uma metralhadora. Nunca vi nem ouvi falar sobre nada que chegasse aos pés dessa arma. O sujeito disse que, quando testaram a arma em Los Angeles, foram algemados e presos: apareceram helicópteros e até fecharam a área da baía por quatro horas. Estávamos na traseira de um caminhão de equipamentos e ele deu o primeiro tiro. Sacudiu o mundo. Que demais! Daí, foi a minha vez: coloquei a alça no ombro, pressionei o cabo contra o braço direito e apertei o gatilho com uma única mão. Como posso descrever a sensação de uma metralhadora atirando 22 projéteis ao longo do comprimento daquele caminhão? Foi a coisa mais poderosa que já senti.

Repetimos a cena na igreja várias vezes. Então, os dublês atiraram no altar quando viram o Padre, e eu disparei o meu monstro bélico. Adorei as duas últimas tomadas. Durante as primeiras, eu estava no personagem, pensando: "merda de padre", mas nas duas últimas estava só curtindo os tiros do canhão. O lampejo que saía da arma devia alcançar uns dois metros. Aaron e Norm, os dois dublês na minha frente, disseram que conseguiam ver o clarão passando por eles.

Enquanto preparavam os *squibs* no altar, para que as estátuas e a madeira estourassem com os tiros, sentei ao lado de Cheech e ficamos conversando por mais de uma hora e meia. Não queria incomodá-lo, mas ele fez várias perguntas, que acabaram virando uma conversa. Em algum momento em meio a isso tudo, gravaram a cena e os *squibs* explodiram, reduzindo o altar a pó.

Cheech e eu conversamos sobre muitas coisas. Ele ia se casar em dois dias com Natasha, uma russa com quem namorava havia cinco anos. Conversamos sobre Vlad, O Empalador, mulheres, efeitos especiais, Tommy Chong e a turnê australiana que eles fizeram... Foi um prazer enorme conversar com um cara cujos álbuns de comédia representaram uma parte muito relevante da minha vida e do meu cérebro, que estava sempre envolto em fumaça de maconha no final dos anos 1960 e começo dos anos 1970. Então, gravamos a cena onde eu o crucifico no altar.

Mas antes, atiro na perna dele e o arrasto até ali. Depois que eu prego seu pulso direito à cruz, ele faz uma cena com Jeff Fahey, que prega o pulso esquerdo. Aposto que isso vai gerar protestos.

No dia seguinte, eu estava na piscina de aço do hotel e dois caras puxaram conversa comigo. Disseram que eram músicos de rua, que estavam viajando de Seattle a New Orleans e pararam aqui antes de seguirem para Washington, D.C. Também disseram que o caminhão antigo que estavam dirigindo havia sido guinchado, e ficaram bem nervosos quando uns seguranças do hotel apareceram onde estávamos. Eu fiquei pensando em como eles conseguiram subir até ali, já que o acesso é restrito. Conversamos sobre várias coisas. Um deles me reconheceu e até sabia o meu nome. O serviço de quarto chegou com a comida que tinham pedido, mas quando o atendente perguntou o número do quarto para anotar na comanda, deram um número que não existia. Um deles saiu de mansinho enquanto o atendente ligava para a recepção tentando confirmar o outro número que eles deram, dizendo não se lembrarem muito bem em que quarto estavam. O outro cara apertou minha mão e disse: "Foi legal te conhecer", e meio que... sumiu.

Depois, naquela noite, eu estava saindo de uma loja de música e os dois passaram por mim, carregando um tambor, uma guitarra e um cachorro na coleira. Apontei para eles, nos reconhecemos e eles pediram para tirar uma foto comigo. Depois, dei vinte mangos para eles e disse que sacava o que eles estavam fazendo no hotel. Eles responderam: "A gente se vira do jeito que dá".

É domingo e estou de plantão desde quinta. Decidi não voar para casa e permaneci em Austin. Hoje de manhã fui até a academia, e Danny Trejo estava malhando lá. Conversamos um pouco e ele disse que tinha ido com os filhos e Jessica Alba a um clube na rua Seis, na noite anterior. As pessoas queriam tirar foto com ele, e ele dizia:

"Olha ali, é a Jessica Alba... ela tá bem ali. Por que quer uma foto COMIGO?". Ele disse que o pessoal do site TMZ o parou na rua e ficou perguntando sobre o divórcio, coisas como: "Quais diferenças levaram vocês ao divórcio?", ao que ele respondeu: "Descobrimos que minha esposa era ótima e eu agia como um idiota".

Fui chamado para fazer uma cena que se passa na casa/escritório do personagem do Jeff Fahey, quando ele se reúne com os assassinos que contratou para matar Machete. Eles me pegaram no hotel e o trajeto levou cerca de uma hora, chegando a um local diferente de tudo o que já vi. Era como uma área residencial, uma comunidade de casas, tipo a que aparece no *De Volta para o Futuro*, mas essas... depois de passarmos por portões do tamanho do King Kong, vi que era uma comunidade de... mansões. Cada uma delas era descomunal, cheia de andares, cores e ornamentos... verdadeiros palácios, castelos. Nunca vi tantas casas lindas assim reunidas, cada uma delas maior que a outra.

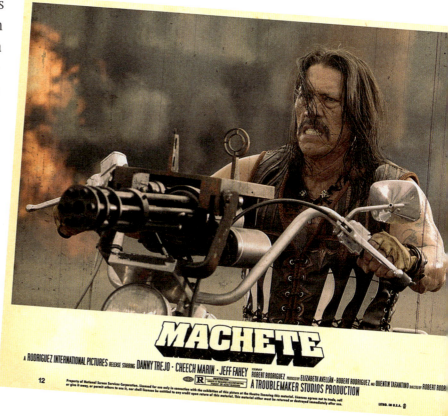

247

Chegamos a uns portões imensos, e estacionamos na frente da mansão de 28 milhões de dólares do cara que inventou o PayPal e que projetava microchips para a Dell. Aquela casa me deixou sem fôlego. Fiquei pasmo, desorientado e abismado. Era como entrar no Vaticano, ou em um museu do tamanho de uma cidade. Para onde quer que eu olhasse, o visual era esplendoroso. Depois de passarmos pela porta da frente, que era uma espécie de arco gótico de aço, enorme e com design bem ousado, parei sob monstruosos pilares de mármore que sustentavam uma gigantesca abóbada branca pintada à la Michelangelo, com clássicas figuras bíblicas: com certeza pintadas à mão por alguém, ou uma equipe, em cima de um andaime.

A biblioteca podia ser comparada à biblioteca Carnegie do meu bairro. Para chegar à mesa de sinuca, era preciso fazer quase uma caminhada em meio a uma sala onde um sofá enorme ficava de frente para a parede repleta de monitores que mostravam o mercado de ações, todos ao redor de uma enorme televisão embutida. O sofá tinha forma de U e era do tamanho de meio quarteirão; nas extremidades, no lugar do apoio para os braços, havia duas poltronas de couro grudadas ao sofá, como se fossem parte dele.

Um outro cômodo abrigava um home theater. Uma tela gigantesca em uma sala que parecia forrada em veludo vermelho; em vez de assentos de cinema, havia ali enormes sofás de veludo vermelho cobertos por um arranjo de almofadas coloridas.

Essa casa provocou um impacto muito profundo em mim... descobrir que pessoas vivem desse jeito... que precisam caminhar longas distâncias para ir de um cômodo a outro, e eu nem tinha visto o segundo andar ainda. O impacto foi tão grande que eu não conseguia falar na hora de ensaiar o meu texto com Jeff Fahey, que se encontrava sentado atrás de uma mesa enorme na biblioteca. Eram três falas, mas esqueci tudo o que devia dizer. Eu precisava me recompor... me motivar... precisava entrar no personagem. Aos poucos, consegui, mas senti que tinha pisado na bola, dito as falas sem prestar atenção, sem emoção ou interesse algum. Espero que isso tenha sido interpretado como alguma esquisitice do personagem. Veremos. Na cena, todos os assassinos estão sentados diante da mesa do Jeff Fahey, e ele pergunta: "Machete... Machete... que diabos de nome é Machete?", e eu digo algo como: "Quando você passa a vida matando pessoas, acaba adotando o nome da arma que mais usa". Rose McGowan vira para mim e fala: "Então, por que o seu nome não é Dick?".* Eu pego o

---

* "Pinto", em inglês.

canivete enorme que trouxe comigo, coloco entre as pernas e aperto o botão. Ele abre de repente, apontando para cima, como um enorme pinto de metal que eu uso para calar a boca dela. Rose interpreta uma assassina que sempre anda com um gato, e atira nas vítimas através do bichano (que morre também, é claro).

Algumas semanas se passaram. Voei para casa para ver James e Lia. Ela disse que ficava triste quando as amigas iam para Las Vegas sem ela, então paguei uma viagem para os dois até os estúdios da Universal, na Flórida, para um fim de semana prolongado. Ela conseguiu um emprego novo, das 9h às 17h, no qual vai começar assim que voltar da viagem.

Aproveitei para curtir a minha canoa, acampei, pratiquei arco e flecha... e pensei no roteiro, que dizia que Jeff Fahey procurava assassinos de aluguel na internet e esbarrava no meu site, 1-800-ASSASSINO. Só que essa parte do roteiro foi substituída por uma cena em que há apenas fotos dos assassinos. Liguei para o meu amigo Rob Lucas, que é diretor de fotografia, e decidimos que, já que cortaram a cena do "currículo em vídeo" dos assassinos, talvez porque demoraria muito para gravar tudo, então eu criaria um aqui em Pittsburgh, e Rob o filmaria.

Imprimi fotos do Danny Trejo e colei em papelão, levei até um campo de tiro e um campo de arco e flecha. No vídeo, chego de moto, com um arco pendurado no ombro, saco uma flecha e lanço em um balão vermelho. Quando a flecha acerta o balão, vai parar bem no meio do rosto do Danny Trejo. Então levanto minha incrível pistola, uma Contender que dispara munição 30/30, miro na foto de Danny e faço um buraco enorme na testa dele. Aí corta para uma cena em que estou malhando na academia, faço minhas famosas flexões que "poucos no mundo conseguem fazer" e levanto pesos, todo besuntado em

óleo, e *voilà*: meu currículo em vídeo como um assassino de aluguel está pronto.

Estou de volta ao Texas. Deixei o aeroporto e fui levado ao escritório da produção para pegar meu per diem e meu carro alugado. Robert estava gravando uma cena de luta externa em que havia vários carros empilhados e mexicanos que empunhavam todo tipo de armas. Esse filme vai ser espalhafatoso. Levando o vídeo que eu e Rob tínhamos gravado, fui com Archos até a "vila dos vídeos", onde Robert agora estava assistindo às cenas. Um cara grandão, que pensei ser primo do Robert, veio na minha direção e me cumprimentou. Disse que era um dos meus maiores fãs e que tinha meus livros. Ele se apresentou dizendo: "Meu nome é Nimród". BUM! É o diretor do próximo filme do Robert, *Predadores*.

Eu disse: "Ah... você é o Nimród!", porque já sabia que Robert o havia escolhido para *Predadores*. Durante uma pausa nas filmagens, Nimród apontou para mim e disse ao Robert: "Ele é O CARA!". Tiramos fotos juntos e pareceu uma ótima oportunidade de mostrar meu vídeo para o Robert, na frente de Nimród. Robert adorou e disse que o usaria no filme. Ele jogou o vídeo no computador e logo começou a pensar no que faria: a ideia era colocá-lo em várias telas, enquanto Jeff Fahey olhava os currículos dos assassinos.

Pelas horas seguintes, fiquei conversando com Nimród, que me mostrou as coisas maravilhosas que desejava fazer em *Predadores*. Só de ver os esboços, modelos e imagens, dá para saber que vai ser ótimo. Ele falou sobre os personagens, e, como não sou muito de fazer rodeios nas conversas, fui direto e perguntei: "Precisam de algum italiano?". Ele disse que adoraria, mas que dependeria de aprovação; contudo, se não rolasse em *Predadores,* sem dúvida trabalharíamos juntos. Ele me chamou de rock star, e, quando fui embora, gritou: "Senhoras e senhores, Savini acaba de deixar as dependências deste prédio!". Jantamos juntos mais tarde: eu, Nimród, sua esposa e seu filho.

Ontem filmamos uma cena em que eu e meus capangas nos aproximamos da igreja, uma igreja de verdade, na qual mato Cheech. A cena já foi gravada no set do interior da igreja. E lá estávamos nós, carregando armas enormes na frente de uma igreja de verdade... lá dentro havia fiéis, nada de figurantes. Fiquei curioso para saber o que aconteceria se eles se virassem e nos vissem com as armas, e eu disse isso ao Norm, um dos capangas, que fumava um charuto. Ele respondeu: "Talvez pensassem que suas preces foram atendidas".

Hoje fiz bicicleta na academia, e minha mente divagava. Pensei na cena romântica entre Danny Trejo e Jessica Alba, que estava para ser gravada. Saí da academia e fui para o quarto. Danny estava no saguão com uns camaradas, e um deles me disse: "Ei... ele beijou a Jessica Alba ontem". Sorrindo, Danny falou: "Ela foi bem corajosa". Depois, vi Danny e os amigos saindo do elevador e perguntei se tinham lido o jornal hoje. Danny disse: "Não, por quê?". Contei a ele que uma das manchetes dizia que Jessica Alba tinha abandonado o marido e o filho para fugir com Danny Trejo. Ele se mijou de rir.

Depois de semanas em Austin, apenas malhando, curtindo a piscina e fazendo compras, por fim, dentro de dois dias, a cena da minha morte vai acontecer. Vou lutar contra os homens do Danny, até que eles me sobrepujam e me matam. Estou bastante nervoso. Nunca briguei, não de verdade. Ninguém acredita quando digo isso, principalmente por aqui, com toda essa galera boa de briga e os dublês. Mas nunca aconteceu de um grupo assim me pegar... esses caras enormes... salvo na época de escola, quando fui agarrado por um bando e um deles começou a me bater. Seguraram meus braços e pernas e ficaram gritando: "Bate na cara dele", mas ele batia só no estômago, e daí me soltaram. Daquele dia em diante, comecei a treinar defesa pessoal, mas nunca precisei usar. Acho que poderia aplicar essa experiência aqui, se bem que, agora, a coisa é bem mais séria. Matei o irmão do Danny/Machete. Crucifiquei o cara na igreja e agora fui capturado. Vão me matar na oficina. Você sabe: várias lâminas e serras e tal.

Estou nervoso, apesar de seguir a seguinte filosofia: aprenda as falas e, quando chegar a hora, mergulhe na situação e acredite nela, e divirta-se com o que acontecer. Mas, até onde sei, nunca matei ninguém, nem no Vietnã, quando atirei na floresta inteira. Pode até ter acontecido, mas um contra um, olho no olho? Nunca passei perto, e agora estou interpretando um assassino de aluguel. Um sujeito com experiência. Preciso parecer um cara brutal, violento, agressivo. Meus amigos sabem que sou um molengão. Um ursão. Vou precisar de muita habilidade para convencer o público do contrário. Eu tenho que acreditar... para que os outros acreditem. Isso está me deixando nervoso.

Fui jantar com Nimród em um restaurante mexicano que Robert adora, La Fonde alguma coisa. Eu fiz alguma piada boba com o nome dele, e ele ficou rindo enquanto a garçonete nos encarava. Tivemos conversas ótimas sobre filmes e filosofia. Bebi uma margarita de melancia, e rimos tanto e com tanta vontade que nem lembro o que comi. Ele me levou para o hotel, subiu comigo e ficamos conversando mais um pouco. Mostrei a Nimród o meu roteiro de *Most Dangerous Game,* porque ele antes havia dito que a história de *Predadores*, que ele vai dirigir, tem uma pegada parecida.

Não filmamos a cena da minha morte na sexta. Passaram para segunda-feira, que é hoje, mas disseram agora que vai ser na quarta. Comecei a sentir saudade de casa; estou aqui há duas semanas e só trabalhei um dia. Estou ficando sem ter o que fazer, então comprei um telefone novo. Um Blackberry. Imaginei que aprender a usar isso pudesse me manter ocupado. E foi o que aconteceu.

Arrá... eles me ligaram. Vamos gravar a cena da minha morte amanhã, terça-feira, e não na quarta, e então encerro. Posso voltar para casa na quarta. Acho que não fiz bem esse papel. Posso estar enganado. Torço para que o meu visual e minha atitude sombria tenham tornado o personagem crível, porque apenas não senti a coisa, e agora estou com medo. Sou um assassino prestes a ser assassinado. Como devo reagir? Com ousadia e sendo cara de pau, gritando: "Foda-se... pode vir", é isso? Ou me cago todo e choro? Como alguém reage perante a própria morte?

Chegou o dia. Hoje gravaremos a cena da minha morte. Não sei como vou morrer, só sei que vão usar uma serra.

Estou sentado no trailer, tentando entrar no personagem... liguei o modo assassino e, quando vejo uma mosca pousando no meu joelho, sinto que, como um bom assassino, devo matá-la... sabe... capturá-la com meus reflexos ágeis. Não a acertei, mas pelo menos estou começando a pensar como um cara capaz de matar.

Decidi não passar o dia sentado no meu trailer, por isso fui até o set, um estacionamento enorme com uma estrutura de aço intitulada "Machete's Chop Shop". É lá que todos os carros rebaixados exibidos no trailer vão aparecer. Nunca vi tantos carros personalizados e interessantes em um lugar só.

Na minha primeira cena, estou dentro de um carro falando ao telefone com Jeff Fahey (que interpreta Booth), dizendo a ele que encontrei o Padre. Tem um Ford Focus vermelho estacionado ao lado do meu carro, mas Robert não gostou e mandou trazer o carro dele. Então eles trazem uma BMW Roadster Z4, igual à que comprei em Pittsburgh, só que a do Robert é preta — era vermelha, mas sofreu uns danos por causa do granizo, e ele mandou pintar de preto. Ficou linda, única. Gravei a cena, ansioso para acabar logo, para que eu pudesse falar ao Robert que também tenho uma dessas. Quando a cena terminou, peguei meu novo Blackberry, mas não me lembrava de como fazer para visualizar as fotos do meu carro. Por fim consegui e mostrei para ele antes que "o momento" passasse.

Era hora do almoço e me disseram que eu poderia ficar no meu trailer, já que não precisariam de mim por algumas horas. Muito tempo passou: o dia inteiro, na verdade. Fiquei o tempo todo agoniado, pensando se eu seria convincente como assassino. Será que eu vou parecer tão desafiador como o roteiro pede? Ou vou parecer um bunda-mole? Preciso saber para preparar a minha mente. Tenho algumas falas com o Danny, como: "Não acha que vou chorar como o seu irmão covarde, acha?". Como será que vou dizer isso? Então eu digo: "Espera... eu falo, direi onde Booth está. É ele quem você quer". Imagino que vou dizer isso tranquilão e vou dar risada, tipo *ha ha... beleza (vocês venceram)... eu falo*, como

se não existisse ameaça nenhuma… e a minha morte vai ser mais… opa! Matamos ele… mas não tenho certeza de como vou fazer.

Enfim, me chamaram para o set e, sem demora, vários caras enormes e alguns do meu tamanho me arrastaram para a oficina. Fiquei feliz que foram cinco grandalhões, porque não vou facilitar, vou me debater pra valer. Primeiro, fizeram com um dublê no meu lugar, para me mostrar como vai ser a ação, e ele meio que seguiu o fluxo… atuou como se estivesse lutando. Depois me puseram no lugar dele e gritaram "ação", mas os caras não conseguiam me levar até lá, então agarraram minhas pernas e vieram mais caras para me carregar. No caminho até a oficina, fiquei empurrando um dos caras que tinha o meu tamanho, e ele tropeçava e caía, sendo jogado pra um lado e pro outro. Eu estava mesmo lutando contra eles de forma violenta. Fizemos três tomadas e, em todas as três, eles se empenhavam como em uma luta de verdade. A coisa foi séria. Então, quando se preparavam para me matar, o diretor assistente fez algo incomum.

Em geral, DEPOIS da última cena, ele anuncia para o elenco e para a equipe que é o "fim das filmagens" para determinado ator, e você recebe aplausos pelo seu trabalho. Dessa vez, ele fez isso ANTES da minha última cena. "Senhoras e senhores, esta será a última cena de Tom Savini. É o fim das filmagens para ele." Isso me deixou surpreso e rendeu alguns aplausos por educação, e daí fiquei bastante nervoso e ansioso. Eles me levaram para uma mesa de metal e eu não enxergava a serra em lugar nenhum, então pensei que talvez fossem usar CGI. Enquanto isso, Robert se aproximou e disse: "Apenas diga a sua última fala, alterando-a para 'Não acha que vou falar, como fez o seu irmão chorão, acha?'". Ele fez uma pausa, e então falou:

"Não, esquece: vai fundo e diz tudo". Nessa hora, o assunto era como iriam me cobrir de sangue. Pouco antes, o fotógrafo tinha dito que gostaria de me entrevistar assim que a cena acabasse, e, ao mesmo tempo, alguém me informou que meu voo para casa seria bem cedo no dia seguinte.

Se você leu algum dos registros anteriores do meu diário, sabe que eu abomino sangue falso. É pegajoso, fede, e o pior é que deixa manchas. Eu já podia me ver voando para casa com cabelos e orelhas vermelhos, cheio de manchas, sem contar o fato de estar coberto de sangue durante a entrevista. Então, Robert me disse que não haveria sangue, pelo menos não em mim, e que sua intenção era captar o rosto de Danny e dos outros reagindo à minha morte.

Lá estava eu, deitado na mesa de metal, e puseram uma fôrma de torta ao lado da câmera, que era para onde deveria olhar quando dissesse minhas falas ao personagem do Danny. Tinha que dizer tudo bem alto, por causa do barulho na oficina e das faíscas voando atrás de mim. Um cara grandão me jogou na mesa e, no meio da minha primeira fala, Tyler, o cara dos acessórios, veio direto na minha cara, segurando uma enorme serra circular. Não estava ligada, e as lâminas eram feitas de borracha, borracha dura, moldada como uma serra de verdade com dentes afiadíssimos. Ele se esforçava para segurar aquela coisa a meio centímetro da minha cara.

Robert gritou "ação", o grandão me jogou na mesa e Tyler ligou a serra. A combinação do barulho alto e da visão da lâmina na frente da minha cara me deu o maior cagaço. Minhas falas soaram altas e pra lá de verdadeiras, porque eu disse tudo com uma falsa coragem, como um bebê chorão que implora pela própria vida. Consegui colocar tudo isso para fora graças à cena em si, aos marmanjos mal-encarados e à serra. Robert gritou "corta", e a equipe e o elenco avançaram para dentro da oficina, aplaudindo e gritando: "É isso aí!". Depois de toda aquela ansiedade a respeito de como fazer a cena, isso valeu muito a pena.

Precisei fazer de novo por causa do áudio, só nos microfones, sem câmeras. De novo, houve aplausos, e Robert se aproximou e me abraçou. Tiramos fotos juntos e dei a entrevista... sem sangue! Uhul!

Agora, cerca de um ano depois, o filme foi lançado e estou em uma convenção. Os fãs vêm até a minha mesa e dizem que assistiram ao filme *Machete*, que adoraram e querem saber o que aconteceu com o meu personagem. Fiz coisas terríveis ao Machete e meio que desapareço depois. Eu ainda não tinha visto o filme. Digo que me mataram, e a reação dos fãs foi: "Ah, devo ter perdido a cena", ou: "Não, cara, você não morre no filme". Fui ao cinema assistir e, de fato, eu não morro. Não tem cena de morte. Não tem a *minha* cena de morte. Telefonei para o Robert — ou mandei e-mail, não lembro agora —, e ele disse: "Não, cara, o seu personagem era legal demais. Você vai aparecer de novo na continuação de *Machete*".

Ah... maravilha... quem sabe eu tenho a oportunidade de sair no braço com Danny.

Antes da estreia do filme, uma coisa terrível aconteceu. As filmagens estavam para acabar, e, enquanto Nimród me mostrava os materiais de *Predadores*, as cenas e tal, eu vi umas fotos publicitárias minhas no escritório de um membro da equipe de publicidade (não vou dizer o nome), que foram tiradas durante as filmagens. Perguntei se podia ficar com algumas e disseram: "É claro que não". Existe uma política que proíbe câmeras e tirar ou mesmo ter acesso a fotos até o filme ser lançado. Durante as semanas seguintes, enchi o saco do cara para me conseguir pelo menos uma foto, para eu mostrar para minha filha e para minha namorada o

que eu fazia nesse filme e como era o meu visual. Garanti que eu só iria mostrar a foto para minha família e namorada. Fiz questão de falar que jamais sonharia, nem em mil anos, vazar as fotos, ou postá-las, ou qualquer coisa do gênero antes que o filme saísse. A foto iria direto para minha coleção particular. Esse membro da equipe de publicidade foi um cara legal e me fez um favor... confiou em mim. Ele colocou algumas fotos em um CD, e, de novo, garanti que elas não seriam compartilhadas. Ele até me entregou o CD em mãos, no meu trailer, para garantir que ninguém mais colocasse a mão naquilo.

Reuni todas as fotos em uma montagem, que imprimi no tamanho 8x10 centímetros, e mostrei para Lia e para minha namorada. Na próxima convenção que participei, levei-a comigo como resposta para a tão frequente pergunta: "Em qual projeto você está trabalhando agora?". Eu só mostrava a foto com a montagem e dizia *Machete*. Essa convenção era a Spooky Empire, em Orlando, Flórida, onde tem uma ala inteira dedicada a tatuadores. Decidi fazer as tatuagens de caveira que hoje exibo nos ombros. Ao todo, foram oito horas, divididas em duas sessões. No segundo dia, quando o tatuador trabalhava no meu ombro direito, recebi um e-mail urgente da Elizabeth, esposa do Robert. Ela me perguntou por que diabos eu estava mostrando e postando fotos minhas na internet como Osiris, em *Machete*.

Quê?! Merda! Eu não fazia ideia do que estava acontecendo. Parece que alguém do Bloody Disgusting ou de algum outro site tinha passado na minha mesa, levantado o pano com o qual eu tinha coberto tudo antes de ir para tatuagem, e tirado fotos da MINHA foto de *Machete*. Não demorou para que fossem postadas e espalhadas pela internet inteira. Elizabeth estava furiosa e desapontada comigo. Depois falei com Robert, que estava muito decepcionado e disse: "Como você pôde fazer isso?". Daí recebi uma mensagem daquele membro da equipe de publicidade que me deixou pra lá de deprimido; ele disse que tinha confiado em mim e que eu tinha prometido que isso não iria acontecer. Eles tiveram a impressão de que eu andava gritando por aí: "Ei, pessoal... olhem para mim... fiz um filme chamado *Machete*, não estou lindo? Olhem como sou maravilhoso...", e, bem... foi horrível.

Então eu fiquei ali, sentado, fazendo uma tatuagem, com dor no braço e, também, no coração por ter desapontado Robert, Elizabeth e o membro da equipe de publicidade, mesmo sem querer. Usando minha mão esquerda, tentei me desculpar com eles no celular, e procurei ajuda de alguém do meio para tirar aquelas fotos da internet. Como sou destro, imagina a batalha que foi fazer isso.

Enfim, consegui contatar minha amiga Jovanka, que disse que conhecia o site. Eles tiraram as fotos, mas era tarde demais. Outros sites já tinham postado as imagens. Cagada minha.

Elizabeth me ligou de novo e disse que o cara da equipe de publicidade corria o risco de perder o emprego, então pediu que eu ligasse para o Robert para ver o que poderia ser feito. Liguei de imediato e pedi desculpas até minha língua quase cair.

Expliquei o que tinha acontecido, que eu não estava me vangloriando de ter participado do filme, e que as fotos tinham sido copiadas, fotografadas por alguém. Inclusive, era bem assim que parecia na internet, a cópia de uma cópia. Expliquei que não era culpa do cara da equipe de publicidade, e que eu tinha enchido o saco dele todos os dias para que me desse as fotos, jurando de pés juntos que ninguém veria nada daquilo. Enchi a paciência do sujeito até ele não aguentar mais. Não tinha sido culpa dele, e prometi ao Robert que aquilo jamais voltaria a acontecer. Fiquei o tempo todo me sentindo um merda.

Mandei um canivete automático para o Robert em um estojo Halliburton, e acho que ele me perdoou, porque me enviou uma mensagem que dizia: "Você tem os melhores brinquedos, Savini. Valeu, irmão". Só então me senti melhor.

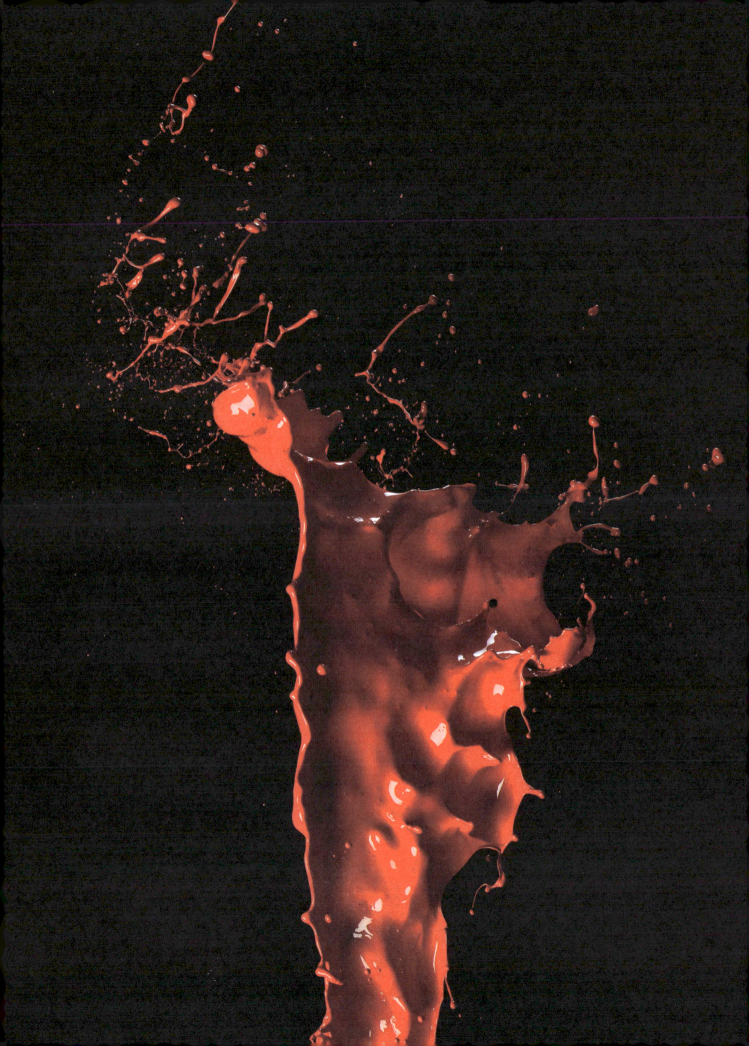

Diário
MACHETE MATA
Faço um padre nesse filme

13 DE JUNHO DE 2012

Hoje é apenas o primeiro dia de filmagem e muita coisa já aconteceu. Para começar, também estou interpretando um papel em *Django Livre*, de Quentin Tarantino. Fizemos uma pausa nas gravações, mas em breve retorno para gravar minha cena de morte. Na verdade, vários perseguidores dos escravizados vão morrer nessa cena, e eu sou um deles, mas isso é uma história para o diário de *Django Livre*. Já mudaram o cronograma tantas vezes que achei que não teria como participar de *Machete Mata*, mas, de última hora, mudaram a cena da morte para o fim do mês, o que deixou uma janela livre para que eu pudesse vir até Austin e reviver o papel de Osiris Amanpour, de *Machete*.

O único problema é que meu cabelo e minha barba estão supercompridos, pois tive que deixar crescer para gravar *Django*, e não posso cortar até o fim das filmagens. Então, não estou parecendo o Osiris Amanpour original, estou mais para um homem das cavernas. Mas Robert Rodriguez, o diretor genial de *Machete, Pequenos Espiões, Um Drink no Inferno, Sin City – A Cidade do Pecado* e muitos outros, disse que poderia incorporar o cabelo comprido à história do personagem. E, rapaz, ele fez isso mesmo.

Recebi uma ligação às 6h45 da manhã, depois de ter chegado bem tarde ao hotel; eu estava tão cansado que o quarto girava, mas levantei e fui levado até a Troublemaker Studios, o estúdio do Robert. Encontrei com Nina, a figurinista, que me vestiu no melhor jeans preto que já usei, com botas Harley Davidson e uma camiseta preta com colarinho de padre.

Sim, faço um padre nesse filme.

Na verdade, Osiris Amanpour escolheu outro caminho e hoje é um padre arrependido por ter matado Cheech Marin, o irmão de Machete no primeiro filme.

Fui levado ao set para a aprovação do Robert. No caminho, Danny Trejo (Machete) saiu do trailer, e nos abraçamos e conversamos sobre a última vez que nos vimos, em uma convenção de terror na Alemanha. Fui até o set e, no fim do ensaio, Robert apareceu. Nós nos abraçamos, ele me olhou de cima a baixo e fez sinal de positivo. Ficamos conversando sobre *Django Livre*; então o treinador Rudy apareceu, um sujeito com músculos aparentes em cada parte do corpo. Rudy não é muito grande, mas exibe um físico estatuesco sob a camisa larga. Nós conversamos bastante sobre exercícios enquanto Rico, o fotógrafo do estúdio, fazia seus cliques.

Algumas coisas no roteiro me preocupavam, e uma delas era a "expressão absurda de choque total ao ver Machete": é assim que aparece no roteiro, na cena em que encontro o personagem. Eu não fazia ideia de como executar essa expressão, mas Robert disse que ela seria a reapresentação do meu personagem, que tudo começaria com essa expressão. Eu apareceria analisando com uma lupa um explosivo que construí, então Machete surgiria, e veríamos um close do meu olho aumentando de tamanho assim que ele entrasse em cena. Maravilha: isso eu consigo fazer. Depois que meu olho aparecer através da lupa, darei a sugestão de olhar por cima da lente, e aí a câmera enquadraria a minha boca, gigante por causa da lupa, e veríamos meus lábios articularem a palavra "Merda".

Fui até o trailer de maquiagem e Becky contornou minhas bochechas, acentuando-as, escureceu minhas sobrancelhas, me deixou bronzeado, e fiquei tão gato que tirei uma foto minha no espelho do trailer para enviar para a minha filha Lia e para a minha namorada Jodii. Horas se passaram até que Vanessa, a responsável pelos trailers, bateu à porta e disse que era hora do almoço. A caminho do buffet, Michelle Rodriguez se aproximou, levando sua comida para o trailer, e eu disse: "Oi. Eu sou seu Osiris", e nos cumprimentamos com um toque de punhos. Ela disse que se lembrava de mim no primeiro *Machete*. Fiquei entusiasmado, pois sou muito fã dela, não só por *Machete*, mas por *Avatar* também. Tenho um pôster dela no meu quarto, de sua personagem em *Machete*, com suas armas e tapa-olho.

Depois de comer, voltei ao trailer e pratiquei minhas falas na frente do espelho. Depois de algumas horas, Vanessa bateu à porta mais uma vez. Iliana, a produtora, estava com ela e entrou no trailer. Ela disse que Robert iria levar o elenco para jantar e pediu o número do meu celular para que pudesse passar as instruções sobre o encontro. Ela foi embora e, pouco depois, Vanessa voltou e disse que não gravariam a minha cena hoje, e que eu podia ir embora. Fui para o hotel, dei um mergulho na piscina e fiquei tomando sol por mais ou menos uma hora. Fui embora bem quando havia um cretino andando pra lá e pra cá atrás de mim e gritando ao telefone durante uma conversa sem sentido. Fui para o quarto e dormi até Iliana mandar uma mensagem dizendo que passaria para buscar Michelle Rodriguez e eu — ambos estávamos no mesmo hotel — lá pelas 20h.

Às 20h, Iliana avisou que viria por volta das 20h30, pois ainda estavam filmando, e, depois, recebi uma mensagem dela dizendo que estava lá embaixo, esperando em um carro alugado. Desci e, como Michelle ainda não tinha aparecido, fui até a recepção e tentei ligar para o quarto dela, mas não havia ninguém registrado no hotel com o nome dela. Aí lembrei que um motorista ouviu Danny sugerir a Michelle que usasse um nome falso, para que ninguém a incomodasse, e ela disse que iria usar Betty Crocker. Então, pedi para o recepcionista ligar para o quarto da Betty Crocker, e Michelle atendeu. Eu disse que a estávamos esperando, e ela desceu. Fomos ao melhor e mais chique restaurante mexicano que já conheci. Acho que Robert conhece todos eles.

Entramos e descemos um lance de escadas. Tive que abaixar a cabeça para não bater no teto rochoso ao entrarmos naquela sala que parecia construída dentro de uma pedra; estávamos em uma caverna. Elizabeth, a produtora e ex-esposa do Robert, estava lá com os filhos deles, além de Danny e outros produtores. Fui apresentado a um cara chamado Eli, que havia acabado de assinar um contrato de 1 bilhão de dólares com a NASA. Não sei

muito mais sobre isso, só que ele tinha sotaque britânico e entendia de muitos assuntos. Fizemos várias perguntas a respeito de tudo, incluindo viagem no tempo e civilizações antigas. Acho que Robert chamou o cara como uma espécie de consultor técnico, já que parte do filme envolve o espaço, mísseis e outras coisas que eu nem sabia que seriam abordadas no filme (só tenho a parte do roteiro que diz respeito ao meu papel); então preciso ver quando conseguirei ter acesso à coisa toda.

O jantar foi incrível, com tamales enormes embrulhados em palha de milho, os melhores tacos de frango que já comi, sopa, peixe e um delicioso milho na espiga coberto com algum tipo de queijo e temperos. Nunca comi comida mexicana tão boa.

As crianças falavam com todos os adultos, e fiz alguns truques de mágica para eles. Robert ficou o tempo todo tirando fotos com sua Nikon, e Michelle conversava atentamente com Eli sobre a ciência da viagem espacial... Tive uma experiência completa ao lado do Robert. Em geral, fico tão abismado com o talento desse homem que permaneço quieto, apenas ouço, mas hoje foi como se fôssemos velhos amigos e conversamos um tempão sobre os dias de *Um Drink no Inferno*. Rebecca, irmã dele e editora de *Machete Mata*, entrou na conversa e disse: "Lembra quando decidimos tirar a cena da morte do Tom (eu) em *Machete*?". Robert começou a explicar que tomou essa decisão para evitar cortar coisas demais no filme: é por isso que eu estava lá, por isso não tinha morrido, e agora havia um novo arco para o personagem Osiris.

Como era aniversário de Robert, trouxeram um bolo de chocolate, todo enfeitado com bonecos usando capas e com um enorme "R" no peito. Não demorou para que Michelle e Robert pegassem os bonecos e fizessem uma lutinha com eles na mesa. Robert colocou o dele em um prato e fingiu que o boneco voava pelo restaurante antes de descer e atacar o boneco da Michelle, e a criançada começou a rir sem controle algum.

Reparei que Rudy, o treinador do Robert, tinha chegado, e Robert teve uma breve conversa com ele sobre como queria que uma das lutas acontecesse no filme. Tive a impressão de que o treinador o estava ajudando com a coreografia.

Mais tarde, estávamos entrando em nossos carros quando Rudy se aproximou dizendo que tinha acabado de brigar com um cara e que "teve que dar um jeito nele". Ele levantou a camisa e perguntou se tinha algum arranhão nas costas, e vimos um talho sangrento logo abaixo de suas costelas.

Não faço ideia de quem pensaria em brigar com um cara como o Rudy. Ele parece o Super-Homem, mas sem o uniforme.

15 DE JUNHO DE 2012

Dá para a vida ficar melhor que isto? Hoje, matei dezenas de bandidos ao lado da Michelle Rodriguez. Carreguei uma AK-47, e ela, uma enorme Magnum. Danny, é claro, usou seu machete. O dia começou preguiçoso, pois nosso horário de filmagem era às 19h15. Acordei tarde, aluguei uma bicicleta e pedalei dezesseis quilômetros ao redor do lago atrás do meu hotel, o Four Seasons.

Como alguém consegue se perder contornando um lago? Sei lá, mas eu me perdi. Saí da trilha e não fazia ideia de onde ficava o hotel. Quando encontrei o caminho, fui até a academia e malhei, depois passei o resto do dia tentando descobrir quem era o meu impostor no Facebook. Alguém criou um perfil falso com a mesma foto que uso no meu. Acho que descobri quem foi e denunciei no site. Veremos o que vai acontecer.

Toda essa investigação aconteceu à beira da piscina do hotel; em certo momento, subi até o quarto para acessar meu computador e, em seguida, voltei para a piscina. Pensei no idiota de ontem, que me deixou puto da vida com o jeito como falava ao telefone. Desde então, quando estou no telefone, sempre tomo o cuidado de me afastar o máximo possível de quem estiver por perto.

Depois de uma soneca, vieram me buscar no hotel e me levaram até o local das gravações, a Troublemaker Studios. Eu estava no trailer e decidi visitar o set para ver Amber Heard interpretar a Miss San Antonio; depois, voltei ao trailer e fiquei lá até umas 3h da manhã, quando começamos a gravar. Na cena, Danny dirige o caminhão de tacos do primeiro filme, e eu e um cara chamado Tito pulamos da traseira: eu estou com uma AK-47, e ele, com uma metralhadora. Tem bandidos de terno preto espalhados por toda parte, atirando contra nós.

Não sei quem eles são, por que estão atirando na gente, ou por que uma Miss San Antonio vestida como se tivesse acabado de sair de um concurso de beleza está atirando na Michelle Rodriguez e gritando: "Meu vestido é mais valioso que a sua vida". Bum, bum, bum! Comentei com um dos produtores que eu só tinha acesso às minhas falas, mas que gostaria de ler o roteiro inteiro, porque não sabia com quem estava contracenando. Mais tarde, ao final das filmagens, havia um roteiro na mesa do meu trailer.

Michelle não estava se sentindo bem hoje e duas vezes teve que ir perto de uns arbustos para vomitar. Uma dessas vezes foi bem na minha frente, e tirei correndo minha cadeira do meio do caminho. Ela estava curvada, e se virou e começou a rir enquanto eu me afastava, e eu disse: "Só quero te dar um pouco de privacidade". Ela riu. Michelle deve ter comido alguma coisa estragada, porque se sentiu bem melhor depois de vomitar. Ela é uma guerreira e deu o seu máximo na gravação da cena logo em seguida.

Então, saltamos do caminhão, dou uma espiada em uma esquina e disparo contra alguns capangas. Não são tiros de verdade: nós fingimos atirar, e os tiros serão acrescentados com CGI depois. E continuo atirando... pa-pa-pa... igualzinho a como a gente faz quando é criança, mas tive que parar por causa da sonoplastia. Tito corre na direção dos caras, e eu grito: "Não, espera", mas ele é metralhado. Michelle avança atirando logo atrás dele e o arrasta de volta ao caminhão, enquanto eu devolvo fogo para dar cobertura a ela. Danny aparece, se apoia no meu ombro e sobe no caminhão, e eu pulo para fechar a porta lateral. Michelle me pergunta quantos bandidos ainda estão de pé, e respondo com o sinal do número três alemão de *Bastardos Inglórios*. Robert sacou a referência. O caminhão avança e nós continuamos a atirar nos bandidos. Fim das filmagens.

17 DE JUNHO DE 2012

Li o roteiro. Ah, meu Deus... isso vai ser incrível. Ninguém imagina o que vai acontecer.

18 DE JUNHO DE 2012

Rapaz... hoje eu fiz por merecer. Danny Trejo tentou me matar, mas Michelle Rodriguez o impediu... no filme, é claro. Fiquei bastante preocupado com a cena que tenho com Danny. Ele precisa de um expert em explosivos, e

quando pergunta se a personagem da Michelle conhece alguém, ela diz: "Conheço, mas você não vai gostar dele".

Ela o leva até o perito em explosivos. Quando entram no lugar, o sujeito está atrás de uma enorme lupa, e tudo o que o público vê é o olho do cara, ampliado pela lente, que parece ainda maior quando Danny é avistado pelo perito. Foi desse jeito que Robert pensou a minha apresentação como o especialista em explosivos.

Ainda sou o Osiris Amanpour do primeiro *Machete*; só para lembrar, matei Cheech Marin, irmão do Machete, que era padre. Preguei-o na cruz da própria igreja. Agora, preciso convencer Machete de que me tornei um cara decente e quero lutar ao lado dele. Bom, é claro que, assim que Danny entra na sala e me reconhece, ele pula em cima de mim para me estrangular, embora Michelle trate de lembrá-lo de que ele precisa do perito. Danny me solta, e revelo que agora sou um padre e quero consertar meus erros, como ter matado o irmão dele.

Eeeeeenfim... o que me deixa ansioso é que, quando eu disser a minha fala — "Sei que você gostaria de me ver morto. Deus já me amaldiçoou pelo que fiz ao seu irmão... por favor, tenha misericórdia. Eu o ajudarei no que for preciso" — tenho que chorar para que a cena seja convincente. Há dias venho armazenando minha dor a fim de colocar tudo para fora nessa cena, mas a minha preocupação é: será que a dor ainda estará aqui quando eu precisar?

Como ator, é um tremendo equívoco tentar memorizar COMO você vai dizer algo na sua cena.

Você deve apenas memorizar as falas e, na hora da gravação, acreditar na situação e nos seus sentimentos; assim, as palavras sairão conforme dita o contexto. Então, minha maior preocupação era que EU PRECISAVA CHORAR PARA CONVENCER MACHETE DE QUE EU HAVIA MUDADO. Afinal, matei seu irmão, então, é melhor que ele veja que minhas intenções são sinceras.

O colarinho de padre até ajuda, mas estou vestindo uma camiseta preta colada, tenho os braços tatuados. Danny me estrangula e, em uma das tomadas, agarro o braço dele; ele me pede para não fazer isso, porque quer exibir seus músculos flexionados ao me estrangular. Entendo muito a sua intenção, porque sempre que pego uma arma ou faço algo físico, também flexiono meus bíceps. Isso se chama "usar suas próprias armas".

Então, chegou o grande dia, e é claro que todos os ângulos da cena já foram gravados, EXCETO aquele em que faço meu discurso ao Danny. De forma contida, repeti o discurso uma vez atrás da outra para que encontrassem o melhor ângulo para Michelle, depois para o Danny, e, enfim, fizemos a tomada completa. Quando a câmera estava em mim... *Voilà*... saiu... A verdadeira dor, lágrimas reais. Chorei de verdade ao dar a minha fala.

Depois do "corta", achei que o silêncio intenso que tomou conta do estúdio seria seguido de aplausos ou algo como "nossa... isso foi ótimo, Tom... caramba". Robert se aproximou e disse: "Bom trabalho", mas logo em seguida pediu: "Então... faça o começo um pouco mais rápido e amarre tudo com um pouco menos de emoção, para que você pronuncie as palavras com mais clareza". Repeti de novo e de novo, chorando todas as vezes, e percebi que era PARA ISSO que eu estava lá: para atuar. E atuação é isto mesmo, exibir emoções fortes como essa. Eu estava fazendo o que devia ser feito. Senti orgulho de mim, e hoje me sinto um ator de verdade.

Só para dar uma de cretino do Twitter, ou de otário-do-Facebook-que-pensa-que-tudo-que-escreve-é-importante, quando acordei hoje de manhã, meu relógio ainda estava do jeito que o pessoal da continuidade tinha acertado ontem à noite. Então, de acordo com o que o relógio mostrava, eram 10h, e decidi não alugar a bicicleta para pedalar ao redor do lago atrás do hotel, porque o check-out seria ao meio-dia, a mesma hora em que me buscariam para me levar até o aeroporto.

Mas, quando olhei no celular, vi que eram 7h30, então decidi alugar a bicicleta e dar uma volta pelo lago uma última vez. É claro que hoje, o dia em que preciso pegar um voo para aproveitar alguns dias de verão na minha casa, minha bicicleta derrapou em umas rochas, eu caí e abri um buraco na mão, fiz um raspão na canela — parece que levei um tiro — e ralei meu antebraço. Felizmente, o arranhão não chegou nem PERTO da tatuagem com o nome da minha filha. Ufa.

Volto para casa hoje e, dentro de alguns dias, preciso voar para New Orleans para continuar a filmar *Django Livre*, mas isso fica para outro diário. Depois, mais ou menos no dia 11 de julho, volto pra cá.

11 DE JULHO DE 2012

Passei o dia com Mel Gibson. Rá... eu sei: foi maravilhoso.

Eu estava sentado na minha cadeira de diretor com o nome "Osiris" impresso na parte de trás quando ele passou por mim e disse: "Ei, cara... como você tá?". Saiba que não dou a mínima para o que disseram sobre ele nos jornais, porque não é da minha conta, e não é da conta de ninguém. Esse é o cara que fez

Coração Valente e *Mad Max*, bem como um dos melhores filmes de terror de todos os tempos, *A Paixão de Cristo*. Ele foi legal demais hoje. Fez várias pegadinhas ótimas, como fingir que tropeçava perto das pessoas e derramava alguma coisa de um copo vazio nelas, e ficou esbarrando em coisas por aí. Foi muito amigável com todo mundo e falou comigo algumas vezes, uma delas sobre os sapatos novos que faziam seus pés doerem, e outra sobre o primeiro *Machete*, que ele já tinha visto. Agora, ele interpreta uma versão americana de Richard Branson, um bilionário que quer brincar de viagem espacial.

Esse filme não é sobre o problema na fronteira com o México; está mais para um filme do James Bond, cheio de bugigangas e tecnologia... no espaço sideral. Quanto mais descubro sobre o filme, mais me impressiono. Vi o embrião do clone do Danny Trejo em um receptáculo enorme e fiquei sabendo que ele luta contra outro embrião. E o próprio Danny luta contra seu clone em tamanho real, interpretando ambos os papéis. Michelle Rodriguez está congelada em carbonita, mas não na pose do Harrison Ford. Aqui, ela mostra o dedo do meio.

Gravei uma cena com Danny, uma luta em um bar, em que ele acerta um cara com o cabo do rifle e empurra o sujeito para mim, e eu faço o mesmo com o cabo do meu rifle.

12 DE JULHO DE 2012

Não só tive a oportunidade de passar o dia com Mel Gibson, como também fiz uma cena com ele e Danny Trejo. Nela, Mel atira na minha cabeça com um raio laser que me vira do avesso. Quê? Sim. Pode acreditar. É como se eu estivesse sonhando acordado.

O dia começou normal: me pegaram no hotel e me levaram até a locação, uma loja Home Depot abandonada. Depois do figurino e da maquiagem, fomos ao set. Como a Home Depot é imensa, Robert construiu vários sets no interior da loja: uma boate, um ambiente meio *Star Wars* equipado com engenhocas e armas a laser, e uma sala de troféus que fez meu queixo cair, repleta de armaduras e espadas e adagas... é de tirar o fôlego. Todo mundo que me conhece sabe que sou fissurado em armaduras e espadas; todas as paredes da minha casa, estúdio e academia são ornadas com espadas e adagas.

Nós nos sentamos ao redor dos monitores, onde ficavam as cadeiras de diretor com nossos nomes, para assistir ao que acontecia no set.

Hoje, daremos sequência à cena da noite anterior, em que Danny e eu fugimos da festa do cientista maluco e procuramos o coração pulsante que, de alguma maneira, destruirá o mundo caso pare de bater.

Encontramos o coração e, como sou o perito em explosivos, devo desarmá-lo. Mas olho para ele, então viro para Danny e digo algo como: "Órgãos saudáveis não são a minha especialidade". Tanto o coração como a cápsula que o mantém batendo explodem, e, ao olharmos para trás, percebemos que foi Mel quem atirou neles. Nós o confrontamos. Mel pega uma arma diferente e aponta para Danny, eu me jogo entre eles para protegê-lo, e Mel atira bem no meu peito. Eu caio para trás e digo ao Danny: "Estamos quites", desmorono e viro do avesso. Não faço ideia de como vai ficar no filme, mas estou ansioso para ver o efeito.

Danny teve uma ideia brilhante entre uma tomada e outra. Ele veio até mim e disse: "É o Mel Gibson, caralho: a gente precisa tirar uma foto com ele".

De imediato, tirei meu celular do bolso. Danny se juntou a mim, e fomos até onde Mel e Robert estavam. Danny disse que queríamos tirar uma foto com eles, então deu meu celular a alguém para que fizesse a foto. Em seguida, peguei meu telefone e procurei a foto da escada que leva até a sala do computador no meu porão, onde, grudada na parede, tenho uma foto em tamanho real do Mel como William Wallace, em *Coração Valente*. Mostrei-a ao Danny, que me empurrou até o Mel e me obrigou a mostrá-la para ele também. Expliquei que a foto fica na parede que leva até a sala do computador, e Mel disse: "Olha só, um cara de saia".

Depois, entre as tomadas, enquanto Danny e eu fazíamos piada diante do coração pulsante eletrônico, eu disse: "Danny, aonde vai o seu colo quando você levanta?". Ele pensou um pouco, bateu em suas próprias coxas e disse: "Thighland". Por algum motivo, naquela hora foi hilário. Rimos alto e juntamos nossos punhos em um soquinho. Ninguém nunca sabe a resposta para essa pergunta. Então brincamos com Big Craig, o braço direito de Danny, e ele aproveitou a piada: "Qual é a capital da Tailândia?". Danny disse: "Quê?", e Craig lhe deu um tapinha no saco e respondeu: "Bangkok".*

Mais tarde, disse ao Mel que queria saber algo sobre *Apocalypto*, e perguntei como ele havia feito o corpo decapitado rolando escada abaixo na cena do templo maia. Ele disse que usou um dublê magrelo em uma roupa com enchimento e um capacete de motocicleta verde, e aí o cara rolou pela escada. Danny entrou na conversa e disse que amou a cena e o efeito.

Disseram que eu tinha mais uma cena para filmar e, quando cheguei ao set, Brian, o primeiro diretor assistente, anunciou ao elenco e à equipe que "a noite foi ótima e que as filmagens de Tom Savini estavam encerradas". As pessoas aplaudiram e eu gritei um "obrigado", dei um soco no ar e girei na direção de Robert para apertar sua mão e agradecê-lo. Ele abriu um envelope e tirou um postal promocional com uma imagem minha fazendo pose, exibindo minhas tatuagens, e o logo de *Machete Mata*. Depois, abriu um outro pacote e me entregou uma tequila em uma espécie de caveira de Cinco de Mayo, e ele, Danny e eu posamos para fotos com todos os presentes. Abracei Danny e disse que o amava, e deixei o set. Eles me levaram até o hotel e, no caminho, relembrei todos os momentos do dia. Estava tão feliz com tudo o que havíamos feito e com as cenas que gravamos que mandei um texto para Robert dizendo: "Oi, cara. Só queria dizer o quanto sou grato a você e a todo mundo do projeto. Foi maravilhoso. Que sensação boa. Estou muito emocionado e te desejo tudo de bom". Ele respondeu: "Você foi maravilhoso. Mais um personagem glorioso e uma morte radical. Obrigado por participar. Deixou o filme maneiríssimo. Ver você e o Danny lado a lado em um cenário tipo James Bond com um coração pulsante foi o sonho de todo nerd".

Inacreditável.

Eu ia encerrar com a frase acima, mas ainda estou no hotel em Austin e acabo de voltar da academia. Quando entrei lá, ouvi uma voz familiar, que disse: "Ei, cara", e, quando me virei, era o Mel Gibson. Acabei de malhar ao lado do Mel Gibson. Ele ficou impressionado

---

* *Thigh* significa *coxa*, e a pronúncia de *Thighland* lembra *Tailândia*. Big Craig emendou a piada com a capital da Tailândia que, por sua vez, tem uma pronúncia similar a *cock (pênis)*.

por eu estar em tão boa forma aos 65 anos. Conversamos sobre várias coisas; ele me mostrou uns exercícios chineses de respiração, e eu mostrei a ele uns exercícios para os músculos oblíquos com os halteres, que ele sentiu que deram certo. Ele tem 56 anos e estava fazendo exercícios de alta intensidade, trabalhando o corpo todo.

Malhei com Mel Gibson. Ganhei o dia.

Diário
DJANGO LIVRE
Entre cachorros e antitetânicas

Estou em New Orleans, trabalhando no novo filme do Quentin Tarantino, *Django Livre*. É o primeiro faroeste dele, no qual faço um caçador de pessoas escravizadas chamado Stew.

Cheguei na terça-feira, 3 de abril, com a minha namorada Jodii, e fui levado até a figurinista Sharon Davis, que já teve indicações ao Oscar, para testar meu figurino. É um filme de época, situado nos anos 1850, para o qual vesti as botas e calças mais confortáveis que já usei, uma camisa larga, e a peça mais importante, um colete peludo de pele de guaxinim, cuja cabeça ficava caída bem sobre o meu peito. De imediato, decidi pensar no guaxinim como um antigo bicho de estimação que um dos escravizados, D'Artagnan, matou enquanto estava bêbado. Na cena, devo jogar três pastores alemães superagressivos em cima dele, e agora tenho um subtexto, algo para pensar enquanto estiver no personagem, tenho um motivo para odiá-lo. Roy, o nosso motorista, explicou que a enorme tubulação de drenagem que vemos do outro lado da rodovia foi construída um ano antes do Katrina atingir New Orleans, porque essa cidade é como uma tigela na qual a água vinda do Golfo é derramada, e não há drenagem natural. O problema é que os geradores da tubulação foram construídos no nível do solo e foram inundados pelo Katrina, então

não puderam ser ligados, por isso a enchente foi feia. Ele também falou sobre como amava comer lagostim, algo que nunca provei.

Mais tarde, fomos ao French Quarter e comprei charutos em um lugar onde ficavam dez caras sentados, enrolando os charutos fresquinhos na nossa frente. Também comi um sanduíche Muffaletta. Não me pergunte o que tinha no sanduíche, só sei que é famosíssimo na cidade e estava uma delícia. O pessoal ao redor comia lagostim, já que estamos na temporada do festival desse prato.

Naquela noite, nos reunimos com a equipe da KNB em um bar-restaurante na esquina do nosso hotel, e ficamos esperando meu amigo Gino Crognale chegar do aeroporto para nos encontrar. Estávamos eu, Jodii, Jeff Edwards, Carrie Jones e Big Jake. O barulho no bar era tão desnecessariamente alto que parecia que estávamos em um show de rock; era muito difícil de conversar. Odiei. Quando fomos embora, Jake fez um comentário sobre o nome do meu personagem: Chaney.

"Quê?", eu disse. "Não, meu personagem se chama Stew." Ele disse que não e perguntou se eu não sabia que Quentin tinha mudado o nome para Chaney. Achei que ele estivesse zoando com a minha cara, mas ele puxou a lista de personagens em seu iPhone e vi que o nome ao lado do meu era "caçador Chaney". Fiquei muito emocionado. Quentin teve a consideração de mudar o nome do meu personagem para referenciar a maior influência da minha vida: Lon Chaney. É a cara do Quentin fazer uma coisa dessas. Ele está sempre ligado em tudo e é um cara muito legal.

QUARTA-FEIRA, 4 DE ABRIL

Fomos levados até a locação, uma fazenda de verdade que fica a cerca de uma hora de distância do hotel. Fomos com outro dos caçadores: James Parks, filho do fabuloso Michael Parks, o xerife Earl McGraw de *Um Drink no Inferno*, personagem que também interpretou em *Grindhouse* e *Kill Bill*; neste último, aliás, me causou uma imensa surpresa ao também interpretar Esteban.

Chegamos à fazenda, e o lugar parecia um circo, cheio de tendas e trailers, típico de uma locação cinematográfica. Vestimos nossos trajes e caminhamos pela lama. Havia chovido a noite inteira, e o clima tem afetado bastante o cronograma das filmagens. Na verdade, terei de ir embora na quarta-feira, quando irei até Austin para filmar a sequência de *Machete*, intitulada *Machete Mata*, além de fazer o líder de uma gangue de motociclistas em um videogame, cujas gravações também serão em Austin. Mas, quando vejo como as coisas estão, questiono se vou conseguir cumprir a agenda.

Foi construído um arco colossal repleto de galhos, tão longos que atravessam a estrada de ambos os lados, e o musgo deu uma ambientação bastante sulista, impressão que foi validada quando vi Jamie Foxx, a cavalo, com seu belíssimo traje de pistoleiro. Ele estava à frente de um grupo de escravizados caminhando em direção a Quentin Tarantino, que estava atrás da câmera, operando uma enorme grua sobre um carrinho de filmagem.

Entre uma tomada e outra, Jamie treinava como sacar sua arma; ele a girava e a colocava de volta no coldre sem esforço algum.

Não via Quentin desde a estreia de *Grindhouse*, em L.A., o que já tem alguns anos. Depois que assisti a *Bastardos Inglórios*, meu respeito e admiração por ele cresceram ainda mais. E agora aqui está ele, vestido de preto e com um chapéu de caubói na cabeça, manipulando uma grua, e, apesar das filmagens terem começado em novembro e estarmos no início de abril, ele ainda desfruta cada aspecto do que faz, ri e faz piadas com a equipe e, ao final das tomadas, vem conversar com a gente na beira da estrada.

Ele cumprimentou James primeiro, depois veio até mim, apertou a minha mão e disse que a minha roupa tinha ficado ótima, me fez dar uma voltinha e me deu um abraço por trás, dizendo: "E você não está com cara de italiano... graças a Deus".

Virei de frente para ele, apertei sua mão e lhe agradeci por ter mudado o nome do meu personagem para Chaney. Ele fez uma breve saudação com o chapéu de caubói e disse: "Arrá... viu? Sabia que você ia curtir". Respondi que adorei. Ele elogiou os nossos figurinos, e nos despedimos dele. No dia seguinte, gravaríamos o início da cena com os caçadores.

Depois que trocamos de roupa e entramos na van para voltar ao hotel, Greg, o segundo diretor assistente, se aproximou e disse que houve uma mudança de planos para amanhã, quinta-feira. Por causa da previsão do tempo, iremos até o estúdio para que Quentin veja todos os caçadores juntos em seus figurinos, e gravaremos a cena na segunda-feira. Agora, estou ainda mais curioso para saber se vou conseguir voltar para Austin a tempo, mas a verdade é que não me importo muito. Este filme é o projeto mais importante no momento.

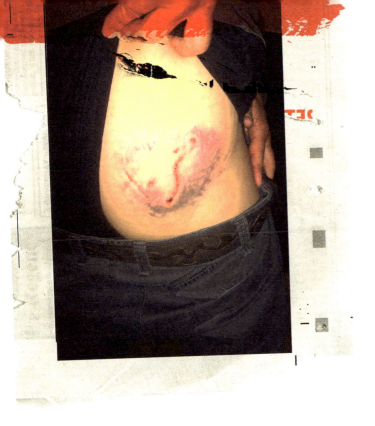

Passei por um trailer e vi um nome colado na porta. Freddie Hice. Freddie foi meu dublê em *Cavaleiros de Aço,* nos anos 1980. Mal posso esperar para encontrá-lo.

Naquela noite, Jodii e eu fomos até a Bourbon Street, onde nos deparamos com uma cacofonia de prostitutas e bandas, e comidas e bebidas, e lojas de vodu e máscaras, e galerias e luzes brilhantes... Mal podemos esperar para voltar para cá na sexta-feira com os garotos. Estaremos de folga na sexta, sábado e domingo de Páscoa.

QUINTA-FEIRA, 5 DE ABRIL

Acordei e fui para a academia. Malhei bem e, às 10h30, desci até a van e fiquei esperando para ser levado até o estúdio, que fica a menos de um quilômetro daqui. James Parks estava lá, logo depois chegou Robert Carradine, a quem me apresentei, e conheci um cara chamado Dane Steene e um outro chamado Ted. Então, o motorista disse que precisávamos esperar por um sujeito chamado Mike.

Esperamos por quinze minutos até Mike aparecer. Ele disse: "Desculpem, pessoal, é a última vez que me atraso", e então: "Estou fedendo igual a um puteiro na França". Perguntei: "Por quê, visitou um ontem?". E ele respondeu: "Não, não encontrei nenhum".

Chegamos ao estúdio bem a tempo de ver um teste dos cachorros atacando um dublê do ator que interpreta D'Artagnan. Havia três pastores belgas malinois com sangue nos olhos, treinados para atacar o dublê, que estava protegido por um traje com revestimentos. De todos os cães do mundo, esses são os donos das mordidas mais fortes. Após o grito de "ação", avançaram no dublê e se agarraram ao traje acolchoado, puxando e rasgando o revestimento enquanto arrastavam o sujeito por cerca de quarenta metros. O treinador mandou que parassem, e dois deles obedeceram, mas o terceiro continuou atacando o dublê até que o treinador o contivesse. Foi assustador, e eu e o pessoal comentamos como a cena tinha sido violenta e, meu Deus... imagina o que um tigre ou um leão seriam capazes de fazer.

Eu estava com os demais caçadores e, de repente, percebi quem era o cara chamado Ted. Era Ted Neeley, que interpretou Jesus em *Jesus Cristo Superstar*. Como o fã nerd que sou, fui até ele e disse: "Você é o Ted Neeley", apertei-lhe a mão e continuei: "Cara, adorei a sua interpretação em *Superstar*".

Por sorte, ele se mostrou simpático, e várias vezes durante o dia veio conversar comigo sobre o que vinha fazendo ou sobre os cachorros.

Todos nós, os caçadores, fomos a nossos respectivos trailers, vestimos o figurino e nos encaminhamos até um dos estúdios, onde Tom, o responsável pelos acessórios, nos entregou facas Bowie embainhadas.

Tenho uma vasta coleção de facas em casa e logo vi que aquela que ele me entregou era de primeira.

Dentro do estúdio, havia uma enorme réplica da casa-grande da fazenda. Era magnífica, com pilares enormes e um interior incrível, com vários andares, todos mobiliados por inteiro. Quentin apareceu e nos cumprimentou um por um, além de fazer alguns comentários sobre como nosso visual estava perfeito, e que éramos um grupo de assassinos que ele não gostaria de ter de enfrentar. Fiz uma piada, dizendo que ele ia dar uma de Peckinpaw. Ele adorou o comentário e concordou, e então nos mostrou como será a cena das nossas mortes pelas mãos de Django.

Ele deitou no chão para mostrar como Dave levará um tiro nos bagos antes de Django atirar no cara que vai estar atrás dele. "É uma das cenas que roubei do *Django* original", ele disse. A garganta de Dave será cortada, sua cabeça será arrancada e partida ao meio, e então colocada em uma panela. "Dando uma de Peckinpaw?"

O roteiro diz que estou limpando a minha arma quando Django aparece e mata todo mundo; tento remontar a minha arma e, pouco antes de conseguir, Django atira na minha cabeça. Até o momento de nossa pequena reunião, parece que o autor do disparo ainda não foi escolhido; acho que Quentin dará a função ao Robert Carradine, que também é um dos caçadores, o que tem uma protuberância nas costas. Perguntei se ele conhecia algum diálogo de *Ricardo III*, e ele emendou um monólogo ali, no ato.

Quentin adorou o nosso visual, e nossa cena está agendada para segunda-feira. Começaremos às 5h30.

SEXTA-FEIRA, 6 DE ABRIL

Acordamos tarde e fomos ao French Quarter. Tentamos beber um Mint Julep, pensando que fazia parte da cultura aqui no Sul, mas dois bares em que estivemos — um deles no interior de um hotel espalhafatoso, chamado The Carousel, em que o bar inteiro, até os banquinhos, giravam sob um toldo como um enorme carrossel brilhante — não faziam a bebida porque estavam sem menta. Por fim, fomos até um boteco, e lá eles tinham menta, mas a atendente não sabia fazer a bebida, a menos que lhe déssemos a receita. Sugeri que procurasse no livro de drinques do próprio bar, e ela encontrou, seguiu as instruções e nos preparou dois. Engoli o meu como se fosse refrigerante.

Mais tarde, naquela noite, encontramos Gino, Big Jake, Jeff e Carey Jones e fomos à Bourbon Street, uma rua cheia de prostitutas, lojas de vodu, um bar ao lado do outro, inúmeros clubes de striptease, bandas e muitas pessoas, bêbadas e sóbrias, mendigos, dançarinos, gente gritando, gente fantasiada... era a rua mais festiva que já vi. Fomos ao LaFitte's, o bar mais antigo da América. Foi inaugurado em 1772 como uma loja de ferreiro em que serviam bebidas; hoje funciona apenas como bar, e o lugar é todo iluminado por velas. Pedi um Chartreuse com gelo. Mas veja, eu não bebo. Não gosto de beber, nunca gostei. Vi o que esse vício faz com pessoas, e nunca me interessei. Na verdade, odeio bêbados. MAS... estou em New Orleans. Acabei me reunindo com a galera toda e virando o guia do passeio, até porque os demais estavam bebaços, como costumam dizer.

SÁBADO, 7 DE ABRIL

Ninguém saiu hoje, ficaram todos de ressaca, exceto eu, que fui ao museu da Segunda Guerra Mundial e depois à exibição do Tom Hanks e do Steven Spielberg sobre o tema, em uma gigante tela 4D que ficava ao lado do museu. Estive na frente da maior tela de cinema que já vi, fora a Omnimax, na minha cidade, Pittsburgh. Quando o filme acabou, me senti como se tivesse estado na guerra.

Um tanque passou por cima de mim, aviões kamikaze se jogaram na minha direção, e nevou, de verdade, em mim e em toda a plateia. Depois saí, acendi um charuto e caminhei. Alegria pura.

Voltei ao hotel e fiquei assistindo à televisão, bem preguiçoso, e aluguei um filme, *O Espião que Sabia Demais*. Excelente.

DOMINGO, 8 DE ABRIL: PÁSCOA

Acordamos tarde no domingo de Páscoa e fomos assistir a uma exibição que Quentin tinha organizado em um cinema local. Era um filme indonésio chamado *Operação Invasão*. É o filme mais violento e brutal que já vi, e olha que já fiz vários desses. Quentin estava sentado na primeira fileira, rindo pra caramba, não apenas assistia ao filme… dava para ver que ele também estudava as cenas. Muito inspirador. Samuel L. Jackson estava na plateia, sentado atrás da gente, e às vezes gritava: "É isso aí que eu faria!".

Fora do cinema, Quentin e eu comentamos que *Jogos Vorazes* era uma cópia descarada de *Battle Royale*. Ele perguntou se eu tinha visto na internet a foto do John Travolta e do Sam Jackson na cena do carro em *Pulp Fiction*, com a legenda: "Como chamam o filme *Jogos Vorazes* na França? *Battle Royale* com queijo". Mais tarde, pluguei o meu iPod à tv do hotel e coloquei *O Senhor dos Anéis* para Jodii. Ela nunca tinha assistido.

SEGUNDA-FEIRA, 9 DE ABRIL

Vieram nos pegar no hotel às 5h30 e fomos ao set. Fica em um pântano, mas nos deixaram na entrada dos nossos trailers, situados logo à beira da rodovia, perto de uma estrada de terra que leva ao pântano. Vestimos nossas roupas, eu e o resto dos caçadores: Dave Steen, Ted Neeley, James Parks, Robert Carradine, Mike (nunca descobri o sobrenome dele) e uns outros que não cheguei a conhecer. Estes que acabei de mencionar formaram uma panelinha, em especial eu, James e Dave. Robert tinha uma corcunda como parte do traje e do personagem, e, durante o dia inteiro, sempre que alguém a mencionava, ele dizia: "Que corcunda?", bem à la *O Jovem Frankenstein*, sacou?

Ficamos ali no set, perto da cabana dos caçadores, uma pocilga bastante espaçosa que seria a nossa casa na fazenda. Tinha camas e uma enorme lareira de pedra, um fogão a lenha e uma mesa com cadeiras rústicas. No filme, morreremos ali, só que no interior da cabana, que será reproduzido em um estúdio em meados de maio.

Leonardo DiCaprio chegou ao set, veio até nós e se apresentou. Foi só mais tarde, quando vi a cena dele, que percebi que ele tinha se apresentado… como seu personagem. Ele faz o chefe, o cabeça, o senhor da fazenda, no papel de um frágil, porém cruel aristocrata sulista, *proprietário de escravos*; foi assim que ele se apresentou.

Ele me deixou bastante impressionado. Primeiro: é um dos homens mais lindos que já vi. Esquece o que você já viu nas telas. Pessoalmente ele é fabuloso, maravilhoso, bonito demais. Não tirei os olhos dele enquanto o sujeito falava. Deu muita vontade de beijar o cara.

Não sou gay, mas senti a mesma coisa que sinto quando converso com uma mulher bonita. Uma atração que reside na beleza, nos gestos e nas expressões. Tem um motivo pelo qual pessoas como ele são estrelas de cinema. E, no set, mesmo quando não estava diante das câmeras, ele se fazia completamente presente durante toda a filmagem. Não saía do personagem; o dia inteiro, sua postura era *atuar*. Ainda que estivesse fora das câmeras, sua presença influenciava os demais personagens, até os de menor participação.

Quando a câmera se voltava para ele, o homem era incrível: variava sua atuação e oferecia todo um leque de opções, tomada após tomada. Ele é um astro de verdade, um grande profissional.

Perguntei sobre os cachorros, e os cachorros vieram. No final do dia, Dave e eu vamos ter que ir ao hospital para tomar injeção contra tétano.

Quentin queria ver quem se daria bem com os cães. Mencionei que gostaria de ser um dos caçadores que treinavam e lidavam com os animais. Mandaram que eu, James e Dave trabalhássemos com os treinadores, uma senhora muito querida chamada Tamira, seu marido, e Tom Roach, um jovem treinador que já havia trabalhado comigo. Tom trouxe Bullet, o cachorro mais velho, de 10 anos de idade, e o bicho era esperto e muito talentoso. Quando ele dizia "esquerda", Bullet rolava para a esquerda; quando dizia "direita", Bullet rolava para a direita. Tom dizia "levanta, senta, pede, deita, no lugar", e Bullet obedecia a tudo. Colocava um biscoito no focinho do cachorro, e este não se mexia até que Tom dissesse "pega", então Bullet pulava no ar e abocanhava o biscoito.

Tom me passou a coleira do Bullet e disse que colocaria o animal em "modo agitado", e eu deveria contê-lo. Ele me mandou ficar preparado e mostrou como segurar a coleira; fez um sinal para o Bullet, e o cachorro ficou maluco, começou a latir e pular e avançar na direção do treinador. Foi como segurar um carro... *Ele ia alcançar Tom!* Eu não tinha força para segurá-lo.

Tom me mostrou onde colocar a mão: eu deveria segurar a alça na ponta da coleira com a mão posicionada meio que ao lado da cintura e com as pernas flexionadas, o que ajudaria a me manter mais firme e no eixo, e assim seria mais difícil para o Bullet me puxar, mas vou dizer... foi um esforço. Trabalhei com Bullet por um tempo e, enfim, consegui fazê-lo andar comigo, levando-o aonde eu queria. Tom disse: "Vá aonde quiser com confiança; o cachorro vai sentir e vai te acompanhar. Segure a coleira, mas não puxe de repente, senão ele vai pensar que você quer que ataque. Seja rígido e use termos como 'fica' e 'junto' e 'no lugar', para que ele fique em posição, e 'solta' quando quiser que ele pare de brincar com algo". Fiquei muito confortável com Bullet. Parecia que era meu cachorro, como se eu fosse seu dono por anos.

Quando fomos ao set, eu, James e Dave deveríamos estar com os cães em "modo agitado", segurando-os para que não avançassem em um escravizado fugitivo, que subiu em uma árvore para fugir dos cachorros. Por algum motivo, um dos treinadores pensou que eu combinaria mais com um dos cachorros mais novos, chamado Hank, então tirou Bullet de mim e o passou para o Dave. Eu não conhecia o Hank, não tinha trabalhado com ele, e esse cachorro parecia muito mais violento. Os treinadores se esconderam perto das árvores e fizeram um sinal. Os três cachorros ficaram malucos, latiram e ganiram, tentaram subir na árvore, correram em círculos e de volta para a árvore. Ato, o jovem ator negro que interpreta D'Artagnan, o escravizado fugitivo, estava no alto da árvore, muito apavorado.

A caminho do set, um caubói lindo em um cavalo magnífico chamou meu nome. Era Freddie Hice. Sua aparência era fantástica. Estava bronzeado e saudável; parecia que não havia envelhecido nada desde 1980. Depois das filmagens, conversamos sobre aquela experiência e como ele se machucou quando frearam a moto que estava dirigindo como meu dublê no filme — usaram cabos de aço para interromper a aceleração, e as coxas dele atingiram o guidão do veículo. Quase todos os dublês daquele filme se machucaram. No último dia, depois que dois dublês fizeram cenas similares, todos os dublês da produção se certificaram de que estavam inteiros, sem nenhum osso quebrado, e pularam de alegria.

Então, puxada por um enorme e lindo cavalo Clydesdale, uma carruagem fabulosa entrou em cena, carregando Leonardo e Christoph Waltz, o vencedor do Oscar que fez uma interpretação maravilhosa do nazista em *Bastardos Inglórios*, do Tarantino. Leonardo falou algumas coisas para D'Artagnan, censurando-o por fugir e lembrando-o de que pagou quinhentos dólares por ele, e que, portanto, D'Artagnan teria que participar de cinco lutas. Ele ordenou que calássemos os cães para que pudesse pensar, então Dave me devolveu Bullet, e eu tirei Bullet e Hank de cena.

Repetimos a tomada várias vezes, e, em dado momento, ouvi Dave gritar, como fazia na maioria das cenas, mas dessa vez foi diferente. Ele meio que ficou gritando "MERDA!", e, quando me virei para olhar, os dois cachorros o haviam atacado.

Um deles lhe mordeu a bunda e, agarrando sua calça, o puxava para o chão; já Bullet estava prestes a abocanhar sua garganta. Assim que Dave ergueu a mão para se proteger do Bullet, os treinadores vieram e acalmaram os cães. Dave ficou bastante aborrecido e não parava de repetir que tinha sido mordido. Quando o primeiro diretor assistente gritou "almoço!", fomos almoçar no buffet que ficava em uma tenda na estrada, saindo da rodovia. Deixamos Dave aos cuidados dos treinadores. Voltamos a vê-lo depois do almoço, e ele disse que tinha buracos na bunda e que, após as filmagens, teria que tomar uma injeção antitetânica. Seguimos com as filmagens e, em uma das tomadas, ao pegar Bullet de Dave para tirá-lo de cena, senti uma pressão inacreditável no meu braço esquerdo... então, senti os dentes.

O que aconteceu foi que, ao estender meu braço para alcançar Dave, Bullet, que estava em "modo agitado", avançou no meu braço. Continuei a sair da cena, como deveria, mas os treinadores apareceram e me impediram e, enfim, tiraram Bullet do meu braço. Levantamos a minha manga e mal vimos sequer um arranhão, apenas duas feridas bem pequenas, mas meu braço doía pra cacete. Os dentes não tinham perfurado a pele, mas a pressão da mordida foi muito forte. Então, sem dúvida, teria que tomar uma injeção também. Eu não queria, mas insistiram. Então, Dave e eu nos tornamos atores especiais, membros do clube, o Clube dos Homens Atacados por Cães. Quentin se aproximou e disse: "Só os melhores membros da minha equipe são atacados". A caminho do hospital, Dave e eu nos perguntamos como reagiriam quando disséssemos que fomos atacados pelo *mesmo cachorro*.

No hospital foi moleza. Já estavam à nossa espera; apenas precisamos preencher os formulários, nos deram a injeção e fomos embora. Dave voltou ao hotel, mas eu *precisava* ir até a farmácia para comprar palmilhas de gel para as minhas botas, porque, àquela altura, elas já tinham se tornado instrumentos de tortura. Era insuportável. A cada passo que eu dava, parecia que eu estava andando sobre a borda de um pedaço de madeira. Comprei quatro pares; a ideia era colocar dois em cada bota.

TERÇA-FEIRA, 10 DE ABRIL

Nos buscaram às 6h para irmos ao set, onde nos vestimos e tivemos um dia de filmagem muito divertido, que terminou com a cena em que D'Artagnan é atacado pelos cães.

Se me perguntarem como é ser dirigido pelo Quentin Tarantino, ou como é estar nesse set, vou responder que é o set mais divertido em que já trabalhei. Todo mundo está sempre de bom humor, em especial o Quentin. A gente ouve o cara rindo o dia inteiro. Às vezes, quando estamos sentados na nossa área

social, a uns 90 metros de distância, longe da ação, ainda conseguimos ouvir as risadas do Quentin, desde a menor risadinha até as gargalhadas de fazer chorar.

Dave interpreta seu personagem, o Sr. Stonecipher, como um caipira pra lá de burro, que fala quase apenas usando gírias e com uma péssima dicção, e ele faz isso tão bem que Quentin, a equipe e o elenco já se ligaram e ficam imitando o cara. Chamamos isso de "stonecipherando". Depois de uma tomada, Quentin começou a stonecipherar, e não tínhamos entendido que o que ele disse foi apenas: "Ok, conseguimos". Então, de um jeito bem arrastado, preguiçoso, quase sem vogais, ele disse ainda: "Mmmmmaassss... vvvvvmmmssss grrrrrrvvvrrrr maaaiisssssss ummmmmma".

Mais tarde, depois de outra cena, Quentin anunciou do topo de uma escada enorme: "Beleza, conseguimos... mas vamos gravar mais uma, pooooor quê??????" E toda a equipe e o elenco, incluindo eu, gritamos: "PORQUE AMAMOS FAZER FILMES!". Divertido demais.

Amanhã, começaremos o dia com a cena em que os cães destroçam D'Artagnan.

É uma imagem estranha a de todas essas cadeiras de diretores espalhadas em um pântano. Algumas têm o nome dos atores, outras apenas dizem "elenco". Estamos ao lado de uma estrada de barro cujo solo é firme o suficiente para que possamos colocar as cadeiras, e uma miniestação de primeiros socorros, e refrigeradores, e vários equipamentos de câmera, uma grua, araras para o figurino, uma infinidade de cavalos, e os trailers dos cães de ataque.

Volta e meia, os tratadores de serpentes apareciam com cambões de aço para capturar cobras que poderiam ou não estar bem aos nossos pés. Estamos a uma distância minúscula de um pântano que ocupa os dois lados da estrada de barro. Não é um lugar legal para passeios. Os tratadores encontraram três cobras, que não eram muito grandes nem muito perigosas. Colocaram uma delas em um saco de tecido e a soltaram perto da cabana dos caçadores. Estávamos sentados em nossas cadeiras e alguém, um cenógrafo ou assistente de produção, apareceu e disse que queria ver a cobra. O tratador tirou-a da sacola e o cenógrafo a provocou. Começou a fazer um gesto meio "ai, que serpente bonitinha" em direção ao animal, e aí foi incrível o que aconteceu.

A cobra saltou no ar e agarrou a mão do sujeito com os dentes. Ele gritou e pulou para trás. Outro que precisou tomar injeção antitétano no hospital.

QUARTA-FEIRA, 11 DE ABRIL

O dia de hoje foi fabuloso. Choveu muito e tivemos que parar mais cedo, mas, antes disso, filmamos a cena em que os cães atacam Ato, o cara que interpreta D'Artagnan. Primeiro, o aquecimento: os cachorros morderam os braços e pernas de Ato, que estavam forrados com enchimentos. Pra variar, sua atuação foi magnífica. Ele gritava e chorava, até que, de repente, mudou o tom dos bramidos, e passou a emitir gritos altos e agudos de dor, implorando por sua vida. Isso mudou a dimensão da cena. Ontem, a atuação dele enquanto chorava e gritava para que o personagem do Leonardo DiCaprio — Calvin Candie — tivesse piedade também foi inacreditável. Quando ele entrou na van comigo e com os outros caçadores hoje de manhã, dissemos que ficamos maravilhados com aquilo, isso o deixou muito feliz.

Então, chegou a hora do pessoal dos efeitos especiais colocar um braço falso no Ato, para que os cachorros pudessem arrancar. Ele teve que prender o braço de verdade atrás das costas, para que o falso parecesse real. Quando ele deitou no chão, deu pra ver o braço de verdade aparecendo sob as costas, fazendo com que seu corpo ficasse meio erguido. Gravaram algumas tomadas com os cães o arrastando de um lado para o outro, mas o braço sempre aparecia debaixo dele. Aconteceu todas as vezes.

Assistir àquela cena foi me deixando irritado, porque eu estava morrendo de vontade de sugerir uma coisa, mas não era certo me meter. Estou aqui como ator e não cabe a mim sugerir soluções para os efeitos. Quentin parecia frustrado, mas ria muito e contava piadas sempre que se preparavam para gravar uma nova tomada. Ele se aproximou e pediu que eu imitasse os gritos quando os cães estivessem atacando Ato, para distraí-los e fazer com que se virassem na direção dos caçadores.

Lembrei Quentin de que, em *Dia dos Mortos,* tive que cortar o braço de um personagem — falso, obviamente —, e cavamos um buraco no chão para que o ator acomodasse o braço enquanto estivesse deitado; isso fez com que o corpo do ator ficasse ao nível do chão, e o braço falso parecesse o real. Ele disse: "Mas os cachorros arrastam Ato, e veremos o buraco no chão". E eu respondi que ele podia usar o braço dentro do buraco para se ancorar no lugar. Ele gostou da ideia, mas pedi que não revelasse que tinha sido minha. Ele entendeu, deu uma risadinha como quem diz "saquei" e caminhou na direção dos atores.

Dez minutos depois, ele mandou cavarem um buraco debaixo de Ato, para que o ator colocasse o braço escondido. A cena ficou muito mais real e o braço falso parecia o de verdade. Os cães atacaram, deu tudo certo, e todos se prepararam para a próxima cena.

Passados alguns minutos, Quentin se aproximou e, de maneira discreta, colocou algo na minha mão. Então disse: "Temos uma tradição nos meus sets: quando alguém de outro departamento ajuda a resolver um problema, ganha cinco dólares. Isso se chama 'a cena de cinco dólares'". Respondi que era muito legal... era uma ótima tradição. Ele falou que não era sempre que um *especialista* na área de outro departamento se manifestava. Ganhei o dia com aquilo. Vou emoldurar a nota de cinco dólares, mas quero pedir para Quentin a autografar.

Preciso explicar por que essa experiência foi tão emocionante para mim. Quentin Tarantino, há muito tempo, antes que tivesse feito *qualquer coisa*, falou comigo em uma convenção de terror em L.A., disse algo como: "Sr. Savini, sou um grande fã seu. Trabalho em uma videolocadora em Manhattan Beach e gostaria de convidá-lo para que venha até a loja e veja o nosso acervo... temos muitos filmes". E... eu fui. Ele me recebeu, mostrou meus filmes e autografei alguns deles. Depois, eu o vi em uma festa na casa de Greg Nicotero — Quentin ficou o tempo todo sentado no canto da sala, quieto, sem fazer nada... ele apenas estava lá.

Quando fez *Cães de Aluguel,* fiquei puto com ele e senti muita inveja, porque era um filme que eu queria ter feito, cheio de ação e diálogos incríveis, e apenas fiquei puto porque ele o tinha feito primeiro. Mas aí, depois de *Pulp Fiction* e *Kill Bill* e *Bastardos Inglórios*, EU é que virei fã DELE, e percebi que o cara é um gênio brilhante, de um talento

estrondoso. Passei a respeitá-lo e admirá-lo; então, o fato de ele ter prestado atenção no que eu disse, no set DELE, e ter me oferecido tamanha honra é uma emoção grande demais.

Estava tudo certo para irmos embora no dia seguinte, quinta-feira, mas por ter chovido hoje, nos mandaram voltar amanhã. Ainda poderei voar para Austin na sexta, para o trabalho no videogame que receberá o nome de *LocoCycle*. Informei a Bill Muehl, o produtor do jogo, que ele devia procurar uma alternativa, caso meu cronograma mude mais uma vez por causa do clima.

QUINTA-FEIRA, 12 DE ABRIL

Acordamos às 5h; queríamos começar cedo nosso último dia de trabalho. No acampamento dos trailers e já em nossas roupas, fomos levados até o local do café da manhã. Sou obrigado a dizer que, apesar de estarmos isolados no meio do nada e cercados por um pântano, estão cuidando muito bem de nós. A cozinha móvel oferece qualquer café da manhã que você desejar, e, ao lado, onde em geral funciona uma atração turística chamada Swamp Tours, há um restaurante de panquecas e waffles. Ali, nas várias mesas dispostas em fileiras, dá para tomar um café da manhã reforçado, com frutas, iogurtes, *shit on a shingle** — como chamávamos no exército — e a maior máquina de suco que já vi, perto da qual, em recipientes organizados, há cenouras, maçãs e uma variedade de vegetais para montar o seu próprio smoothie saudável... Ao lado disso tudo, há um enorme espremedor de suco de laranja e um cesto com as frutas. Como

---

* Carne moída ou cortada em pedaços pequenos com molho cremoso e servida sobre uma torrada.

sempre, tomei um copo gigante de suco de laranja, voltei para a van, que nos levou até os trailers, peguei o meu colete de guaxinim e fomos para o set.

Passamos a maior parte do dia no set, porém longe das câmeras, apenas observando o diálogo entre Leonardo DiCaprio, Christoph Waltz e Jamie Foxx, que leva ao momento em que soltamos os cães em Ato, ou melhor, no escravizado fugitivo D'Artagnan. Nós, os caçadores, não temos diálogos, exceto Dave e sua "stonecipheração" com Leonardo, que lhe solta um: "Cale a boca desses cachorros... mal posso ouvir meus pensamentos!".

Em cena, Dave balbucia o comando aos cães, direcionado em especial a uma cadela chamada Marsha. Leonardo desce da carruagem e diz a D'Artagnan que pagou quinhentos dólares por ele e que espera que o escravizado faça cinco lutas. Em seguida, pergunta se ele vai reembolsá-lo, caso saiba o que a palavra "reembolsar" significa. Jamie Foxx diz que ninguém vai pagar nada a Leonardo, e que está farto desse falatório. Leonardo diz nunca ter visto um "preto" como Jamie, e pergunta se ele se importa que ele mesmo resolva a situação da maneira como achar melhor. Jamie responde que não se importa, e Leonardo sussurra a Dave que "envie D'Artagnan ao céu dos pretos".

Na cena seguinte, vemos James Parks segurando seu cachorro, enquanto os treinadores fazem o animal enlouquecer, para libertá-lo na direção da câmera... Logo depois, James faz uma espécie de dancinha caipira, em deleite, e sai do enquadramento. Aplaudimos. Após a captura de novos ângulos de escravizados, supervisores e outros caçadores reagindo ao ataque, a câmera foi parar no alto da árvore em uma grua e registrou a reação de todos nós. Logo chegou

a hora em que a câmera se volta para mim, ao lado de Ted Neeley, enquanto seguro os dois cachorros, Bullet e Hank, antes de soltá-los na direção da câmera e de Tom Roach, o treinador. Combinei com Ted que, depois que eu soltasse os cachorros, eu me viraria na direção dele e, em linguagem de sinais, seguraria meu saco e faria o sinal de "corta" com os dedos, indicando que os cachorros deveriam arrancar as bolas de D'Artagnan. A câmera estava apontada na nossa direção, e, primeiro, os cachorros atacaram um ao outro. Depois, me derrubaram de joelhos, e, na terceira tomada, segurei ambos com força, soltei-os com um gesto meio "jogando as mãos para o céu" e fiz o que havia combinado com Ted. Quentin gravou duas tomadas semelhantes, seguidas por uma tomada em câmera lenta na qual os cães correm na nossa direção. E esse foi o final da cena e da nossa participação.

Leonardo se aproximou, vestindo parte do figurino e uma camisa xadrez verde e laranja que era dele mesmo, e queria tirar uma foto "com seus caçadores". É incrível, mas, com aquela roupa, ele parecia ter a mesma idade de quando fez *Titanic*: cheio de frescor, o cabelo caído na frente do rosto. Fizemos pose ao lado dele, e, na mesma hora, um dos treinadores lhe passou a coleira de um dos cachorros para que segurasse. Leonardo virou para mim e trocamos um olhar arregalado de "essa não!", mas deu tudo certo; depois da foto, ele olhou para mim de novo e disse: "Não quero me mexer!". Ele ficou lá, congelado, até o treinador tirar o cachorro da mão dele.

Na manhã seguinte, voei para Austin, no Texas, onde gravei a voz de um personagem para um jogo chamado *LocoCycle*... mas isso já é outra história.

24 DE JULHO

Sim, três meses se passaram desde que fui embora do set em New Orleans, e agora estou em Los Angeles, para dar continuidade às filmagens de *Django Livre*. Nesse ínterim, estive em Austin, Texas, para filmar *Machete Mata*, mas isso fica para outro diário. Fiquei um tanto chocado ao descobrir por outros membros do elenco que já tinham se passado três meses. Na verdade, vi algumas vezes o trailer de *Django... no cinema!* E, como quem não quer nada, virava para quem quer que estivesse comigo e dizia: "Ainda estamos filmando isso aí".

Hoje eu disse ao Quentin que as pessoas já estão citando falas do filme, como aquela do Leonardo DiCaprio: "Cavalheiros, vocês tinham a minha curiosidade, mas agora têm a minha atenção". Ele afirmou que a expectativa do público em relação a um faroeste nunca foi tão grande desde *Butch Cassidy*.

Bem, estou aqui desde terça-feira, dia 17, e todos os dias recebo mensagens dizendo que não gravaremos no dia seguinte. Na verdade, me trouxeram para Los Angeles apenas para o caso de precisarem gravar a nossa cena. Quando falo "nossa", me refiro aos caçadores. Então eu e Jodii, minha namorada australiana, que nesse meio-tempo veio para ficar comigo, estamos meio que de férias há uma semana. Rob Lucas, meu melhor amigo, também chegou em L.A.; ele se mudou de Connecticut e alugou uma casa aqui. A mobília chega amanhã. Ele fez um quarto para mim na casa, assim posso vir a L.A. com mais frequência, principalmente em época de testes para filmes.

Então, passei essa última semana com Rob, já que ele alugou um quarto perto do hotel, em Valencia, até que o caminhão de mudança chegue com as coisas para a casa nova. Ele tem nos levado de carro a vários lugares: fomos à loja da Goodwill, em Beverly Hills; fizemos compras na Melrose Avenue; jantamos no Rainbow, no Sunset Boulevard; jantamos também na Smokehouse, em Burbank; fomos comer no Musso and Frank's; fizemos compras no Hollywood Boulevard; visitamos Bob Burns e sua fabulosa coleção de itens de Hollywood... e terminamos ontem à noite, quando Rob convidou dezessete amigos nossos para o IRIS, o novo espetáculo do Cirque du Soleil, no Kodak Theater, o lugar onde acontece a cerimônia do Oscar. Foram dias fantásticos em L.A., que precederam a conclusão das filmagens de *Django Livre*.

Esta noite, começamos com os caçadores jogando cartas dentro da cabana onde residem, a mesma que usamos em New Orleans. Desmontaram e despacharam a casa inteira, que tinha sido usada no pântano em New Orleans, e a reconstruíram aqui, na Santa Clarita Studios. Estávamos eu, James Parks e Michael (Mike) Bowen jogando cartas. Big Jake estava à nossa esquerda, construindo uma casa de passarinho, Dave Steen tomava banho em uma banheira de madeira, e Ted Neeley estava sentado em uma cadeira de balanço, tocando gaita de boca. Usávamos as orelhas dos escravizados como dinheiro de aposta.

Mais cedo, Quentin se encontrou com jogadores de cartas e nos ensinou um jogo que envolvia naipes e figuras. Ele mandou que o praticássemos antes das gravações, e todos acabamos bolando sinais e blefes para fazer durante o jogo, mas, na hora de filmar, jogamos de um jeito mais comportado — só que não demorou até começarmos a jogar qualquer carta que nos vinha à mão, já que Quentin queria um jogo rápido. Era apenas um plano que nos mostrava ocupados antes que Jamie Foxx, o Django, entrasse e atirasse em todo mundo.

Após algumas tomadas do jogo de cartas, com a câmera em um trilho circular que se movia ao redor da mesa, tivemos um tempo livre antes de sermos chamados de volta... para morrer. Isso significava que os explosivos dentro das bolsas de sangue estavam colados na parte interna das nossas roupas, montados para estourar com força assim que Django atirasse na gente. Eu tinha dois no peito e, quando explodissem, eu deveria cair para trás com a cadeira, para longe da mesa. Jake tinha dois no peito, que explodiriam primeiro, seguidos pelos meus, e depois os do James — um no peito e um nas costas. Mike tinha um no chapéu, e por último vinha Zoë Bell, com um no peito.

Estava tudo preparado para acontecer *de uma vez*, no mesmo plano, uma explosão depois da outra. Entre todos os tiros que nos alvejariam, as cartas, garrafas e batatas sobre a mesa, e até as paredes, estavam programadas para explodir. Ouvi histórias terríveis que Greg Funk e Big Jake contaram, sobre pessoas que tiveram que repetir cenas como essa. Teve um cara que precisou fazer sete vezes. Eu sabia que o lugar ficaria encharcado de sangue grudento... a ideia de gravar isso várias vezes me dava náuseas.

Enquanto preparavam a cena, Quentin anunciou que a cena que havíamos gravado antes, do jogo de cartas, tinha sido o plano de número 1600... *com apenas uma câmera.* Ele estava muito orgulhoso, e deveria se orgulhar de verdade, pois foi o responsável por todos os enquadramentos do filme. A câmera B só foi usada no plano 95. Fiquei surpreso porque, depois de dizer isso, ele olhou para mim e disse que eu deveria fazer o mesmo em

Children Shouldn't Play With Dead Things. Ele falava do remake que devo dirigir antes do fim do ano. Ele me contou que é um de seus filmes favoritos, e até me ofereceu o roteiro que Bob Clark tinha escrito antes de morrer.

Eu estava prestes a gravar o que seria uma cena magnífica, na qual todos seríamos alvejados até a morte. Eu estava praticando minha queda para trás destinada ao momento em que os *squibs* explodissem, James ensaiava o que iria fazer, e Mike planejava como iria cair; eu conseguia sentir meu coração bater cada vez mais rápido. Em breve, Quentin gritaria "ação", e veríamos o inferno na Terra. Gravar uma cena em que *squibs* explodem em um ator é algo normal, mas vários *squibs* explodindo em cinco pessoas? Fora as cartas na mesa e as garrafas e as batatas no prato e a parede ao redor, tudo quase que ao mesmo tempo. Meu coração batia cada vez mais rápido... e se eu não me jogar para trás na hora certa? E se o Jake se esborrachar na mesa atrás dele, e ela acertar a minha cara? E se o James cair em cima de mim enquanto finjo estar morto? E se a Zoë tropeçar em mim ao tentar atacar Django com uma faca antes de receber o tiro dele??? Todos esses pensamentos fervilhavam na minha cabeça e, antes que eu percebesse, Quentin gritou "ação" e tudo ficou em câmera lenta.

O substituto de Jamie Foxx estava diante da câmera, atirando na gente com seu revólver, disparos altíssimos... vi Big Jake ser atingido e voar para trás com a casa de passarinho; na mesa, as batatas explodiram, e assim que senti as explosões no meu peito, minhas pernas logo me empurraram para trás, e nem me lembro de cair ao chão. Deitado lá, pude ver e sentir várias explosões, estilhaços e sangue voando por toda parte. Quentin gritou "corta", e todos ficamos parados

para que os fotógrafos tirassem fotos. Em seguida, Quentin disse que havia sido maravilhoso e que não precisaríamos fazer de novo. Todos quisemos abraçá-lo — e alguns de nós, de fato, o abraçamos — porque não teríamos que passar por aquilo de novo. Fomos para casa felizes da vida por termos feito parte da história do cinema. Uma história que inclui violência, faroeste, *Meu Ódio Será sua Herança*, Quentin Tarantino, 1601 planos com uma única câmera.

Estamos em dezembro e Mike Ruggiero, um produtor amigo meu, me convidou para ir a Nova York para uma exibição de *Django Livre* pela Producer's Guild, com a presença de Quentin. É claro que dirigi seis horas até Nova York para viver essa experiência.

Entramos no cinema de fininho mais cedo e conseguimos assentos fantásticos na primeira fila da arquibancada, que não estavam reservados para o pessoal da Miramax.

O filme impressionou todo mundo, inclusive Mike e eu, e quando chegou a hora das perguntas do público ao Quentin, fui o primeiro a levantar a mão. O mediador, um crítico cinematográfico que escrevia para o *Village Voice*, comentou: "Parece o Tom Savini", e Quentin disse: "É ele", explicando ao público que eu era um dos caçadores no filme. Alguns aplaudiram, mas abanei a mão e disse que "Quentin detonou pra caramba". Perguntei se ele também fazia o cara com um saco na cabeça, que dizia "não temos sacolas extras". O diretor respondeu que sim e até repetiu as falas do personagem. Falei que *Django* era uma linda história de amor.

Alguém perguntou para ele qual seria seu próximo projeto, e ele disse que iria escrever bastante e testar algum gênero diferente... talvez um filme de terror. Eu gritei: "ISSO AÍ!!!!", e ele disse: "Rá! O Savini curtiu a ideia".

Nós o vimos lá fora, entrando em uma SUV, e eu gritei: "QT?". Ele se virou, nos abraçamos, e perguntou se tínhamos gostado do filme. Respondi que sem dúvida iria assistir umas dez vezes. Até agora, foram cinco.

Diário
GAROTOS PERDIDOS:
A TRIBO

REGISTRO #1

Recebi um telefonema de Greg Nicotero: "Ei, querem que você apareça em *Garotos Perdidos 2*". Maravilha! Vou voltar a interpretar um vampiro em algum momento em setembro. Mas, antes, preciso virar um vampiro em *The Dead Matter*, um filme dirigido pelo Ed, do grupo musical *Midnight Syndicate*, que cria "a melhor música original de terror do Universo". Eu costumava passar pela mesa deles nas convenções, quando estavam com clientes, e gritar essas palavras. Esse hábito nos aproximou, e me contrataram para interpretar Sebed no primeiro filme de terror que fizeram. Corta para hoje: estou sentado em uma enorme suíte de um hotel em Vancouver, na Colúmbia Britânica, Canadá, em um domingo de manhã. Vancouver é a nova Hollywood, e ontem descobri que existem 37 estúdios cinematográficos aqui — só nesta cidade! Ontem, aqui no quarto, também assisti a uma biografia do Bruce Lee narrada pelo Miguel Ferrer, e depois desci até a academia. Lá estava eu, malhando, e de repente Miguel Ferrer aparece. Viu? É a nova Hollywood. Ele está aqui gravando a nova série *Mulher Biônica*.

O voo até aqui foi tranquilo, agradável, rápido e de primeira classe.

Passar pela imigração, porém, foi um pesadelo. Fiquei horas sentado ao lado de centenas de estudantes asiáticos. Também descobri que Vancouver é 40% asiática. Consegui aplacar parte do estresse fingindo que assistia a uma comédia sempre que os agentes da alfândega chamavam nomes como Wang, Lee ou Liu e ninguém respondia. Precisavam repetir os nomes e tentar pronúncias diferentes para que alguém respondesse. Fiquei pensando, Jesus, você está entrando em um país novo, por isso precisa ficar aqui para SAIR daqui: presta atenção! Foi assim até o momento em que decidi que aquilo era uma comédia; então levantei para reclamar que os oficiais colocavam os novos papéis de entrada em cima dos que já estavam lá, entre os quais estavam os meus. Pegaram os meus papéis, paguei a taxa do visto de trabalho e fui procurar a minha bagagem. Havia dúzias de esteiras repletas de malas. Passei pelo meio daquelas torres de bagagens pensando no tempo que eu levaria para encontrar a minha, e então, juro por Deus, olhei para frente e lá estava: a minha mala. Acho que ainda tenho um pouco de sorte.

O hotel fica bem no meio da cidade, é como estar no meio de Manhattan ou Toronto, cercado de lojas e restaurantes, e uma das primeiras coisas que fiz foi comprar um relógio caro. É um relógio que, para mim, significa "eu não me importo se fui roubado, foda-se", e sempre que olho para ele sinto que ganho força e fico ainda mais confiante, me sinto menos violado. Antes de vir para cá, minha casa foi invadida e roubaram meu cofre. Digo "roubaram meu cofre" porque o cofre pesava cerca de 160 quilos e apenas foi levado, com todas as minhas economias em dinheiro, que seriam destinadas para os estudos do meu neto e, também, para Lia, caso acontecesse algo comigo. Deixei tudo no cofre para que Lia tivesse acesso imediato: nada de executor testamentário, nada de burocracia do imposto de renda... acesso instantâneo. Bom, não tenho mais essa opção. Não vou comprar outro cofre, já que podem entrar em casa e levá-lo embora, fácil assim. Teria sido mais seguro deixar a grana atrás dos livros ou enfiada na bunda da minha estátua do Darth Vader em tamanho real, ou em qualquer outro lugar, *exceto* no cofre. Sabe, os cofres deviam *impedir* seu conteúdo de ser roubado. Eu ainda teria a grana se o primeiro lugar em que tivessem procurado não fosse exatamente o... COFRE!

Sempre tento olhar o lado bom dos problemas e desafios que aparecem, mas, nesse caso, não consegui fazer isso por vários dias. Percebi que seria muito fácil cair em estado de depressão se permitisse que minha mente me levasse por esse caminho. Mas, há muito tempo, aprendi a controlar meus pensamentos e a não deixar que eles me controlem. Controle seus pensamentos e você controlará sua vida. Mude seus pensamentos e você mudará sua vida. Quando os pensamentos em torno desse desastre me visitavam, e isso acontecia bastante, decidi que não daria voz a eles. Eu literalmente dizia "calem a boca", e eles iam embora. Enfim, o lado bom disso tudo foi perceber que os verdadeiros tesouros da minha vida não estão dentro de um cofre, nem podem ser roubados de maneira tão fácil. Meus verdadeiros tesouros são os amigos e a minha família, e ninguém pode roubá-los de mim. Foram Greg Nicotero e Jeff Imbrescia que me ajudaram a ver o lado positivo da situação. Jeff, o presidente e proprietário dos meus cursos de maquiagem de efeitos especiais, me deu um adiantamento dos meus honorários de consultoria; já Greg, do nada, me enviou um cheque para ajudar com as minhas contas e me incentivar a seguir em frente, e me encaminhou para este trabalho, aqui em Vancouver, onde interpreto um vampiro em *Garotos Perdidos 2*. O primeiro cheque do filme permitiu que eu comprasse o relógio.

REGISTRO #2

Odeio sangue falso.

É nojento, melequento, e a pior parte é que gruda pra caralho. Odeio ficar grudento. Tenho pesadelos nos quais meus sovacos ficam grudentos, ou entre os dedos, atrás dos joelhos, sabe, qualquer dobra do corpo em que a pele encosta na pele. Odeio isso... odeio muito, não aguento. A mínima sensação de algo grudento já me deixa estressado e arrepiado de ansiedade até o último pelo do corpo. E, em algum momento até o final desta noite, estarei nadando em sangue falso. Arghhhhhhhhhhhhhhhh.

Hoje, no começo da noite, encontrei Kyle, Sean, Merwin e Angus — os Garotos Perdidos — para ensaiarmos nossa luta. Esses são os nomes de verdade deles, e não dos personagens. Merwin é um jamaicano de pele bem clara... ou, espera... ele me corrigiu... "santa-lucense", o que quer que isso signifique. Ele tem cabelo raspado e um cavanhaque anguloso, e o cara é pra lá de definido. Está em excelente forma; aliás, todos ali são espécimes com um físico exemplar. Kyle é o típico rapaz do bem, com um ótimo senso de humor; Angus é um Sutherland, filho do Donald e meio-irmão do Kiefer, alto e com cabelos loiros e ondulados na altura do ombro. É um cara bem na dele, de fala mansa. Sean tem mais ou menos a minha altura, e seu rosto me lembra o do Brad Pitt, assim como os seus gestos, o sorriso, o jeito de falar. Ele diz que ouve bastante isso. Um cara muito inteligente, atencioso e meticuloso, que apontou para o céu querendo mostrar a todo mundo como Vênus parece próxima hoje.

Eu e Garvin, o coordenador de dublês, ensaiamos a luta sozinhos. Ele tem a minha altura, é musculoso e diz que espera ter o meu físico quando chegar aos 60 anos. A luta requer vários empurrões e o uso do peso dos meus oponentes contra eles mesmos, ou seja, preciso empurrá-los uns contra os outros antes que me ataquem. Criamos a sequência e a mostramos aos Garotos Perdidos assim que eles chegaram. Angus é o líder; ele fica parado enquanto os garotos me atacam. Todos acrescentaram algo ao que eu e o Garvin criamos, e P.J. Pesce, o diretor, foi chamado para dar uma conferida. Ele adorou e fez questão de que os movimentos passassem a impressão de uma hiena atacando um leão. Ele viu isso na África do Sul, e agora quer trazer essa ideia para a abertura do filme.

Então, cada um foi para o seu canto... eles foram para os seus respectivos trailers, e eu, para a mansão à beira-mar que é minha casa no filme. O lugar é incrível. Imenso, como um resort moderno. O banheiro principal tem uma tv de 42 polegadas na parede oposta ao vaso sanitário. O chuveiro fica em um box de acrílico com cerca de dois metros quadrados e a água chega por todos os lados: cabeça, pés, por cima e por baixo. Nunca vi nada igual. A água na piscina fica ao nível do chão, sem bordas, sem degraus... só chão, concreto e água. Ela transborda para uma grade em um dos lados da piscina, e depois retorna do outro lado. É uma piscina infinita, que nunca para de encher.

Na minha primeira cena de hoje, estou olhando da sacada para os Garotos Perdidos, que invadiram a minha propriedade e ficam surfando na minha praia. Na verdade, a mansão está bem longe do oceano, mas a equipe colocou uma tela verde enorme, com areia na frente, para que os Garotos Perdidos andem por ali, com seus trajes de banho e suas pranchas. Mais tarde, vão acrescentar o surfe, a lua, o oceano e os reflexos, tudo em CGI. O P.J. faz uma tomada longa e fecha em mim na sacada, onde estou com óculos escuros cujas lentes possuem uma camada de um verde sólido, para que também seja acrescentado o reflexo do que estou vendo. O P.J. é um mago... literalmente. Ele anda com um baralho e fica o tempo todo cortando e embaralhando as cartas. Ambos somos membros habilitados do Magic Castle em Hollywood. Trata-se de um clube privado, exclusivo para mágicos, que fica em uma mansão na colina atrás do Chinese Theater. O tempo todo ele está me mostrando truques, e eu também sempre tenho um ou outro para mostrar a ele quando apareço no set. Nós nos identificamos de imediato. Depois, desço até a praia falsa onde estão os Garotos Perdidos, e executamos a cena de luta na areia. Então, logo após o grito de "ação", minha fala é: "Que diabos vocês estão fazendo na minha praia?".

Merwin responde algo como: "Comendo a sua mãe", ou, agarrando o saco, diz: "Tá aqui a tua praia", ou alguma outra bobagem que eu não entendo. Sean ri e acrescenta: "Ele disse que a praia não é tua". Respondo: "Ah, é mesmo? Presta bastante atenção: sou dono de cada gota d'água daqui até o farol, além de toda a areia e tudo o mais nesta região, ou seja, agora sou dono de VOCÊS também!".

Sean diz: "Foda-se, chupa aqui", e passa por mim segurando sua prancha. Dou um soco no peito dele, que cai de costas sobre a grama. Kyle se aproxima e diz: "Não precisa partir para violência, a gente vai embora". Eu retruco: "Pode esquecer, a gente tá só começando", e me transformo em um vampiro. Primeiro, dou essa fala como um cara normal, depois repito com as presas e lentes de contato pretas. Mais tarde, vão me transformar no vampiro.

A coisa fica feia quando Kyle me ataca, mas eu jogo seu próprio peso contra ele com um golpe de aikido, e o arremesso contra Merwin e Angus. Sean pula nas minhas costas e eu o atiro para longe, mas, de repente, Merwin, Kyle e Sean me atacam e me seguram contra a grama molhada. Repetimos os movimentos algumas vezes, e, agora, é a hora do sangue. Esse momento não saiu da minha cabeça a noite inteira, porque eu sabia que ficaria todo lambuzado: seria inevitável. Estou quentinho e confortável sob o casaco enorme que o pessoal do figurino me deu para aguentar o frio. Conto os segundos até o momento em que sei que vou sentir os primeiros respingos de sangue originados do ataque dos garotos.

Kyle enche a boca com sangue falso. Assim que ouvir "ação", devo resistir ao ataque, e Kyle vai segurar a minha cabeça no chão, colocar a boca no meu pescoço e morder, e então um jato de sangue vai jorrar como se estivesse saindo de mim. Na hora da filmagem, sinto a barba e a boca dele roçando no meu pescoço, e, de repente, o ar explode ao redor da minha cara; é o primeiro jorro de sangue. Então, vamos para a tenda aquecida, só que estou congelando por causa do sangue falso grudento que escorre pelas minhas costas. Na cena seguinte, Sean está carregado de tubos nas mangas, para que o pessoal dos efeitos especiais faça escorrer sangue por suas mãos enquanto me ataca. Além disso, Kyle faz mais uma vez aquela parte do sangue jorrando no meu pescoço. Desta vez, sinto o sangue no meu pescoço e, de repente, recebo tanto sangue que sinto escorrer pelas minhas costas e pernas.

Minhas roupas foram encharcadas por galões de sangue. Greg Nicotero adoraria me ver assim. De novo, vamos até a tenda aquecida. Eu me sinto como uma panqueca gigante banhada em calda e requentada pelo aquecedor a gás na tenda. O pessoal dos efeitos especiais aparece; eles vão me enfiar em uma camisa extragrande com um peitoral falso. Tem tanto sangue em mim que, enquanto tentam colocar a peça, sinto como se eu estivesse pelado, sendo enfiado em um enorme bolo de canela, com glacê do lado de dentro. Estou no inferno. Matem-me, por favor.

Desta vez, ao grito de "ação", os Garotos Perdidos abrem meu peito e arrancam minhas costelas e minhas tripas. Eu me sinto flutuando em meio ao sangue novo que foi bombeado para o meu peito inteiro. Voou no meu pescoço, na nuca, nas costas, na minha cueca, e escorreu pelas minhas pernas. No momento, estou mesmo flutuando em uma piscina de sangue. Quando terminamos, me pediram para ir até a tenda, mas eu disse: "Eu não vou mexer um músculo". Prefiro ficar quietinho aqui em vez de me levantar e deixar a coisa toda se espalhar ainda mais. Estou tremendo pra caramba, à beira da hipotermia. Então, a equipe coloca

aquecedores ao meu redor e me cobre com cobertores. Paro de tremer e pergunto se eles podem estar a postos assim que terminar minha próxima cena, em que vão arrancar a minha cabeça, porque eu só quero ficar deitado ali.

Uma sensação estranha toma conta de mim. Estou lá, deitado em uma piscina de sangue, olhando para as estrelas no céu noturno, e me sinto como uma vítima de um acidente. Pessoas aparecem no meu campo de visão e me cobrem com cobertores. Parece que algo terrível aconteceu comigo e que estamos esperando uma ambulância.

Logo após mais um grito de "ação", Kyle avança e tento combatê-lo com as forças que me restam, mas ele começa a cortar a minha cabeça com uma faca cenográfica, de cuja lâmina jorra muito sangue. Repetimos a cena algumas vezes; uma vez terminada a minha parte, estou liberado para ir até o chuveiro ao lado da piscina. Agora, estou cerca de 22 quilos mais pesado por causa do peito falso com sangue; tirar aquilo foi a coisa mais nojenta que já senti. Já a água quente do chuveiro, levando aquela gosma pegajosa e vermelha ralo abaixo, foi uma das melhores sensações da minha vida.

Enquanto estou no banho, eles continuam a cena com a minha cabeça falsa. Sean brinca: "Ei, pessoal, olha só", e chuta a minha cabeça na direção do oceano imaginário. Ela está presa ao anzol de uma vara de pescar, e alguém a recolhe para continuar a filmagem.

Cheguei ao hotel, liguei o aquecedor e me enfiei debaixo das cobertas, aproveitando mais que nunca este momento, só com a lembrança da piscina de sangue em que eu estava flutuando há poucas horas.

287

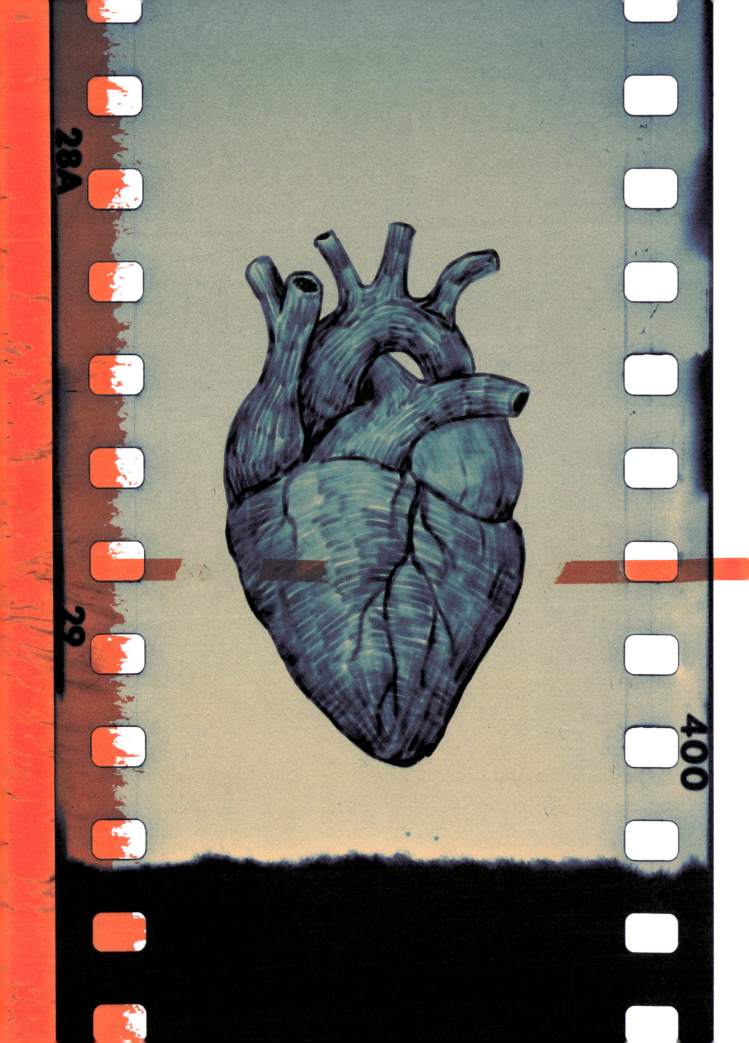

Álbum TOM SAVINI
VERSÃO com CORTES
e muuuito sangue

1. Com os óculos do George Romero em alguma convenção • 2. Preparando Robert Mitchum para ganhar um nariz ensanguentado em *Os Amantes de Maria*. • 3. Com Eiza Gonzales, na série *Um Drink no Inferno*. • 4. Presente de aniversário do Greg Nicotero.

1. Minha foto favorita com Taso • 2. Retocando a máscara do Leatherface com meu assistente Jason Baker • 3. Protótipos únicos e raros do incrível Henry Alvarez • 4. The Pinhead Experience • 5. Algumas das máscaras que criei para a loja Trick or Treat Studios.

1. Greg Nicotero me entregando o prêmio Lifetime Achievement no Festival de Cinema de Sitges, na Espanha • 2. Com Rick Baker no Monsterpalooza • 3. O incomparável Dick Smith analisando portifólios na minha escola • 4. O novo pôster para o documentário *Smoke and Mirrors*, por Terry Wolfinger • 5. Na minha escola de maquiagem de efeitos especiais com meu gorila de estimação.

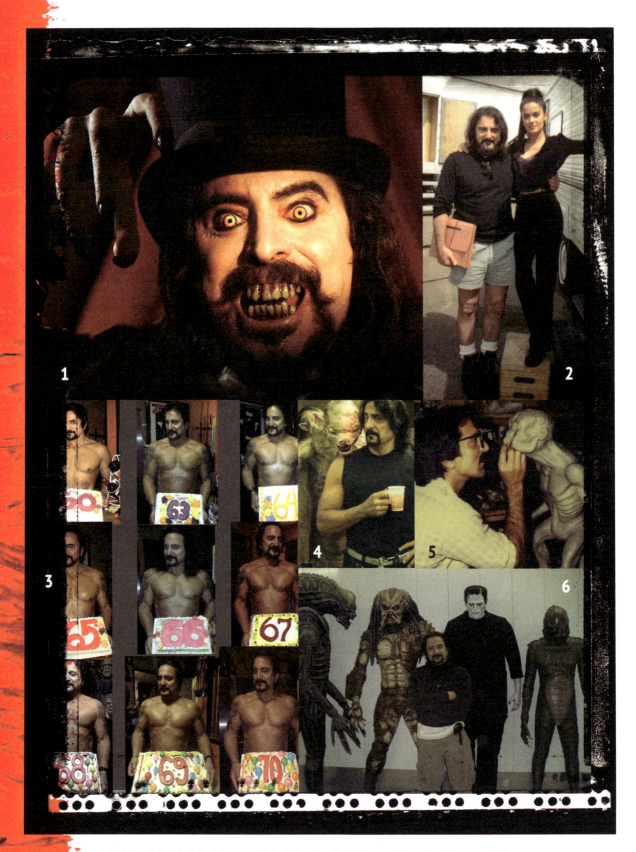

1. Como O Incrível Savini, para o Epix Drive-In • 2. Visitando Salma Hayek no set de *Dogma* • 3. As tradicionais fotos de aniversário • 4. Bastidores de *Um Drink no Inferno*, na oficina de efeitos especiais da KNB • 5. Esculpindo Lizzy • 6. Alguns dos meus brinquedos são em tamanho real.

1. Esculpindo Buttons • 2. Com Boris, o boneco que criei para *Despertar dos Mortos* •
3. Foto rara de *Despertar dos Mortos*, com Marty Schiff, Tony Buba e Nick Tallo.

1. Meu neto James e Lia • 2. Lia e George • 3. Meu filho Lon e sua família • 4. Minhas filhas: Audrey, Katarina e Lia • 5. Arnold.

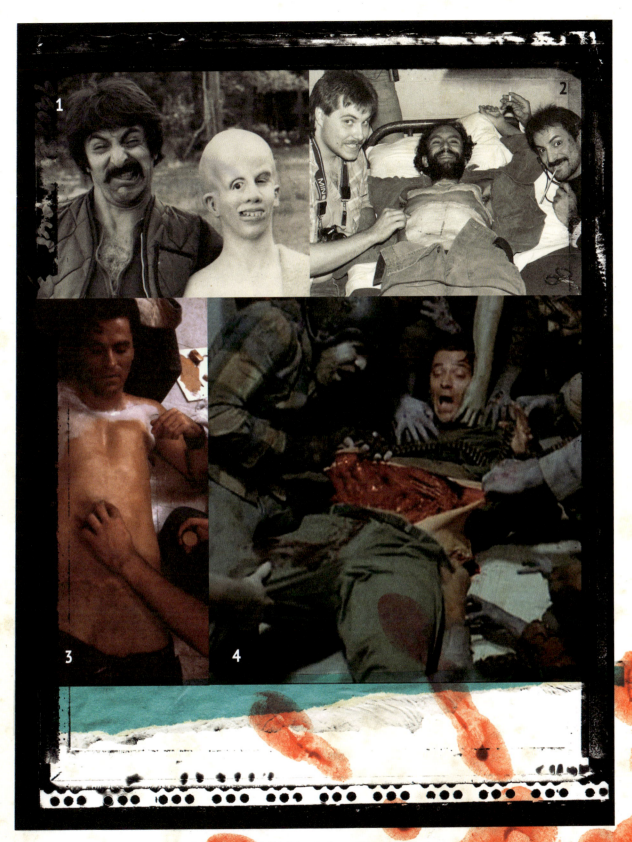

1. Ari Lehman no primeiro *Sexta-Feira 13* • 2. John Vulich e Anthony DiLeo, em *Dia dos Mortos* • 3. Preparando Joe Pilato, foto inédita • 4. Estripando Joe, em *Dia dos Mortos*.

1. Ok, enfim admito que eu estava no set de *Pesadelo* • 2. Mark Tierno • 3. Zoando com Greg, em *Dia dos Mortos* • 4. Patty e Bill, em *A Noite dos Mortos-Vivos* (1990).

1. George me prendendo em uma chave de pescoço • 2. Bruce Campbell •
3. Ari Lehman • 4. Comédia e Tragédia • 5. Muitas cabeças.

1. Dia das Bruxas, 1985 • 2. Dick Smith, o maior artista de efeitos especiais do mundo • 3. Greg Nicotero veio brincar aqui em casa • 4. Eu, na série *Um Drink no Inferno* • 5. Em Venice Beach com Rob Lucas, Tyler e Nikki, e Mike Ruggiero.

1. Mágica • 2. Última peça da corrida de bigas de Ben-Hur, na Cinecittà Studios, em Roma • 3. A gangue sanguinolenta.

Filmografia

Diretor (SAG)[1]

Cinema: *A Noite dos Mortos-Vivos* (1990)
The Theatre Bizarre
- "Wet Dreams" (2011)

TV: *Galeria do Terror*
- "Inside the Closet" (1984)
- "Halloween Candy" (1985)
- "Family Reunion" (1988)

Tom Savini's Chill Factor
- "House Call" (2004)

Creepshow (série)
- "By the Silver Water of Lake Champlain" (2019)

Teatro: *Tom Savini's Dracula*
(década de 1990)
- Cape Fear Regional Theatre
- Pittsburgh City Theatre

Ator (SAG[2], Aftra[3])

Martin (1976)
Despertar dos Mortos (Dawn of the Dead, 1978)
O Maníaco (Maniac, 1980)
Cavaleiros de Aço (Knightriders, 1981)
Creepshow: Arrepio do Medo (Creepshow, 1982)
Creepshow 2: Show de Horrores (Creepshow II, 1987)
Inocente Mordida (Innocent Blood, 1992)
A Demolidora (The Demolitionist, 1995)
Um Homem Sem Destino (Mr. Stitch, 1995)
Um Drink no Inferno (From Dusk Till Dawn, 1996)
Os Simpsons: "O Pior Episódio de Todos" (The Simpsons, 2001)
Madrugada dos Mortos (Dawn of the Dead Remake, 2004)
Terra dos Mortos (Land of the Dead, 2005)
Grindhouse (2007)
Pagando Bem, Que Mal Tem? (Zack and Miri Make a Porno, 2008)
Garotos Perdidos: A Tribo (Lost Boys: The Tribe, 2008)
Machete (Machete, 2010)
Theatre Bizarre (2011)
Django Livre (Django Unchained, 2012)
Inhuman Resources (2012)
As Vantagens de Ser Invisível (The Perks of Being a Wallflower, 2012)
Machete Mata (Machete Kills, 2013)
Um Drink no Inferno (From Dusk Till Dawn: TV Series, 2016)
Locke & Key (2020)

---

1 Directors Guild of America.
2 Screen Actors Guild.
3 American Federation of Television and Radio Artists.

Efeitos especiais:

Confissões de um Necrófilo (Deranged, 1974)
Deathdream (1974)
Martin (1976)
Despertar dos Mortos (Dawn of the Dead, 1978)
O Maníaco (Maniac, 1980)
Sexta-Feira 13 (Friday the 13th, 1980)
Creepshow: Arrepio do Medo (Creepshow, 1980)
Effects (1980)
Olhos Assassinos (Eyes of a Stranger, 1981)
Chamas da Morte (The Burning, 1981)
Quem Matou Rosemary? (The Prowler, 1981)
Sexta-Feira 13 – Parte 4: O Capítulo Final (Friday the 13th: The Final Chapter, 1984)
Os Amantes de Maria (Maria's Lovers, 1984)
Dia dos Mortos (Day of the Dead, 1985)
Invasão U.S.A. (Invasion USA, 1985)
Massacre da Serra Elétrica 2 (Texas Chainsaw Massacre II, 1986)
Escorpião Vermelho (Red Scorpion, 1988)
Instinto Fatal (Monkey Shines, 1988)
Dois Olhos Satânicos (Two Evil Eyes, 1990)
Trauma (1993)
Necronomicon – O Livro Proibido dos Mortos (Necronomicon, 1993)
Parceiros do Crime (Killing Zoe, 1993)
Um Homem Sem Destino (Mr. Stitch, 1995)

E também:
WWE: Coroa para o Triple H (2017)
Friday the 13th — The Game: As mortes e Savini Jason (2017)
Slipknot: Nova máscara de Corey Taylor (2019)

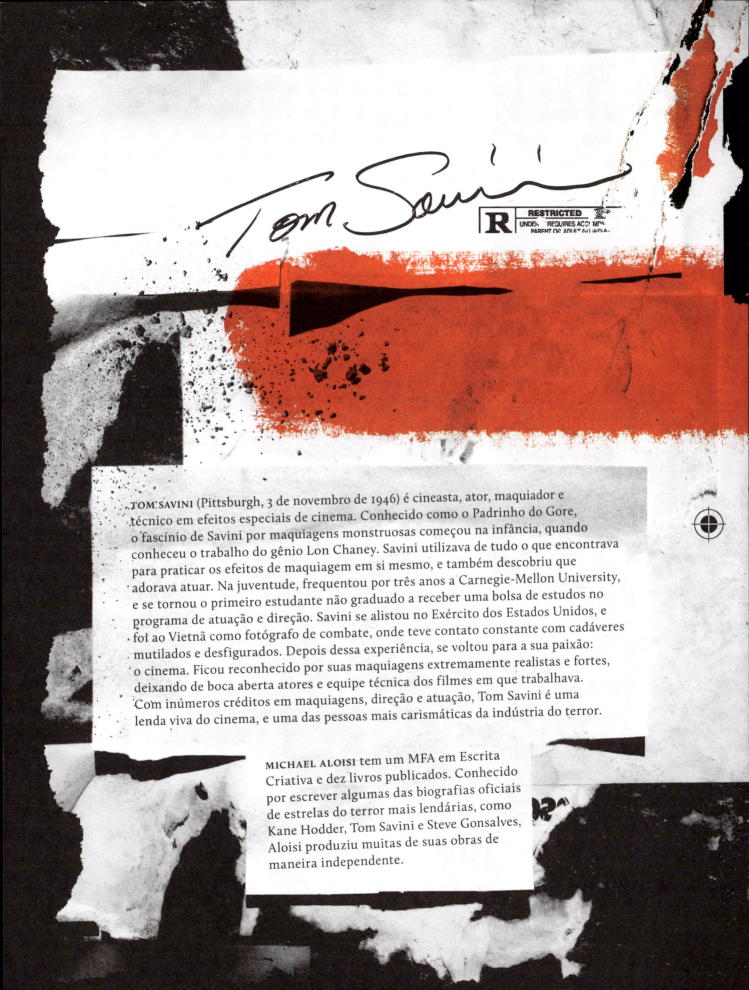

TOM SAVINI (Pittsburgh, 3 de novembro de 1946) é cineasta, ator, maquiador e técnico em efeitos especiais de cinema. Conhecido como o Padrinho do Gore, o fascínio de Savini por maquiagens monstruosas começou na infância, quando conheceu o trabalho do gênio Lon Chaney. Savini utilizava de tudo o que encontrava para praticar os efeitos de maquiagem em si mesmo, e também descobriu que adorava atuar. Na juventude, frequentou por três anos a Carnegie-Mellon University, e se tornou o primeiro estudante não graduado a receber uma bolsa de estudos no programa de atuação e direção. Savini se alistou no Exército dos Estados Unidos, e foi ao Vietnã como fotógrafo de combate, onde teve contato constante com cadáveres mutilados e desfigurados. Depois dessa experiência, se voltou para a sua paixão: o cinema. Ficou reconhecido por suas maquiagens extremamente realistas e fortes, deixando de boca aberta atores e equipe técnica dos filmes em que trabalhava. Com inúmeros créditos em maquiagens, direção e atuação, Tom Savini é uma lenda viva do cinema, e uma das pessoas mais carismáticas da indústria do terror.

MICHAEL ALOISI tem um MFA em Escrita Criativa e dez livros publicados. Conhecido por escrever algumas das biografias oficiais de estrelas do terror mais lendárias, como Kane Hodder, Tom Savini e Steve Gonsalves, Aloisi produziu muitas de suas obras de maneira independente.